Raimund Allebrand (Hg.)

Terror oder Toleranz?
Spanien und der Islam

Mit Beiträgen von:

Raimund Allebrand
Werner Altmann
Walther L. Bernecker
Peter Dressendörfer
Eugen Heinen
Klaus Herbers
Wilhelm Hoenerbach
Idriss al-Jay

D1723291

HORLEMANN

Deutsche Originalausgabe

Bitte fordern Sie unser aktuelles Gesamtverzeichnis an:

Horlemann Verlag
Postfach 1307
53583 Bad Honnef
Telefax 0 22 24 / 54 29
E-Mail: info@horlemann-verlag.de
www.horlemann-verlag.de

Gedruckt in Deutschland

ISBN 3-89502-188-1

INHALTSVERZEICHNIS

TERROR ODER TOLERANZ?
SPANIEN UND DER ISLAM

TERROR UND TOLERANZ

Spanien und der Islam

Zu diesem Buch

„Wir erinnern euch an die spanischen Kreuzzüge gegen die Muslime, die Vertreibung aus al-Andalus und die Prozesse der Inquisition. Das ist noch nicht so lange her!"

Nicht die Ausführungen eines Historikers, sondern Abschiedsbotschaft einer Gruppe von Terroristen: Von der spanischen Polizei aufgespürt, sprengen sich mehrere Urheber der Madrider Attentate des 11. März 2004 wenige Wochen später selbst in die Luft. Ein vor ihrem Tod produziertes Videoband enthält neben historischen Anspielungen auch massive Drohungen: Sie verlangen den sofortigen Abzug aller spanischen Soldaten von islamischem Boden, andernfalls gehe *der Heilige Krieg im Lande Tarik Ibn Ziyads weiter* – zwischen spanischer Truppenpräsenz im Irak und der terroristischen Kommandoaktion auf iberischem Territorium werden eindeutige Bezüge hergestellt.

Als der muslimische Feldherr Tarik im Jahre 711 aus Nordafrika kommend die Straße von Gibraltar überquerte, begann für die Iberische Halbinsel eine Epoche islamischer Zeitrechnung. Tatsächlich liegen Invasion, Herrschaft und Vertreibung der Muslime in Spanien so lange zurück und erfuhren derart ambivalente Bewertungen, dass sich viele Bewohner des Landes nur ungern daran erinnern. Die folgenreiche Begegnung zwischen Orient und Okzident bewies zwar wesentlich später ihre Anziehungskraft für Millionen kunst- und kulturinteressierter Besucher, doch eine Beschäftigung mit der islamischen Geschichte galt mangels historischer Kontinuität jener Epoche als ein eher musealer Zeitvertreib. Das Verhältnis des modernen Spanien zu al-Andalus schien erledigt, indem man geschichtliche Ereignisse ebenso verdrängte wie man gleichzeitig das historische Erbe in Gestalt einzigartiger islamischer Bauwerke im Rahmen des Fremdenverkehrs gewinnbringend verwaltete.

Folgt man allerdings den Terroristen des 11. März, so ist die über Jahrhunderte geführte militärische Konfrontation zwischen Christen und Muslimen bis heute keineswegs beendet. Das spanische Arrangement mit der eigenen Vergangenheit wurde empfindlich erschüttert, als die Sprengung dreier Vorortzüge zur morgendlichen *rushhour* des 11. März 2004 insgesamt 191 Todesopfer forderte. Dennoch lag es aus einheimischer Perspektive zunächst nahe, als mutmaßlichen Urheber dieses schlimmsten Attentates der europäischen Geschichte die baskische Separatistenorganisation ETA dingfest zu machen. Dass islamistischer Terrorismus an einem symbolträchtigen Datum genau 30 Monate nach dem apokalyptischen Angriff auf das New Yorker World Trade Center ins Herz einer europäischen Metropole vorgedrungen sein sollte, lag außerhalb der Vorstellungskraft vieler Politiker; zumal der Anschlag wenige Tage vor den Parlamentswahlen stattfand und, je nach vermuteter Urheberschaft, unübersehbare Auswirkungen auf den bevorstehenden Urnengang haben musste. Bestärkt durch propagandistische Aktionen der Madrider Regierung verfolgten zahlreiche Kommentatoren in ihren Einschätzungen zunächst die ETA-Spur.

Das politische Kalkül war eindeutig: Eine Rückkehr der baskischen Separatisten zu extensivem Terror hätte in den Augen der spanischen Wähler jene Politik der harten Hand bestätigt, die von der konservativen Regierung unter José Aznar gegen ETA praktiziert wurde. Ein Al Qaida-Anschlag hingegen musste als Strafe für die Beteiligung eben dieser Regierung am Irak-Krieg gedeutet werden und als ein drastischer Appell an die spanische Bevölkerung, das militärische Abenteuer an der Seite der USA und Großbritanniens zu beenden. Eben diesen Abzug von der Irak-Front und die Rückkehr zu einer gesamteuropäischen Politik hatte der sozialistische Herausforderer José Luis Rodríguez Zapatero für den Fall seines Wahlsieges in Aussicht gestellt.

Nicht zuletzt eine undurchsichtige Informationspolitik der Regierung Aznar, die Indizien nicht zur Kenntnis nahm und Bekennerbriefe der internatonal agierenden Al Qaida-Gruppen herunterspielte, um die ETA-Version aufrechtzuerhalten, veranlasste rund 11

Millionen Spanier zur Straßendemonstration gegen den Terrorismus und mobilisierte vor allem jene Minderheiten, deren Votum am folgenden Wochenende einen klaren Wahlsieg der Sozialistischen Partei (PSOE) herbeiführte. Dass der neue Ministerpräsident Zapatero binnen kurzer Zeit sein Wahlversprechen einlöste und die spanischen Truppenkontingente aus dem Irak zurückrief – von manchen als Zurückweichen vor der terroristischen Bedrohung gebrandmarkt –, lag in der Konsequenz eines zuvor bereits proklamierten Regierungsprogramms. Das Attentat hatte die politische Landschaft Spaniens radikal verändert. Wenn dieses Ergebnis beabsichtigt war, konnten die Hintermänner des Anschlags zufrieden sein.

Die Lektion wurde verstanden. Gleich einem tödlichen Paukenschlag brachte jener 11. März einen nachhaltigen Schock weit über Spanien und seine Hauptstadt hinaus und bestätigte gleichzeitig schlimmste Befürchtungen – nicht ohne Grund ängstigt sich der Westen vor einem weltweiten islamistischen Terrorismus. Die Rede vom globalen Kulturkampf in Anlehnung an Samuel P. Huntington hat ihre Wirkung nicht verfehlt: Auf die Frage, ob es einen ernsten Konflikt zwischen Christentum und Islam als *Kampf der Kulturen* gebe, antworten im September 2004 rund zwei Drittel (62 Prozent) der Teilnehmer einer Allensbach-Erhebung positiv (Frankfurter Allgemeine Zeitung v. 15.9.2004). Die überwiegende Mehrheit der Befragten empfindet den Islam als *fremd und bedrohlich* und assoziiert das Wort mit *Unterdrückung der Frau* (93%) und *Terror* (83%), nicht aber mit bedeutenden *kulturellen Leistungen* (39%) oder *Toleranz* (6%).

Angesichts eines pauschalen Fundamentalismusverdachts gegen ihre Religion verweisen muslimische Intellektuelle auf die interkulturelle Erfahrung der Iberischen Halbinsel: Über acht Jahrhunderte wehte die grüne Fahne des Propheten Muhammad im Südwesten Europas. Im Kalifat von Córdoba gewann der europäische Islam seine größte Macht- und Prachtentfaltung. Der Auseinandersetzung und der Kooperation zwischen Muslimen, Juden und Christen verdankte das iberische Mittelalter eine kulturelle Dynamik, die über Europa ausstrahlte. In der politischen Konfrontation mit den Muslimen fand das christliche Spanien sein weltanschauliches Profil. Bietet nicht gerade die muslimische Herrschaft im maurischen al-Andalus eindrucksvolle Beweise weltanschaulicher Toleranz? Gelingt nicht ab dem 10. Jahrhundert eine Kultursymbiose zwischen Islam, Juden-

und Christentum, die später als *interkulturelles Amalgam* viel beachtet und bis heute nicht selten gefeiert wird? Imitieren nicht christliche Herrscher im Verlauf der sogenannten *Reconquista* das Vorbild der Kalifen als tolerante Herrscher dreier Religionen? Oder ist der sehnsuchtsvolle Blick auf das Zusammenleben der Kulturen im alten Andalusien nur Ergebnis romantischer Verklärung ohne jedes historische Fundament?

Wenn die Täter des 11. März in ihrer Bekennerbotschaft die Iberische Halbinsel als islamisches Territorium reklamieren, das dem christlichen Abendland unverdient in die Hände fiel, stellen sie die vorherrschende westliche Geschichtsschreibung auf den Kopf; denn seit dem Ende der Reconquista vor mehr als 500 Jahren gilt Spanien als endgültig befriedet. Im Zeichen des Katholizismus wird fortan eine Nation geschmiedet, die für Juden und Muslime keinen Raum lässt. Der Niedergang des Islam, die ideologische Radikalisierung hüben wie drüben, führte zur Ausbildung eines militanten Katholizismus, der die allgegenwärtige Inquisition nicht allein als religiöse Kontrollinstanz, sondern als Instrument der Staatsraison einsetzt. Noch lange nach Ausweisung der sefardischen Juden (1492) und Vertreibung großer muslimischer Bevölkerungsgruppen mehr als ein Jahrhundert danach (ab 1609) wirft die Inquisition ihre Schatten auf Kultur und Wissenschaft, Handel und Gewerbe; die *limpieza de sangre* – altspanisch-christliche Abstammung ohne Verunreinigung durch konvertierte Mauren oder Juden, die grundsätzlich verdächtig sind – avanciert zum Eignungskriterium für staatliche und kirchliche Ämter. Spanien wird zum Vorreiter der Gegenreformation, die Aufklärung erreicht nur kleine Zirkel oder findet niemals statt, Ansätze einer Säkularisierung gibt es erst im späten 18. Jahrhundert; und bis heute fällt eine Auseinandersetzung mit der islamischen Vergangenheit nicht leicht, zumal das fortgeschrittene 20. Jahrhundert manche Anzeichen einer erneuten Islamisierung erkennen lässt.

Spanien war, ist und bleibt ein Grenzland zum Islam. Nur 14 Kilometer trennen das iberische Festland vom afrikanischen Kontinent; an ihrer schmalsten Stelle bietet die Straße von Gibraltar eine direkte Verbindung zum Königreich Marokko. Dass zahlreiche Attentäter des 11. März aus diesem Land stammen, ist für Beobachter keine Überraschung. Bereits im Mai 2003 verübten Selbstmordattentäter in Casablanca Anschläge auf spanische und jüdische Einrichtungen,

9

die 45 Menschenleben forderten. In den Elendsvierteln der marokkanischen Großstädte findet der Islamismus zahlreiche Anhänger unter arbeitslosen Jugendlichen. Dabei unterliegen die Beziehungen Spaniens zum muslimischen Nachbarn bereits seit längerem mancher Belastungsprobe. Zu Zeiten Francos war es der bis heute ungelöste Westsahara-Konflikt, in jüngster Zeit entlud sich der Territorialstreit um die spanischen Enklaven Ceuta und Melilla in einer symbolischen Besetzung des gleichfalls von Spanien beanspruchten Perejil-Felsens im Sommer 2003 – eine Operettenposse, die gleichwohl erhebliche diplomatische Komplikationen heraufbeschwor, eine militärische Intervention zu begrenzen.

Doch vor allem eine durchlässige Südgrenze bereitet nicht allein den spanischen Behörden Kopfzerbrechen. In keinem anderen europäischen Land stieg der Ausländernanteil in jüngster Zeit so schnell wie in Spanien, das derzeit geschätzt rund eine Million illegale Zuwanderer zählt, sogenannte *sinpapeles*. Rund 200.000 Personen jährlich verlassen das benachbarte Marokko in Richtung Europa, Jahr für Jahr kommen ungezählte Flüchtlinge aus Nord- und Zentralafrika über die Straße von Gibraltar, und nicht wenige bezahlen den Versuch einer Überfahrt in nicht seetauglichen Nussschalen mit ihrem Leben; zahlreiche Zuwanderer, denen die Landung in Andalusien gelungen ist, arbeiten bald darauf in südspanischen Agrarzonen unter mörderischen Bedingungen für die Intensivlandwirtschaft. Ausländerfeindliche Übergriffe gegen marokkanische Arbeitskräfte im andalusischen El Ejido zu Beginn des Jahres 2000 rückten dieses Problem ins öffentliche Bewusstsein. Eine unterschwellig vorhandene Fremdenangst kann auch in Spanien schnell zum Ausbruch kommen, wenn Zuwanderer mit materiellen Interessen der ansässigen Bevölkerung kollidieren.

In der spanischen Bevölkerung verbreitete Vorurteile gegenüber Nordafrikanern (sog. *moros*) sind inzwischen durch demoskopische Umfragen belegt. Während man zugewanderten Europäern, die zumeist als Devisenbringer in Erscheinung treten, nach wie vor weitgehend mit Gastfreundschaft begegnet, werden die geschätzt etwa eine Million Muslime im Land (bei 42 Mio. Einwohnern) als Bürger zweiter Klasse betrachtet. Eine Furcht vor Überfremdung in Gestalt einer (Re)-Islamisierung findet Nahrung durch die Beschwörung historischer Fakten wie den Einsatz marokkanischer Elitetruppen unter General Franco gegen die spanische Bevölkerung. Wenn wiederum Marokkaner als Drahtzieher und Täter des Anschlages vom 11. März identifiziert wurden, muss dieser Umstand xenophobischen Fantasien erheblich Nahrung geben.

Dass Muslime das ehemalige Territorum von al-Andalus als Einwanderungsziel begreifen, ist keineswegs neu. Bereits zur fortgeschrittenen Francozeit konzentrierte sich saudisches Kapital im Immobiliensekor der Costa del Sol. Eine aufwändige Moschee in Fuengirola unweit des Nobel-Badeortes Marbella kündet seit den 70er Jahren von muslimischer Präsenz, gleichzeitig wachsen in den spanischen Metropolen die Gemeinden islamischer Zuwanderer. Zum Koran konvertierte Europäer suchen zunehmend einen Brückenschlag zwischen Orient und Okzident auch an Orten, die sich des Islams Jahrhunderte zuvor durch Unterdrückung und Vertreibung entledigt haben, an erster Stelle in Granada. Hier entstand in den 90er Jahren eine europäisch-islamische Universität. Nach jahrzehntelangen Bauanträgen der muslimischen Gemeinde öffnete im Sommer 2002 eine Moschee ihre Pforten auf exponiertem Gelände im arabischen Wohnviertel Albaicín. Der einzigartige Blick auf das landschaftliche Ensemble der Alhambra wird jetzt flankiert von den Zinnen eines baulich in das Stadtviertel auf dem gegenüber liegenden Hügel integrierten Minaretts – womit sich gleichsam ein historischer Zirkel geschlossen hat, zumindest architektonisch. Doch gleichzeitig suchte die Madrider Regierung neue weltpolitische Bedeutung durch militärischen Schulterschluss mit den USA im Krieg gegen ein islamisches Land und provozierte jenen terroristischen Übergriff, der als makabrer Denkzettel an die spanische Nation gedacht war.

Wo liegt die historische Erfahrung Spaniens zwischen Orient und Okzident? Über den aktuellen Anlass hinaus analysiert der vorliegende Band die Stationen islamischer Präsenz in Südwesteuropa seit den Anfängen bis in die unmittelbare Gegenwart: Von der Invasion des Jahres 711 zur Hochblüte des Kalifates im 10. Jahrhundert, von der politischen Dekadenz zur Vertreibung großer muslimischer Bevölkerungsgruppen nach 1492, von Verfolgung und Verfemung zum späten Historikerstreit über die Bedeutung der islamischen Epoche und zur jüngsten politischen Konfrontation auf der Iberischen Halbinsel. Eine zu Beginn des dritten Jahrtausends in spanischen Massenmedien polemisch geführte Diskussion über den nationalen Stellenwert des islamischen Kulturerbes zeigt, dass der Blick auf al-Andalus seinen musealen Anstrich längst verloren hat.

Terror und Toleranz sind von unverhoffter Aktualität, betrachtet man das Verhältnis der Iberischen Halbinsel zur islamischen Welt im jeweiligen Epochen-Kontext – diesen Zusammenhang nachzuweisen, ist ein Ziel der vorliegenden Publikation. Historiker und Orientalisten, Kulturwissenschaftler und Journalisten schildern auf den folgenden Seiten in prägnanten Kurzbeiträgen wichtige historische Etappen und ihre jeweilige Wirkungsgeschichte. Neben dem Blickwinkel diverser Fachrichtungen kommen damit auch unterschiedliche Temperamente der Verfasser zu Wort. Unser Band verzichtet auf die stilistisch geschlossene Darstellung einer Monographie zugunsten zahlreicher Perspektiven und des damit verbundenen Reichtums an Detailkenntnis. Da einzelne Beiträge historisch ineinander greifen und sich zudem thematisch überschneiden, sind inhaltliche Wiederholungen kaum zu vermeiden – angesichts einer ausgesprochen komplexen und im Detail komplizierten Thematik wird die damit gegebene Redundanz den Interessen des Lesers entgegenkommen.

Dieser Band wendet sich an ein breiteres Lesepublikum, das zahlreiche Facetten einer vielschichtigen Thematik erwartet. Die Begriffe *spanisch* und *iberisch* bzw. *Spanien* und *Iberische Halbinsel* werden (ungeachtet der damit beschworenen historischen Ungereimtheiten) weitgehend synonym verwendet, ebenso das Begriffspaar *islamisch* und *maurisch*. Für die Schreibweise arabischer Orts- und Eigennamen und Begriffe wurde eine gängige und vereinfachte lateinische Umschrift gewählt. Aus Gründen der Übersichtlichkeit haben die Autoren auf Fußnoten generell verzichtet, Quellenverweise beziehen sich auf die im Apparat der jeweiligen Beiträge aufgeführten Werke. Entsprechende Literaturhinweise führen weitgehend deutschsprachige Titel auf, die für unsere Leserschaft leichter zugänglich sind. Den einzelnen Kapiteln vorangestellt wurde eine kurze Zusammenfassung aus der Feder des Herausgebers sowie Angaben zur Person des jeweiligen Verfassers. Der Band ist ergänzt um eine Übersicht historischer Daten, Skizzen- und Kartenmaterial sowie einige Abbildungen, deren teilweise unzureichende Wiedergabe man uns im Rahmen dieser Publikation nachsehen möchte. Interessenten verweisen wir auf prächtig ausgestattete Bildbände zu Andalusien und zur islamischen Architektur in den Regalen des Buchhandels.

Besonders verbunden bin ich der Thomas-Morus-Akademie, deren Bensberger Hörsäle zahlreiche der jetzt gedruckt vorliegenden

Beiträge als Vortrag erlebten. Den Autoren danke ich für die Überlassung von Manuskripten, die aktualisiert oder eigens für diesen Band verfasst wurden, Dr. Jochen Buchholz und Jörg Torkler für eine kritische Lektüre einzelner Textentwürfe und dem Horlemann Verlag für die gelungene Fortsetzung einer traditionellen Zusammenarbeit.

Bonn, im September 2004
Raimund Allebrand

Al-Andalus

Über beinahe acht Jahrhunderte weht die grüne Fahne des Propheten südlich der Pyrenäen. Einzigartige Bauwerke gelten bis heute als steinerne Zeitzeugen einer singulären historischen Erfahrung: die folgenreiche Anwesenheit des Islam in Südwesteuropa. Die politische Präsenz der Mauren reicht hier von der Invasion des Jahres 711 bis zur Einnahme Granadas durch Kastilien im Jahre 1492. Nicht identisch mit der heutigen Region Andalusien, meint *al-Andalus* jedoch kein konkretes Territorium, steht vielmehr für den westeuropäischen Islam innerhalb seiner jeweiligen geographischen Dimension, insbesondere für das zur Weltmacht aufgestiegene Kalifat von Córdoba. Nach der Jahrtausendwende überdauert die politische Macht der Mauren den Zusammenbruch ihres Zentralstaats; der Schwerpunkt verlagert sich zunächst nach Sevilla, später nach Granada. Das heutige Westandalusien fällt rund zweieinhalb Jahrhunderte früher an Kastilien als das verbleibende Emirat Granada. Im ostandalusischen Gebirgsland verlängert sich die islamische Epoche nochmals bis zur endgültigen Vertreibung muslimischer Minderheiten um das Jahr 1610. Diese ereignisreiche Periode lässt sich innerhalb weniger Zeilen nur notdürftig skizzieren – bedeutsamer als ein militärisches Auf und Ab zwischen den Fronten sind jedoch Auswirkungen auf Identität und Mentalität der Bevölkerung seit der Wende zum zweiten Jahrtausend. Terror und Toleranz in al-Andalus entfalten ihre Reichweite im Wechselspiel der jeweiligen politischen Rahmenbedingungen.

Raimund Allebrand

Jg. 1955, Journalist. Studien der Philosophie, kath. Theologie und Psychologie in Bonn und Freiburg/Br.; berufliche Tätigkeiten in Hochschule und Erwachsenenbildung; ab 1982 längerer Forschungsaufenthalt in Granada/Andalusien; Redaktionsvolontariat, Tätigkeiten als Hörfunkredakteur und Reiseveranstalter; zahlreiche Aufenthalte in Spanien, Portugal, Lateinamerika und Nordafrika; Geschäftsführender Vorsitzender der AFIB–Arbeitsgemeinschaft für interkulturelle Begegnung e.V. in Bonn und freier Journalist. Zahlreiche Publikationen zu Kultur und Politik im spanischen Sprachraum, u.a *Die Erben der Maya*, 1987; *Alles unter der Sonne. Wahrheiten und Irrtümer über Spanien*, 2000; *Tango – Das kurze Lied zum langen Abschied*, 2003.

AL-ANDALUS

Der Islam im Westen

Raimund Allebrand

Das maurische Spanien

Landläufig bezeichnet man die spanischen Muslime als Mauren oder gar Araber und suggeriert somit eine ethnische und kulturelle Homogenität, die es im islamisch dominierten Bereich der Halbinsel niemals gegeben hat. Bereits zu Beginn des achten Jahrhunderts bestehen die Truppenkontingente der sogenannten *maurischen* Invasion nur zur Minderheit aus arabischen Muslimen, die allerdings führende Positionen innehaben. Fußvolk und untere Ränge sind größtenteils Berber aus dem Atlas-Gebirge im heutigen Marokko, die sich erst seit kurzem und manchmal eher halbherzig zum Islam bekennen, und deren Clans nach erfolgreicher Eroberung in verschiedenen Regionen der Halbinsel sesshaft werde. An den militärischen Operationen nehmen Freiwillige teil, die einem riesigen Einzugsbereich entstammen, den sich die Krieger der Arabischen Halbinsel bis dahin unterworfen haben.

Bis zur Jahrtausendwende steht der Staat al-Andalus unter Führung der aus Syrien stammenden Omayaden-Dynastie, die zunächst Anregungen aus den Kalifaten von Damaskus und Bagdad übernimmt, schließlich jedoch ihrerseits zum Vorbild wird, das über die Iberische Halbinsel hinausragt. Die berberischen Almoraviden wiederum, nach dem Fall Toledos (1085) als Verstärkung aus Nordafrika nach Spanien gerufen, haben gleich den nachfolgenden Almohaden ihre Heimat im südlichen Atlas; dort errichten sie ihre Metropole Marrakesch, die schließlich im Wechsel mit Sevilla ein Imperium beherrscht. Die Nasriden im Emirat Granada stammen ursprünglich von der Arabischen Halbinsel. Gemeinsam ist diesen unterschiedlichen Gruppen das Bekenntnis zum Koran.

Al-Andalus

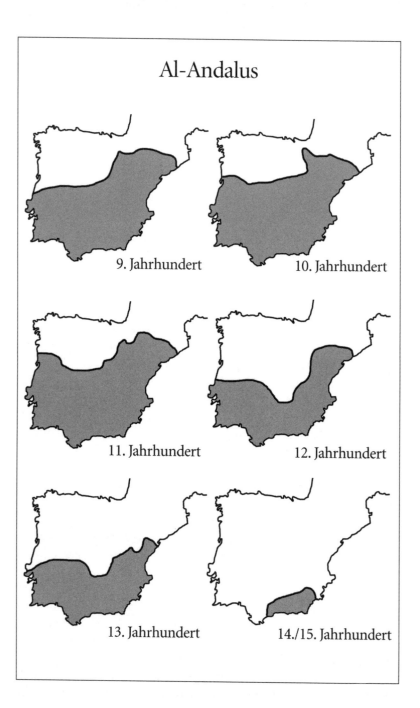

9. Jahrhundert

10. Jahrhundert

11. Jahrhundert

12. Jahrhundert

13. Jahrhundert

14./15. Jahrhundert

Im Lauf der Jahrhunderte werden zahlreiche Einflüsse des östlichen Islams übernommen. Dennoch entsteht in al-Andalus eine spannungsreiche Zivilisation, die sich als maurisch-europäische Kultur von anderen islamischen Zentren deutlich unterscheidet. Der kulturelle Transfer islamischer Prägung findet jedoch keineswegs einseitig über die Straße von Gibraltar Richtung Europa statt – im Gegenteil: Nach der Jahrtausendwende beeinflussen andalusische Emigranten und Rückwanderer – Muslime und Juden – das zivilisatorische Panorama im Gebiet der heutigen Maghreb-Staaten, in erster Linie in Marokko. Andererseits liegt in den niemals langfristig gelösten Konflikten unter ethnisch verschiedenen Gruppen der Mauren ein hauptsächlicher Grund für militärische Schwäche und schließlich für den politischen Untergang des westeuropäischen Islam (vgl. Kapitel 2: *Reconquista*).

Die arabische Bezeichnung *al-Andalus* spielt etymologisch auf die Wanderung der Vandalen Richtung Nordafrika an und hat sich früh als Synonym für die islamisch beherrschten Gebiete Iberiens eingebürgert. Im Rahmen der folgenden Erörterung steht der Ausdruck *maurisch* als generalisierender Sammelbegriff für den gesamten Geschichtsverlauf und Kulturzusammenhang des Islam auf der Iberischen Halbinsel.

Das islamische Spanien 711 bis 1608/14

ab 711	Muslime erobern die Iberische Halbinsel
756-1031	Omayaden-Emirat (ab 929 Kalifat)
ab 1002	Machtkämpfe in Córdoba
1031-91	Taifa-Königreiche
1096-1145	Almoraviden
1148-1225	Almohaden
1235-1492	Nasriden-Königreich von Granada
1608/9-14	Vertreibung der letzten Morisken

Die historische Tragweite der politischen wie kulturellen Präsenz verschiedener islamischer Gruppen auf der Iberischen Halbinsel lässt sich anhand der wichtigsten maurischen Bauwerke Spaniens schematisch darstellen:

Mezquita in Córdoba

Córdoba: Mezquita (8. bis 10. Jahrhundert)

Nach der muslimischen Invasion beherrschen die aus Damaskus stammenden Omayaden über beinahe drei Jahrhunderte den iberischen Islam. Bereits der erste Emir Abdurrahman beginnt mit dem Bau einer großen Freitagsmoschee am Ufer des Guadalquivir, die, unter seinen Nachfolgern mehrfach erweitert, zur Zeit des Kalifates im 10. Jahrhundert besonders prächtig ausgestattet wird. Der heute christlich genutzte Sakralbau ist seinerzeit das zweitgrößte Gotteshaus der islamischen Welt und steht für Frühzeit und politische Blüte des iberischen Islam unter arabischer Vorherrschaft im Rahmen eines Zentralstaates.

Zaragoza: Aljafería (11. Jahrhundert)

Mit dem Untergang des Kalifates zerfällt der islamische Staat in zahlreiche Kleinkönigreiche *(taifas)* unter Führung unterschiedlicher muslimischer Ethnien; das Territorium von al-Andalus ist zeitweise in zwei Dutzend politische Einheiten geteilt, die neben ihrer jeweiligen Diplomatie und Kriegsführung auch große kulturelle Dynamik entfalten. Beispiel ist hier die Herrschaft der berberischen Banu Hud mit erheblicher Machtkonzentration im Nordosten der Halbinsel.

Aljafería in Zaragoza

In der zweiten Hälfte des 11. Jahrhunderts errichtet Emir Jafar Al-Muqtadir in Zaragoza den Palastbau der Aljafería, die später unter almohadischer und christlicher Herrschaft Erweiterungen erfährt.

Sevilla: Giralda (12./13. Jahrhundert)

Sevilla wird zum politischen Zentrum, als fundamentalistische Glaubenskämpfer das iberische Territorium mit Ende des 11. Jahrhunderts einem berberischen Zentralstaat einverleiben; durch die Almoraviden, die der in al-Andalus vorgefundenen Kultursymbiose fremd gegenüber stehen, wird daneben Marrakesh als Hauptstadt ausgebaut. Unter den nachfolgenden Almohaden ergeben sich trotz puristischer Verengung der Glaubenslehre zahlreiche Impulse für die zeitgenössische Kultur in al-Andalus. Beinahe zeitgleich werden Ende des 12. Jahrhunderts

Giralda in Sevilla

19

Löwenhof der Alhambra in Granada

zu beiden Seiten der Straße von Gibraltar Turmbauten errichtet, die typische Elemente almohadischer Architektur in sich vereinigen. Als ursprüngliches Minarett der Freitagsmoschee ist das Wahrzeichen von Sevilla, die sogenannte Giralda, heute Glockenturm der Kathedrale.

Granada: Alhambra (13./15. Jahrhundert)

Nach den christlichen Eroberungen des 13. Jahrhunderts findet der Islam in Granada sein letztes Refugium. Unter Herrschaft der Nasriden wird hier in Zeiten wirtschaftlicher Blüte eine bereits zuvor auf den Ausläufern der Sierra Nevada errichtete Wohnburg mit prächtigen Innendekorationen und Gartenanlagen erheblich erweitert. Die Alhambra des 14. Jahrhunderts ist Sinnbild eines bereits politisch dekadenten Islam der maurischen Spätphase, der sich durch Taktieren gegenüber der kastilischen Zentralmacht noch längere Zeit über Wasser hält. Gleichwohl bringen die letzten beiden Jahrhunderte die erneute Blüte einer bereits universalen maurischen Kultur, die sich in architektonischen Elementen der Alhambra verewigt hat und im christlichen Kastilien kopiert wurde.

Muhammad in Europa

Am Anfang steht die Invasion des Jahres 711: In mehreren Wellen überrollen rund 30.000 Berber und Araber die Halbinsel, überschreiten bereits 715 erstmals die Pyrenäen und kontrollieren fortan ein Gebiet mit etwa vier Millionen Einwohnern. Das Reich der Westgoten ist durch innere Konflikte vom Zerfall bedroht und kann dem muslimischen Ansturm keinen wirksamen Widerstand entgegensetzen, zumal Sektoren des Herrscherclans (Witiza-Familie) mit den Eindringlingen sympathisieren. Vor allem in den Städten gibt es eine zahlenmäßig starke jüdische Bevölkerung, die sich in der Schlussphase des westgotischen Imperiums unterdrückt sieht und teilweise zur Emigration nach Nordafrika gezwungen war; sie bietet dem einrückenden Islam breite Unterstützung.

Als die in Damaskus herrschenden Omayaden als Oberherren der islamischen Expansion im Jahre 750 von den Abbasiden verdrängt werden, kommt beinahe der gesamte omayadische Clan ums Leben. Lediglich ein Erbprinz enflieht den abbassidischen Häschern und gelangt Jahre später ans Ende der damaligen islamischen Welt, auf die Iberische Halbinsel, wo er im Jahre 756 seine Ansprüche anmeldet. Unter Abdurrahmen I. mit dem Beinamen *Der Emigrant* gelingt die Einigung der unterschiedlichen ethnischen Gruppen in einem Emirat mit der Hauptstadt Córdoba, gleichzeitig kann diese neubegründete Herrschaft ihre Legitimation von der syrischen Kalifenlinie ableiten. Die nachfolgenden Abbasiden (750-1258) hatten ihr Zentrum inzwischen nach Bagdad verlegt.

Neben zahlreicher muslimischer Nachwanderung aus Nordafrika gewinnt der Koran in al-Andalus vor allem Zulauf durch Christen, die zunächst zögernd, ab dem 9. Jahrhundert massenhaft zur Religion ihrer neuen Herren überlaufen *(muwalladun)*. Die Zahl der einheimischen (auf der Halbinsel geborenen) Muslime könnte Schätzungen zufolge für die Zeit des Kalifates im 10. Jahrhundert bei drei

Millionen liegen und entspräche damit in etwa 80 Prozent der damaligen Bevölkerung, die restlichen Bewohner von al-Andalus sind zu diesem Zeitpunkt Christen und Juden. Unterdessen organisieren christliche Bevölkerungsgruppen im unwirtlichen Bergland der asturischen Küste ihren Widerstand. Eine wirksame Gegenoffensive ist zunächst unmöglich, die systematische Rückeroberung verlorener Gebiete kommt überhaupt nicht in Betracht; auch der später zum Beginn einer Reconquista stilisierte Christensieg unter dem asturischen Westgotenführer Pelayo anläßlich der sogenannten Schlacht von Covadonga im Jahre 722 (?) ist, sofern er stattgefunden hat, Randnotiz und bringt keinen durchschlagenden Erfolg.

Erst im 9. Jahrhundert tritt die westgotische Minderheit aus ihren Rückzugsgebieten in der kantabrischen Küstenzone hervor und trachtet nach Rückgewinnung des an den Islam verlorenen Terrains, immerhin rund vier Fünftel der Halbinsel. Die Mauren haben sich zu diesem Zeitpunkt aus für sie klimatisch ungünstigen Gebieten des Nordwestens auf ein Terrain unterhalb des Duero-Flusses zurückgezogen; eine Kontrolle der gesamten Halbinsel scheint angesichts knapper Bevölkerungsressourcen aufwendig und wirtschaftlich kaum lukrativ. Für lange Zeit markiert der Duero die Grenzlinie zwischen den beiden Spanien (vgl. Karte Seite 45). Unter dem Patronat des Hl. Jakobus (Santiago) übersetzt sich die im Rahmen der europäischen Kreuzzüge entstehende Reconquista-Ideologie wesentlich später in eine jahrhundertelange strategische Bewegung Richtung Süden (vgl. Kapitel 2: *Reconquista*). Doch bringt erst der Niedergang des Kalifates von Córdoba und der Zerfall von al-Andalus in zahlreiche konkurrierende Kleinstaaten *(taifas)* des 11. Jahrhunderts die Voraussetzung zu weitreichenden christlichen Eroberungen (vgl. Karte S. 53).

Omayadenherrscher von Córdoba

8./9. Jahrhundert	9./10. Jahrhundert	10./11. Jahrhundert
Abdurrahman I.	Abdurrahman II.	Abdurrahman III.
756-788	822-852	912-961
Hisham I.	Muhammed I.	al-Hakam II.
788-796	852-886	961-976
al-Hakam I.	Al Mundhir/Abdullah	Hisham II.
796-822	886-912	976-1013

Zeit der Kalifen

Der iberische Islam errichtet in Córdoba seine Hauptstadt und bringt es dort zu ungeahnter Machtentfaltung. Im Jahre 929 läßt sich der Omayaden-Herrscher Abdurrahman III. zum Kalifen ausrufen und demonstriert auf diese Weise den Anspruch Córdobas als islamisches Weltzentrum, das mit Mekka und Bagdad konkurrieren kann. Während frühere Schätzungen abenteuerliche Bevölkerungszahlen von mehr als einer Million nennen, geht die neuere Forschung davon aus, dass die Metropole zu diesem Zeitpunkt bis zu 500.000 Einwohner zählte; auch mit dieser reduzierten Annahme übertrifft Córdoba die größten Städte nördlich der Pyrenäen (beispielsweise Köln) um ein Zwanzigfaches. Die urbane Kultur ist für damalige Verhältnisse einzigartig: Ende des 10. Jahrhunderts zählt die Stadt über 200.000 Gebäude, darunter 1500 Moscheen und nahezu 1000 öffentliche Bäder; Bibliotheken beherbergen mehr als eine halbe Million Handschriften. Das Stadtzentrum verfügt über weiträumige Kanalisation, die nachts erleuchteten Straßen sind gepflastert, es gibt zahlreiche Schulen, Krankenhäuser und sogar Anstalten für geistig Behinderte. Selbst wenn man Übertreibungen der arabischen Geschichtsschreibung in Rechnung stellt, erreicht Córdoba im 10. Jahrhundert eine urbane Infrastruktur, die für europäische Zeitgenossen kaum vorstellbar ist, und bietet unzweifelhaft den höchsten kulturellen Standard der islamischen Welt. Bis heute sichtbares Zeugnis jener Blütezeit ist die große Freitagsmoschee; bereits unter dem ersten Omayaden-Herrscher Abdurrahman Mitte des achten Jahrhunderts begründet, wird diese Hauptmoschee des islamischen Spanien kontinuierlich durch Anbauten erweitert, ohne ihren einheitlichen Charakter zu verlieren. Gegen Ende des Kalifats ist die Mezquita der flächenmäßig zweitgrößte Sakralbau des Islam.

Emire und Kalifen verstehen sich als Mäzene von Kunst und Kultur. Córdoba avanciert zum Anziehungspunkt für Wissenschaftler, Künstler und Literaten, die im Umkreis der Herrscher eigene Akademien bilden; Koranschulen (madrazas) werden zu Universitäten ausgebaut, die neben philologischen und philosophischen Disziplinen mathematische, medizinische und astronomische Kenntnisse vermitteln. Die durch persischen Einfluss verfeinerten Sitten des Hofes von al-Andalus machen Schule auch im Norden der Halbinsel; nicht wenige Söhne aus christlichen Königshäusern weilen zur Erziehung einige Zeit in Córdoba. Das Arabische hat die lateinische Sprache als *lingua franca* der Iberischen Halbinsel abgelöst und wird unverzichtbar für Wissenschaft und Literatur, Politik und Diplomatie.

Córdoba unterhält umfangreiche Handelsbeziehungen bis in asiatische Gebiete des islamischen Großreiches und kontrolliert zahlreiche Mittelmeer-Anrainer. Der Wohlstand des andalusischen Kalifats wird sprichwörtlich und hat zu einer späteren Idealisierung jener Epoche beigetragen. Voraussetzung für wirtschaftliche Prosperität und kulturelle Blüte ist allerdings eine Phase innerer Stabilität, in der sich die islamische Zentralmacht politisch und militärisch unangefochten sieht. Doch kennt selbst das legendäre 10. Jahrhundert zahlreiche Aufstände benachteiligter Bevölkerungsgruppen. Spannungen mit der christlichen Minderheit in al-Andalus *(Mozaraber)* sind an der Tagesordnung, noch zu Zeiten des Kalifats emigrieren christliche Mönche in den Norden. Das Unabhängigkeitsstreben christlicher Vasallen erfordert ständige Intervention, hinzu kommen separatistische Strömungen der andalusischen Provinz sowie regelmäßige Intrigen und Revolten wegen ungeklärter Erbfolge in den Palästen von Córdoba. Gegen Ende des Jahrtausends bedarf es in Gestalt des Diktators Almanzur *(Der Siegreiche)* eines Haudegens, dessen drastische Methoden den militärischen Niedergang für einige Zeit aufhalten können.

Nach seinem Tod zerbricht im Moment größter kultureller Entfaltung die politische Einheit: Al-Andalus zerfällt in zahlreiche (zeitweise zwei Dutzend) Emirate (taifas) die nicht selten untereinander verfeindet sind und zuweilen mit christlichen Mächten des Nordens gemeinsame Sache machen; im politischen Chaos des 11. Jahrhunderts spielt das religiöse Bekenntnis kaum eine Rolle. Rodrigo Diaz de Vivar (El Cid) beispielsweise tritt, nachdem er sich mit seinem Lehensherrn Alfons VI. von Kastilien überworfen hat, ohne Weiteres in die Dienste des Emirs von Zaragoza. Die politische Führungsschicht einzelner Kleinkönigreiche besteht aus wechselnden Clans, die teilweise ethnischen Minderheiten angehören, beispielsweise konvertierte Christen (muwalladun) oder ehemalige nordeuropäische Sklaven. Die Taifa-Könige setzen ihrerseits die untergegangene Tradition des Kalifats fort, übernehmen zahlreiche Impulse des östlichen Islam (vor allem aus Persien) und erleben eine erneute Blütezeit in Kunst und Literatur. Beispiel ist der Herrscher von Sevilla und schöngeistige Poet Al-Mutamid, der im nordafrikanischen Exil ein tragisches Ende nimmt.

Toledo 1085

Als Kastilien unter Alfons VI. nach erbitterten Gefechten die geographische Mitte Spaniens einnehmen kann und die alte westgotische Hauptstadt Toledo im Jahre 1085 schließlich kampflos übergeben wird, scheint das militärische Schicksal von al-Andalus besiegelt. Zeugnisse aus der Feder zeitgenössischer islamischer Geschichtsschreibung spiegeln eine Erschütterung des muslimischen Weltbildes. Die arabischen Autoren sehen die Halbinsel für die Muslime verloren, weil diese ihr Erbteil auf Grund innerer Unzuverlässigkeit verschleudert hätten. Spanien ist nicht von Allah endgültig verliehener Besitz, sondern nur vorübergehende Leihgabe, die bereits verspielt wurde. Ursache der islamischen Schwäche ist demnach die Zersplitterung in den eigenen Reihe. Die christlichen Königreiche wurden zur Intervention geradezu eingeladen und trachten jetzt nach weiterem Landgewinn. Unter dem Eindruck dieses Schocks ruft man nach erneutem Schulterschluss im Zeichen des Korans.

Nach dem Fall Toledos gerät die andalusische Welt zusehends aus den Fugen, als die in Nordafrika herrschenden Almoraviden vom Sevillaner Emir Al-Mutamid und anderen Kleinkönigen zur Verstärkung der muslimischen Front herbeigerufen werden. Der fanatische Militärorden aus dem Süden Marokkos betrachtet den andalusischen Islam als dekadent und häretisch. Nachdem der Wüstenfürst Ibn Tashufin binnen kurzer Zeit dreimal auf iberischem Territorium eingegriffen hat, entmachtet er beim vierten Besuch nicht ohne Gewalt die lokalen Taifa-Fürsten, zwingt Al-Mutamid ins Exil und errichtet ein theokratisches Regime. Das verbleibende Territorium von al-Andalus wird einem berberischen Zentralstaat mit Hauptstadt Marrakesch einverleibt. Unter dem Eindruck der erfolgreichen Reconquista und dem Einfluss fundamentalistischer Strömungen erfährt der westliche Islam jetzt eine ideologische Radikalisierung, die sich unter den Almohaden des 12. Jahrhunderts weiterhin verstärkt. Juden und Christen in al-Andalus (letztere durch zahlreiche Konversionen zum Islam längst dezimiert) gelten als Fünfte Kolonne und suchen nicht selten ihr Heil in der Emigration Richtung Norden. Als

Almohaden-Minarett bei Sevilla

mit der entscheidenden Schlacht von Las Navas de Tolosa (1212) die maurisch-christliche Front bereits das Territorium der heutigen Region Andalusien erreicht, sind auch die islamischen Metropolen Sevilla und Córdoba akut gefährdet und werden bald darauf von Ferdinand III. (dem Heiligen) okkupiert. Die Herrschaft der Almohaden in Andalusien bricht zusammen. Die strategischen Ziele der Reconquista sind damit weitgehend realisiert: Kastilien verfügt über freien Zugang zum Atlantik und zur Straße von Gibraltar.

Granada 1492

Als islamischer Rückzugsbereich bleibt ab Mitte des 13. Jahrhunderts lediglich die ostandalusische Gebirgszone (vgl. Karte Seite 57). Auf dem Territorium der heutigen andalusischen Provinzen Granada, Málaga und Almería setzt das Emirat Granada unter den Nasriden die maurische Tradition fort. Dass diese muslimische Enklave, die landeinwärts von Kastilien, zur See vom Mittelmeer umschlossen ist, ihre Unabhängigkeit noch für weitere zweieinhalb Jahrhunderte wahren kann, hat unter anderem ökonomische Gründe: Ein wirtschaftlich prosperierendes Emirat, das neben Bodenschätzen und entwickelter Agrarproduktion über eine florierende Seidenindustrie und hervorragende Handelskontakte im islamischen Bereich verfügt, muss als tributpflichtiger Vasall einen erheblichen Teil seiner Staatseinkünfte (zeitweise fast die Hälfte) an Kastilien abtreten und ist somit eine lukrative Einkommensquelle. Wie der im Jahrzehnt vor 1492 verlustreich

Albaicín in Granada

geführte Krieg um Granada beweist, bleiben die Nasriden aber auch militärisch wehrhafte Gegner; zudem ist das ostandalusische Bergland aufgrund topographischer Faktoren nur schwer einzunehmen.

Unter den Nasriden erlebt Granada die erneute Blüte einer bereits universalen maurischen Kultur, die nicht zuletzt im prächtigen Palastbau der Alhambra ihren Niederschlag findet. Yusuf I. und Muhammad V. bringen dem kleinen Emirat Zeiten relativer politischer Stabilität und merkantilen Wohlstands. Die Nasridendynastie erweist sich aber als politisch unzuverlässig, provoziert vor allem in der Spätphase zahlreiche Grenzkonflikte mit Kastilien und knüpft immer wieder Fäden nach Nordafrika. Das Emirat gilt als mögliches Einfallstor einer erneuten islamischen Invasion, zumal granadinische Häfen immer wieder muslimischen Piraten aus dem Mittelmeer Schutz bieten. Zeitweise halten die im Maghreb herrschenden Meriniden ihre Hand über Granada, das deshalb nicht ohne diplomatische und militärische Verwicklungen anzugreifen ist; dennoch okkupiert Kastilien bereits 1292 das strategisch wichtige Tarifa und besetzt in der Folgezeit wiederholt kleinere Landstriche im Grenzgebiet.

Die Heiratsunion von Kastilien und Aragón unter Isabella und Ferdinand besiegelt schließlich das Schicksal der Nasriden: Spanien strebt nach innerer Einheit im Zeichen des katholischen Glaubens. Denn inzwischen baut sich im Osten des Mittelmeers drohend der Schatten des Osmanischen Reiches auf, und der politisch-reli-

Festungsanlage (Alcazaba) der Alhambra

giöse Kreuzzugsgedanke wird in Europa wiederbelebt, was in Spanien nicht ohne Echo bleibt. Inmitten dynastischer Erbfolgekämpfe und Palastrevolten fällt Granada nach zehnjährigem Eroberungskrieg Mann gegen Mann und Dorf für Dorf am 2. Januar 1492 an Kastilien. Mit den Nasriden bereits Jahre zuvor ausgehandelte Kapitulationsverträge zeigen die Katholischen Könige als milde Sieger, die den unterlegenen Muslime weitgehend entgegenkommen: Unversehrtheit an Leib und Leben, Besitzstandswahrung, Religionsfreiheit, freie Wahl des Aufenthaltsortes im kastilischen Reich, Rückkehrrecht nach Auswanderung etc. Allerdings hatte man kaum die Absicht, diese Zugeständnisse in der Praxis lange durchzuhalten. Der letzte Nasriden-Herrscher Muhammad XI. (Boabdil) geht noch im selben Jahr 1492 mit großem Gefolge ins Exil nach Nordafrika, wo er bald darauf stirbt.

Dass bereits drei Monate nach der Übergabe Granadas ein Ausweisungsdekret gegen alle Juden erlassen wird, die sich nicht zum Katholizismus bekennen, läßt auch für die Muslime Schlimmes befürchten. Der erste christliche Oberhirte von Granada, Hernando de Talavera, bemüht sich um Überzeugungsarbeit unter den islamischen Untertanen und erlernt zu diesem Zweck noch im fortgeschrittenen Alter die arabische Sprache. Unter dem toledaner Erzbischof Francisco Jimenez de Cisneros beginnt jedoch ein Vernichtungsfeldzug gegen alles Islamische, der in Granada mit der Verbrennung ungezählter arabischer Handschriften im Jahre 1499 seinen Anfang nimmt. Ab diesem Zeitpunkt geraten die sogenannten *moriscos* unter erheblichen Bekehrungsdruck und werden von der kastilischen Krone bereits 1502 des Landes verwiesen, sofern sie nicht rechzeitig konvertieren. Aber auch als Katholiken bleibt ihr Schicksal ungewiss, denn schon 1478 wurde in Kastilien mit päpstlichem Privileg die Inquisition eingeführt. Als der Dominikaner Tomás de Torquemada fünf Jahre später das Amt des Großinquisitors bekleidet, beginnt ein Kesseltreiben auf sogenannte Neuchristen *(nuevos cristianos)*, das sich zunächst gegen konvertierte Juden richtet, bald jedoch auf getaufte Muslime *(Morisken)* übergreift. Das Zeitalter relativer Toleranz ist somit endgültig vorüber, die spanischen Herrscher verstehen sich nicht mehr – wie noch ihre kastilischen Vorgänger im 13. Jahrhundert – als Schutzherren dreier Religionen, sondern als *Katholische Könige*; dieser von Papst Alexander VI. für die Eroberung Granadas verliehene Ehrentitel wird fortan von der Krone kompromisslos verteidigt. An zahlreichen Orten der Alpujarras unweit von Granada erinnern – ähnlich wie im Bereich Valencia – die sogenannten Mauren-Christen-Spiele bis heute an jene Zeit blutiger Wirren, die durch Vertreibung der Morisken und Ansiedlung von Nordspaniern auch zu einer Umwälzung der Bevölkerung führte (vgl. Kapitel 6: *Tod oder Taufe*).

Der jüdische Beitrag

Als älteste der drei Buch-Religionen ist das Judentum bereits seit dem sechsten vorchristlichen Jahrhundert auf der Halbinsel heimisch. (vgl. Kapitel *Sefarad*). Dieser Umstand sollte indes seine Anhänger *(Sefardím)* nicht davor bewahren, zwischen die Mühlsteine der iberischen Geschichte zu geraten; ihr historischer Nachteil ist, dass sie zu keinem Zeitpunkt die politische Kontrolle über ein Territorium ausüben können. Schon in den Akten des Konzils von Elvira (um 300) heißt es, der Einfluss jüdischer Grundbesitzer solle eingeschränkt werden. In der späten Westgotenzeit schließlich zieht sich der Kreis von Pogrom und Diskriminierung immer enger. Die maurische Invasion erlebt die jüdische Bevölkerung weitgehend als Befreiung vom westgotischen Joch – zudem zeigt sich der Islam als dankbarer Bundesgenosse.

Im Reich der Omayaden ziehen Juden womöglich den größten Nutzen aus der neuen politischen Ordnung unter dem Banner des Propheten. Der europäische Sonderfall al-Andalus ist für sie über Jahrhunderte ein Glücksfall. Zwar unterliegen sie, gleich den Christen, dem Missionsverbot, dürfen weder Proselyten machen noch neue Synagogen erbauen, entrichten eine höhere Kopfsteuer als die islamischen Mitbürger, sind in eigenen Stadtviertel konzentriert und tragen zuweilen besondere Kleidung – doch einem gesellschaftlichen Aufstieg sind wenig Grenzen gesetzt, zumal die zahlenmäßig große jüdische Bevölkerung nicht selten zu den Gebildeten zählt.

Bekanntes Beispiel ist der Wesir des ersten Kalifen, Chasdai ibn Shaprut, über den der deutsche Ordensmann Johann von Gorze berichtet. Der Gesandte Otto des Großen erlebt den Juden als glänzenden Diplomaten in der Funktion eines Außenministers am Hof von Córdoba. Zu damaligen Zeitpunkt schreibt man in hebräischen Lettern, aber längst schon in arabischer Sprache. Gleich der christlich-mozarabischen Bevölkerung sind auch die Juden weitgehend arabisiert und leben eine allen Gruppen gemeinsame andalusische Kultur nach mosaischen Regeln. Als Ärzte und Übersetzer gelangen nicht wenige in wichtige Positionen bei Hofe, doch vor allem in Wirtschaft und Finanzen ist der jüdische Einfluss unübersehbar. Bis heute berühmter, zur Almoraviden-Zeit in Córdoba geborener Wissenschaftler ist Ibn Maimun (Maimónides 1135 bis 1204), dessen religionsphilosophisches Denken das Abendland bis zu Baruch Spinoza beeinflussen sollte.

Die Almoraviden des 12. Jahrhunderts fühlen sich jedoch dem mosaischen Bund wenig verpflichtet und zwingen zahlreiche ihrer jüdischen Untertanen zur Emigration Richtung Norden. *Bekehrung oder Vertreibung* lautet ab jetzt eine Devise, deren Echo durch die weitere sefardische Geschichte hallt. Als Toledo in christliche Hände fällt, leben dort rund 12.000 Juden – beinahe die Hälfte der damaligen Bevölkerung. Von Taufe oder Emigration ist keine Rede, die Jüdische Gemeinde (*Aljama*) bleibt unter Kastilien lange stabil und

Synagoge Santa María la Blanca, Toledo

errichtet Synagogen, die heute zu Recht als touristische Attraktion gelten. In der Übersetzerschule Alfons X. können Juden des 13. Jahrhunderts ihre vielsprachige Kultur erneut unter Beweis stellen. Auch in Kastilien bringt es mancher Sefarde zu Ansehen und zu einem finanziellen Einfluss, der sich schließlich gegen das gesamte Volk kehren soll: Nach ersten Pogromen des Jahres 1391 in Sevilla, die über ganz Kastilien ausstrahlen, sind die Tage der Synagoge gezählt. Aber noch ein Jahrhundert später wird Abraham Senyor aus Segovia zum Schatzmeister der Santa Hermandad (Schutzbund der kastilischen Städte) berufen, besorgt als Finanzberater der Könige Mittel für den Krieg gegen Granada und besiegelt damit sein eigenes Schicksal: Um sein Vermögen zu retten, muss er kurz vor seinem Tod konvertieren. Derartige Übertritte zum Katholizismus werden im 15. Jahrhundert massenhaft durch Schikanen erzwunge. Wenn diese neuen Christen im Herzen blieben, was sie waren, ist dies nicht weiter verwunderlich.

Die Vertreibungswelle des Jahres 1492 gehorcht nicht zuletzt materiellen Motiven. Gleich dem maurischen ist auch das jüdische Schicksal weniger von katholischem Fanatismus überschattet als von kastilischer Staatsraison. Als schätzungsweise 100.000 sefardische Gläubige Spanien verlassen müssen, um der Taufe zu entgehen, fällt ihre nicht bewegliche Habe an die Krone, die nach dem kostspieligen Krieg gegen Granada auf diese Einnahmen angewiesen ist. In Handel und Gewerbe bleibt eine Lücke, die nicht mehr zu schließen ist; die spätere wirtschaftliche Dekadenz Spaniens wird hier vorbereitet.

Getaufte Juden gelangen jedoch fortan in wichtige kirchliche Positionen: Salomon Halevi, Oberrabiner von Burgos, bringt es als Pablo de Santamaría zum Erzbischof dieser Stadt, und auch der unermüdliche Ketzerverfolger Tomás de Torquemada stammt aus einer jüdischen Familie. Konvertierte Juden werden zu unnachsichtigen Gegnern ihrer einstigen Glaubensgenossen.

Land dreier Kulturen

Gemessen an Auswüchsen inquisitorischer Intoleranz, wie sie die Anfänge des spanischen Nationalstaates begleiten, erscheint die staatliche Ordnung des Kalifates von Córdoba als frühes Vorbild einer pluralistischen Gesellschaft. Entsprechend wird das 10. Jahrhundert in unseren Tagen trotz mancher mittelalterlicher Begleitumstände rückblickend idealisiert. Weitgehende ideologische Toleranz ist ja geradezu das Erfolgsrezept des einrückenden Islam, der sich zunächst in der Minderheit befindet und später unter den Omayaden seinen Zenit erreicht. Von muslimischer Fremdherrschaft kann dabei keine Rede sein, sehen sich doch die Kalifen – wie zeitweise auch die kastilischen Könige – als Herrscher dreier Religionen.

Der zivilisatorische Beitrag des maurischen Spanien ist weder nordafrikanischer Import noch Ergebnis einer isolierten Entwicklung auf iberischem Boden. Ausschlaggebender Faktor ist die Jahrhunderte lange Anbindung an einen riesigen islamisch dominierten Kulturbereich bei gleichzeitig ständigem Austausch mit Europa. Eine polyglotte Erscheinung wie Ibn Rusd (1126 bis 1198), aus Córdoba stammender Philosoph, der im Abendland unter dem Namen Averroes zum literarischen Gegenspieler eines Thomas von Aquin wird, ist nur vor diesem Hintergrund möglich. Die unscharfe Bezeichnung „maurische Kultur" kann die Iberische Halbinsel vom östlichen Islam abgrenzen, bleibt jedoch irreführend, handelt es sich doch in Spanien eher um eine plurikulturelle Gesellschaft unter dem Dach des Koran bzw. in späteren Phasen um eine orientalisch geprägte und islamgeführte, aber religionsübergreifende Zivilisation.

Von den Anhängern der Buchreligionen erwartet der Koran zwar Unterwerfung, aber keine Bekehrung; sie sind zur Mitgliedschaft in der Muslimgemeinde (*umma*) eingeladen oder genießen andernfalls als schutzbefohlene Untertanen (*dhimma*) Bürgerrecht im islamischen Gottesstaat. Juden wie Christen, die das Angebot zur Konversion ausschlagen, begegnet der Islam auch in al-Andalus mit jener pragmatischen Toleranz, die seine schnelle Expansion seit Mitte des 7. Jahrhunderts ermöglicht hat. Innerhalb eines klar umgrenzten Spielraums – keine Mission unter Muslimen, keine Neubauten von Gotteshäusern, keine Religionsausübung im öffentlichen Bereich – können die Buchreligionen ihre jeweilige Identität wahren. Was entsteht, ist eine muslimisch dominierte Kultursymbiose, die christlich-jüdische Lebens- wie Denkformen integriert und sich von nordafrikanischen Traditionen deutlich emanzipiert. Das komplizierte soziale Gleichgewicht in al-Andalus erfordert weitgehende Autonomie der Konfessionen, allerdings unter eindeutiger rechtlicher Bevorteilung der islamischen Bevölkerungsmehrheit.

Die damit etablierte Gesellschaftsordnung ist nach heutigem Verständnis durchaus kein Rechtsstaat (nicht für alle gelten dieselben Regeln), doch ermöglicht die Ungleichbehandlung eine relative Eigenständigkeit ethnischer und kultureller Gruppen, die bis zur gleichzeitigen Geltung unterschiedlicher Rechtssysteme reicht. Dazu bedarf es jedoch eines Grundgesetzes in Gestalt des Korans, dessen Geltung kein Untertan, welcher Religion auch immer, ungestraft in Frage stellt. In zahlreichen Belangen zeigen sich die Muslime kompromissbereit: Das umstrittene Alkoholverbot des Koran wird in al-Andalus großzügig ausgelegt, der Weinbau kommt niemals zum Erliegen (zeitweise liegt Andalusien anscheinend im wörtlichen Sinne unter der *Fahne* des Propheten), wenn auch in erster Linie Christen die Aufgaben der Winzer und Gastwirte übernehmen. Geht es aber um die religiösen Säulen der staatlichen Macht, so werden christliche Provokateure des 9. Jahrhunderts, die das Martyrium ersehnen und in der Moschee ihre Notdurft verrichten, schnell auf den Boden der Tatsachen gebracht.

Maurisches Erbe

Was der Islam hinterlassen hat, ist für den heutigen Besucher Spaniens unschwer zu erkennen: berühmte Bauwerke, die ihresgleichen nicht allein in Europa suchen, sondern auch in der islamischen Welt. Entsprechend konzentriert sich das Interesse an maurischer Zivilisation nicht selten auf architektonische Leistungen. Während somit

Cómpeta, Málaga

Hufeisenbögen und Stuckgewölbe, Gartenanlagen und Wasserspiele als Inbegriff maurischer Lebensart sofort ins Auge springen, lassen sich langfristige Wirkungen der islamischen Epoche auf die spanische Kultur an dieser Stelle nur andeuten, will man sich nicht in Aufzählungen verlieren.

Nach philologischer Auskunft gehen schätzungsweise 15 Prozent des spanischen Wortschatzes mehr oder minder direkt auf das Arabische zurück. Dabei wurden die Wortstämme latinisiert und phonetisch bis zur Unkenntlichkeit verfremdet; dennoch verrät eine Vielzahl von Verben und Eigennamen, vor allem aber Ortsnamen und geographische Bezeichnungen von Flüssen, Tälern und Bergzügen unschwer ihre Herkunft, ferner Tier- und Pflanzennamen sowie Fachbegriffe und Spezialvokabular zahlreicher Handwerkszweige bis hin zu Gegenständen des täglichen Gebrauchs. Die arabischsprachige Vergangenheit ist in jeder spanisch geführten Konversation von nur einigen Dutzend Wörtern stets lebendig.

Zahlreiche Städte verdanken einer Jahrhunderte lang wandernden Front den Namenszusatz *de la frontera* (an der Grenze). Das Streben nach Territorialgewinn als direkte Folge der politischen Konfrontation mit dem Islam bestimmt bis zur Gegenwart Landschaftsbild und Sozialstruktur in großen Teilen der Halbinsel. In Westandalusien etwa ist das Panorama von Großgrundbesitz geprägt, der auf die Verteilung riesiger Ländereien an den kastilischen Adel zurückgeht und Besitzverhältnisse etablierte, die sich bis in unsere Tage kaum verändert sollten; dass die andalusische Provinz Jaen heute über mehr Olivenbäume verfügt als der EU-Bereich samt der Türkei, hat seine Ursache in landwirtschaftlichen Auswirkungen der Reconquista.

Mosaik der Alhambra

Als ehemalige Bewohner extremer Trockenzonen (Arabische Halbinsel, Atlas-Gebiet etc.) entwickelten die Muslime eine ausgefeilte Bewässerungstechnik. In al-Andalus verbreitete juristische Traditionen der Wasserzuteilung finden teilweise bis heute Anwendung (z.B. in Valencia). Von den Mauren angelegte Bewässerungsterrassen trugen Mandeln und Granatäpfel, Obst und Zitrusfrüchte, nicht zuletzt auch Maulbeerbäume für die Seidenproduktion. Der weiträumig betriebene Bewässerungsfeldbau konnte große Städte ernähren und wurde auch später an zahlreichen Orten beibehalten; anders im Hochtal von Granada, dessen kompliziertes Kanalsystem nach der Eroberung vernachlässigt wurde und zusehends verfiel, mit verheerenden Folgen für die Landwirtschaft. Aber auch in weiten Landstrichen mit Trockenfeldbau werden Wein und Oliven, Weizen und Baumwolle bis heute auf Parzellen angebaut, die schon von den Mauren kultiviert wurden.

Eine große Zahl von Nutzpflanzen ist erst seit islamischer Zeit auf der Iberischen Halbinsel heimisch, von den Mauren bevorzugte Gemüsesorten finden sich bis heute auf dem iberischen Speisezettel. Typisch spanische Süßspeisen, Konfekt und Gebäck (turrones, polverones etc.), nicht selten auf Mandelbasis, haben ihr ursprüngliches Rezept in arabischen Kochbüchern, die der Vernichtung anheim fielen. Renommierte Gastronomen bemühen sich heute in Andalusien um die Rekonstruktion einer in Vergessenheit geratenen maurischen Kochkunst. Mit dem beliebten Karamellpudding *(flan)* kennen die Spanier allerdings ein Dessert, das sich auch überall in Nordafrika findet.

Die Mauren brachten die später berühmten arabischen Hengste auf die Iberische Halbinsel; Harmonien der andalusischen Musik fanden Eingang in die spanische Volkstradition. Als Vermächtnis augenfällig ist jedoch in erster Linie die Baukunst. Das mediterrane Haus mit Innenhof *(patio)*, wie es in Spanien bis heute selbst den Grundriss größerer Mietblocks prägt, geht zurück auf eine nach innen offene, typisch maurische Bauweise. Im Bereich der ornamentalen Innengestaltung (Kachel, Mosaik, Stukkatur) ist der in Andalusien geprägte Stil von einer geometrischen Präzision und geradezu abstrakten Klarheit, die man im östlichen Islam vergeblich sucht. Diese bestechende Originalität maurischer Ästhetik blieb nicht ohne Echo im christlichen Bereich der Iberischen Halbinsel (vg. Kapitel 9: *Mudéjar-Baukunst*).

Literatur

Geschichte

BRENTJES, B.: Die Mauren. Der Islam in Nordafrika und Spanien, Leipzig 1989

CLOT, A.: Al-Andalus. Das maurische Spanien, Düsseldorf 2002

CRESPI, G.: Die Araber in Europa, Stuttgart/Zürich 1992

DRESSENDÖRFER, P.: Islam unter der Inquisition, Münster 1971

HEINE, H.: Geschichte Spaniens in der frühen Neuzeit 1400-1800, München 1984

HOENERBACH, W.: Islamische Geschichte Spaniens. Übersetzung der a'mal al-a'lam und ergänzender Texte, Zürich 1970

HOTTINGER, A.: Die Mauren. Arabische Kultur in Spanien, 3. Aufl. München 1997

LOMAX, D.W.: Die Reconquista. Die Wiedereroberung Spaniens durch das Christentum, München 1980

LEVI-PROVENCAL, E.: España musulmana. Historia de España Bd. IV u. V., hg. v. R. MENENDEZ PIDAL, Madrid 1957

MARCU, V.: Die Vertreibung der Juden aus Spanien, München 1991

MUÑOZ MOLINA, A.: Stadt der Kalifen. Historische Streifzüge durch Córdoba, Reinbek b. Hamburg 1994

REHRMANN, N.: Das schwierige Erbe von Sepharad. Juden und Mauren in der spanischen Literatur. Von der Romantik bis Mitte des 20. Jahrhunderts, Frankfurt/M 2002

REHRMANN, N./KOECHERT, A. (Hg): Spanien und die Sefarden. Geschichte – Kultur – Literatur, Tübingen 1999

SCHREIBER, H.: Halbmond über Granada. Acht Jahrhunderte maurischer Herrschaft in Spanien, Bergisch- Gladbach 1980

SINGER, H.R.: Der Maghreb und die Pyrenäenhalbinsel bis zum Ausgang des Mittelalters, in: U. HAARMANN (Hg): Geschichte der Arabischen Welt, München 1987, S. 264-322

VONES, L.: Geschichte der Iberischen Halbinsel im Mittelalter 711-1480. Reiche – Kronen – Regionen, Sigmaringen 1993

Kultur – Kunst – Architektur

BIANCA, ST.: Hofhaus und Paradiesgarten. Architektur und Lebensformen in der islamischen Welt, 2. Aufl. München 2001

BRENTJES, B.: Die Kunst der Mauren. Islamische Traditionen in Nordafrika und Südspanien, Köln 1992

BRETT, M./FORMAN, W.: Die Mauren. Islamische Kultur in Nordafrika und Spanien, Freiburg/Br 1981

BARRUCAND, M./BEDNORZ, A: Maurische Architektur in Andalusien, Köln 1992

BURCKHARDT, T.: Die maurische Kultur in Spanien, München 1970

EWERT, CH. et al: Hispania antiqua. Denkmäler des Islam, Mainz 2004

GABRIELI, F.: Muhammad in Europa. 1300 Jahre Geschichte, Kunst, Kultur, Augsburg 1997

GUICHARD, P.: Die islamischen Reiche des spanischen Mittelalters (711-1492), in: SCHMIDT, P. (Hg): Kleine Geschichte Spaniens, Stuttgart 2002

HILGARD, P.: Der maurische Traum, Dimensionen der Sinnlichkeit in al-Andalus, Kassel 1997

HUNKE, S.: Allahs Sonne über dem Abendland, Frankfurt/M 2002

KOTHE. Ch. et al. (Hg) : Al-Andalus und Europa. Zwischen Orient und Okzident, Petersberg 2004

NEUHAUS, R./SERRANO, J.: Andalusien. Literarische Reisebilder aus dem maurischen Spanien, Stuttgart 2001

PETRUCCIOLI, A. (Hg): Der islamische Garten, Stuttgart 1995

SCHÄTZE DER ALHAMBRA. Islamische Kunst aus Andalusien, Berlin 1995 (Ausstellungskatalog)

VERNET, J.: Die spanisch-arabische Kultur in Orient und Okzident, Düsseldorf 1984

WATT, M.W.: Der Einfluss des Islam auf das europäische Mittelalter, Berlin 1993

WEISS,W.M. / WESTERMANN, K.-M.: Der Bazar. Mittelpunkt des Lebens in der islamischen Welt, München 2000

Reconquista

Unter diesem Stichwort schildert Klaus Herbers den Jahrhunderte
währenden Kampf spanischer Christen gegen spanische Muslime
und sein ideologisches Echo. Der Erlanger Historiker, bekannt durch
zahlreiche Veröffentlichungen über den *Camino de Santiago*, skizziert
nicht allein den territorialen Verlauf einer militärischen Expansion
Richtung Süden, sondern auch historische Reichweite und Grenzen
dieser Bewegung. Bereits im Wortsinn ist der rückblickend geprägte
Begriff *Re-conquista* definiert als erstrebte Wiedergewinnung an den
Islam verlorenen Terrains. Jedoch entwickelt sich erst relativ spät im
christlichen Spanien das Bewusstsein eines historischen Programms.
Unter dem Einfluss nordafrikanischer Invasoren auf islamischer Seite, demgegenüber christlicher Ritterorden und der europäischen
Kreuzzugsbewegung im Norden der Halbinsel, verschärft sich ab
dem späten 11. Jahrhundert das religiöse Motiv der Kämpfe. Vorstellungen einer nicht religiös bestimmten Eroberung gibt es jedoch
bis ins 13. Jahrhundert, als die strategischen Ziele der Reconquista
bereits weitgehend erreicht sind. Mit Neubesiedelung weiter Landstriche und Feudalisierung erleben große Teile der Iberischen Halbinsel eine Umwälzung ihrer Sozialstruktur, doch gibt es im mittelalterlichen Spanien über weite Strecken weder eine gleichrangige
convivencia von Christen und Muslimen noch herrscht Verfolgung im
Sinne einer *persecuting society*. Nicht Terror *oder* Toleranz – Terror
und Toleranz kennzeichnen den Prozess der Reconquista.

Klaus Herbers

Jg. 1951, Dr. phil., Studium der Romanistik und Geschichte in Köln,
Poitiers und Saarbrücken. Wissenschaftliche Tätigkeiten in Berlin,
Marburg und Tübingen. Seit 1998 Ordinarius für Mittelalterliche
Geschichte und Historische Hilfswissenschaften an der Universität
Erlangen-Nürnberg. Hauptforschungsgebiete: Iberische Halbinsel
und Jakobuskult, Karolingerzeit, Papstgeschichte. Zahlreiche Publi-
kationen, u.a.: *Der Jakobsweg*. Mit einem mittelalterlichen Pilgerfüh-
rer nach Santiago de Compostela, 7. Aufl. Tübingen 2001; mit Jung,
G.: *Der Weg der Jakobspilger*, Hamburg 2004.

RECONQUISTA

Spaniens Christen gegen Spaniens Muslime?

Klaus Herbers

Leitidee der spanischen Geschichte?

Die mittelalterliche Geschichte Spaniens steht im Zeichen der Reconquista – so oder ähnlich kann man in zahlreichen Werken bis auf den heutigen Tag lesen. Einer solchen Leitidee kommt eines entgegen: Sieht man als Anfangs- und Endpunkte einerseits die muslimische Eroberung weiter Teile des Westgotenreiches auf der Iberischen Halbinsel seit 711 und andererseits die Zerstörung des letzten muslimisch bestimmten Reiches Granada 1492, so finden sich hier kongruente Eckdaten zur Bestimmung einer historischen Epoche, mit der andere Länder oder Regionen kaum aufwarten können. Das Bild ist zugleich suggestiv: In fast allen Darstellungen zur spanischen Geschichte thematisieren die beigegebenen Karten in der Regel den Prozess der Reconquista, vom 8. bis zum 15. Jahrhundert schreiten die christlichen Eroberungen fortwährend voran.

War dies aber eine durchgehende, in sich stimmige Entwicklung? Gab es so etwas wie eine Entwicklungslogik oder gar ein Konzept, das die christlichen Herrscher verfolgten? Oder handelt es sich eher um Deutungen, die den Ereignissen erst später oder von außen übergestülpt wurden? Die schließlich unter den Katholischen Königen bzw. den Habsburgern gewonnene Einheit scheint deutlich mit dem Verlust dieser Einheit nach 711 zu kontrastieren. Der Verlust Spaniens, die *pérdida de España*, ist entsprechend von zahlreichen spanischen Historikern immer wieder beschworen worden: Kein Spanier habe gezögert, diesen Verlust wettzumachen, die 711 zugefügte Schmach zu sühnen. Die Vorstellung, dass es einen Verlust gab, dass die Muslime zu Unrecht die Iberische Halbinsel erobert hätten, drückt der Begriff Reconquista mit der Vorsilbe „Re" eindrücklich aus: Rück-Eroberung. Der Begriff erscheint somit schon als ein Kampfbegriff, stellt also die Legitimität der Kämpfe eindeutig auf die Seite der christlichen Aktivitäten.

Es wäre spannend, eine Ideologiegeschichte der Reconquista zu schreiben, denn hier ließe sich manches einordnen und richtig stellen; jedoch möchte ich in meinem Beitrag auch einige der kriegerischen Auseinandersetzungen thematisieren, die unter dem Begriff gemeinhin subsumiert werden. Dabei sollen folgende Leitfragen im Vordergrund stehen:

- Im welchem Maße waren die Kämpfe gegen die Muslime und die Eroberungen an ein ganz bestimmtes Bewusstsein gebunden?
- Handelt es sich um einen „Glaubenskrieg"?
- Welche Faktoren begünstigten eine übergeordnete Konzeption der Kämpfe?
- In welchen Situationen und in welchem Umfang wurden kriegerische Auseinandersetzungen durch Formen des Zusammenlebens und des friedlichen Umgangs miteinander überlagert?

Da es unmöglich ist, acht Jahrhunderte im Zeitraffer Revue passieren zu lassen, stelle ich nur einige ausgewählte Schlaglichter vor, die uns am ehesten zu den angesprochenen grundsätzlichen Fragen führen können.

Die Reconquista wird – wenn man sie eher äußerlich und militärisch in den Blick nimmt – gemeinhin in drei große Phasen eingeteilt: (1) die Zeit des 8. bis 10. Jahrhunderts mit den ersten Anfängen und Versuchen, bei denen die christlichen Reiche des Nordens eher defensiv agieren, (2) eine Epoche der großen Eroberungen vom 11. bis 13. Jahrhundert sowie (3) eine spätmittelalterliche Phase, bei der es im wesentlichen um das verbliebene Reich Granada bis zu dessen Eroberung 1492 geht.

Covadonga – Begründung Asturiens und Anfang der Reconquista?

Die Anfänge der Reconquista werden oft mit der sogenannten Schlacht von Covadonga in Verbindung gebracht. Die Truppen des Westgotenreiches hatten jedoch schon 711 am Guadelete eine ent-

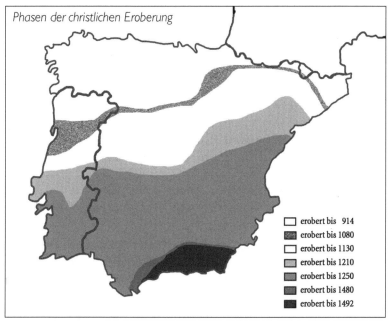

Phasen der christlichen Eroberung

☐	erobert bis 914
▨	erobert bis 1080
☐	erobert bis 1130
▨	erobert bis 1210
▨	erobert bis 1250
▨	erobert bis 1480
■	erobert bis 1492

scheidende Schlacht verloren, um die sich verschiedene spätere Legenden ranken. So soll Verrat die Schlacht zugunsten der Muslime entschieden haben; Streitigkeiten unter den Westgoten, Verrat, Strafe für die eigenen Sünden. Solche Vorschläge, die Ereignisse in der Folge von 711 zu deuten, zielen teilweise darauf ab, die Eroberung der Muslime zu legitimieren, bei christlichen Autoren auch darauf, die eigene Niederlage verständlicher zu machen und insbesondere, die überraschend leichten Siege der muslimischen Heere zu erklären.

Den Deutungen der Niederlagen steht der Bericht über einen ersten Sieg der Christen 721/722(?) bei Covadonga gegenüber. Das asturische Bergland konnten die Muslime wohl allenfalls kurzfristig unterwerfen, hier fanden viele westgotische Große Unterschlupf. Die Anfänge des christlichen asturischen Reiches im nördlichen Spanien sind mit der Gestalt Pelayos verbunden. Er war vielleicht ein Sohn des westgotischen *dux* Fafila, den der Westgote Witiza aus Toledo vertrieben haben soll, und der ehemals Schwertträger des Königs (*spatharius*) war. Dieser Pelayo habe als erster bewaffneten Widerstand gegen die muslimischen Eroberer geleistet und nicht nur den arabischen Heerführer al-Qæma, sondern auch den berberischen Statthalter von Asturien, Munnýza, getötet. Außerdem habe er den Erzbischof von Sevilla, Oppa (einen Bruder Witizas), der angeblich mit den Muslimen kollaborieren und Pelayo zum Aufgeben bewegen wollte, gefangen setzen lassen. Wahrscheinlich vernichtete Pelayo jedoch nur einen Teil des muslimischen Heeres. Dies wurde vielleicht durch eine Naturkatastrophe begünstigt. Er errichtete später eine eigenständige Herrschaft, hielt sich vor allem in Cangas de Onis auf, starb 737 und gilt als Begründer des asturischen Reiches.

Die skizzierten Daten kennen wir vor allem aus Chroniken, die im ausgehenden 9. Jahrhundert in der Umgebung Alfons' III. entstanden. Nicht einmal das Chronicón mozárabe von 754 hat dieses Ereignis festgehalten. Deshalb wird bis heute diskutiert, ob die Schlacht von Covadonga überhaupt stattgefunden hat: Ludwig Vones ist sich keinesfalls sicher, José Ignacio Ruíz de la Peña hält trotz des Schleiers an einem historischen Kern fest.

Direkte zeitgenössische Zeugnisse fehlen mithin, Hinweise arabischer Quellen stammen aus späterer Zeit und bleiben ebenso vage. Die Geschichte des ersten christlichen Widerstands gegen die Muslime auf der Iberischen Halbinsel wurde erst im Laufe der Zeit ausgestaltet, besonders in den schon genannten Chroniken aus dem Umfeld Alfons III., die etwa 160 Jahre später abgefasst wurden. Eine dieser asturischen Chroniken aus dem ausgehenden 9. Jahrhundert berichtet unter anderem, dass von 187.000 arabischen Kämpfern in dieser Schlacht von Covadonga 124.000 gefallen seien. Weitere 63.000 flohen auf einen hohen Berg, den Gott zum Einsturz gebracht habe. Arabische Quellen wollen hingegen wissen, dass die Muslime 300 christliche Kämpfer belagert hätten. Als schließlich nur noch 30 Christen übrig blieben, habe sich die weitere Belagerung nicht mehr gelohnt.

Beide Versionen sind offensichtlich nicht frei von Interessen: Manche arabische Quellen spielen herunter, dass man den nördlichen Raum Spaniens nur kurzfristig und oberflächlich in den muslimischen Herrschaftsbereich integrieren konnte, die meisten christlichen Zeugnisse heben die große Entscheidungsschlacht als Auslöser für den Widerstand, ja sogar als Beginn der Reconquista hervor. Dabei ist wichtig, dass auch Chroniken aus dem Umfeld Alfons' III. voneinander abweichen. Die wohl nach 883 entstandene sogenannte Fassung „Rotense" ist besonders detailfreudig. Hier finden sich am ehesten pejorative Adjektive für die Gegner, auch wird die göttliche Vorsehung betont: Die wunderbare Vernichtung von 63.000 Mus-

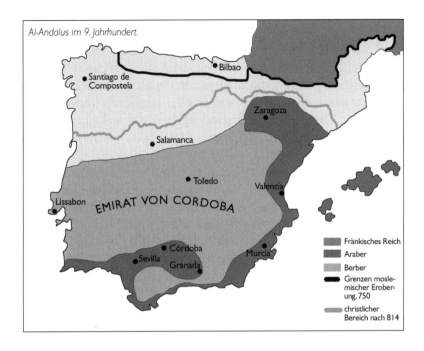

Al-Andalus im 9. Jahrhundert

Bilbao
Santiago de Compostela
Zaragoza
Salamanca
Toledo
Valencia
Lissabon
EMIRAT VON CORDOBA
Córdoba
Sevilla
Granada
Murcia

Fränkisches Reich
Araber
Berber
Grenzen mosle-
mischer Erober-
ung, 750
christlicher
Bereich nach 814

limen bezieht der Chronist auf biblische Vorbilder: „Glaubt nicht, dass dies eine schöne Fabel sei, sondern erinnert euch, dass derjenige, der die Wellen des Roten Meeres zum Durchzug der Söhne Israels öffnete, auch unter der Masse des hohen Berges diese Araber, welche die Kirche des Herrn verfolgen, zerdrückte": *hos Arabes persequentes ecclesiam Domini* heißt es im lateinischen Text (Crónicas, ed. Gil Fernández, 128).

Die Texte wurden geschrieben, als das inzwischen gefestigte asturische Reich schon große territoriale Gewinne verbuchen konnte, Reconquista und die sogenannte *repoblación*, die Wiederbesiedlung, waren vorangeschritten, das Gebiet bis zum Duero unterstand in dieser Zeit der asturisch-leonesischen Herrschaft. Diese Erfolge sollten nun bis auf die Anfänge zurückgeführt werden. Pelayo hatte nach Chroniken des 9. Jahrhunderts somit den Muslimen erstmals Einhalt geboten und zugleich westgotische Kollaborateure abgestraft. Alle Legitimität des alten christlichen Westgotenreiches lag demnach in Asturien. Es geht in den Texten vielleicht weniger um die Schlacht selbst, als vielmehr um die Begründung einer doppelten Tradition. Zur Diskussion stand zum ersten die Qualität des asturischen Reiches, das besonders in der Regierungszeit Alfons' III. (866

43

bis 910) die Rechtsnachfolge der westgotischen Herrschaft betonte und einen sogenannten Neogotizismus pflegte; zum zweiten lag in der Schlacht ein Bezugspunkt für die Anfänge längerer Kämpfe, nämlich die sogenannte Reconquista. In einigen dieser Texte finden sich erstmals deutliche Töne, welche die islamischen Gegner zu Beginn des 8. Jahrhunderts als Personengruppen charakterisieren, die mehr eine historische Herausforderung waren als ein normaler kriegerischer Feind.

Zieht man eine Zwischenbilanz, so haben wohl die überlieferten Quellen des ausgehenden 9. Jahrhunderts die Ereignisse nicht unbedingt erfunden, aber zumindest zugespitzt. Die Chroniken scheinen insgesamt vor allem auf ein Programm im Umfeld Alfons III. zu verweisen. Mit Covadonga und dem Kriegshelden Pelayo wurden asturisches Reich und Reconquista in ganz spezifischer Weise legitimiert. Wenn Mythen fundierende Geschichten sind, wie Jan Assmann sie versteht, dann werden in den Quellen des 9. Jahrhunderts Aspekte deutlich, die zu einem Gründungsmythos Asturiens führten. Dieses Reich galt damit als wichtigster Traditionsträger der westgotischen Überlieferung und schuf mit der sogenannten Reconquista zugleich die Basis für ein wiederherzustellendes Spanien.

Toledo – Ausgleich und Convivencia?

Gegenüber den vorgetragenen Interpretationen blieben die tatsächlichen kriegerischen Auseinandersetzungen vielfach nur knapp kommentiert. Nachdem 929 im Süden ein eigenständiges Kalifat von Córdoba entstanden war, wurden unter dem berühmt-berüchtigten Feldherren Almanzur die Reiche des christlichen Nordens durch kriegerische Raubzüge zu Ende des 10. Jahrhunderts in Schrecken versetzt, vom teilweise zerstörten Santiago de Compostela soll al-Mansur sogar die Glocken der Jakobuskathedrale nach Córdoba gebracht haben. Der Untergang des Kalifates (1031) und die Entstehung zahlreicher muslimischer Kleinkönigreiche (taifas) führte zwar teilweise zu einer kulturellen Blüte, jedoch auch zu einer militärischen Schwäche, von der die christlichen Reiche des Nordens – León, Navarra, Aragón und die Grafen Kataloniens – durch Eintreibung von Tributen, sogenannten parias, profitierten. Die Zahlungen garantierten eine gewisse Ruhe und förderten gleichzeitig ein zunehmendes ökonomisches und militärisches Übergewicht des Nordens.

Nach dem Tod Ferdinands I. im Jahre 1065 wurde dessen Herrschaft zunächst in Kastilien, León und Galicien geteilt, aber Alfons VI. von León-Kastilien konnte schließlich ab 1072 wieder über alle drei Reiche gebieten. Gegenüber den muslimischen Taifen-Reichen setzte Alfons VI. zunächst die Politik seiner Vorgänger fort. Auch er zog aus Tributen wirtschaftlichen Gewinn, wechselte aber bald zu aktiver militärischer Eroberung. Nach den Memoiren Abd Allæhs, des Taifenherrschers von Granada, soll der christliche Graf Sisnando Davídiz, ein Gesandter Alfons VI. in Granada, etwa folgendes gesagt haben: „Vor der Eroberung durch die Araber gehörte ganz Al-Andalus den Christen. Nun wollen sie das zurückholen, was ihnen mit Gewalt abgenommen wurde. Damit aber das Ergebnis endgültig ist, muss man euch schwächen und dann hinwegfegen. Wenn ihr kein Geld und keine Soldaten mehr habt, werden wir das Land mit geringstem Aufwand zurückerobern" (ed. in: Al-Andalus 4, 1936, 35f.).

Allerdings ging diese Rechnung nicht ganz auf, ein gutes Beispiel ist die Entwicklung in Toledo. Ursprünglich hatte König Alfons VI. während der Thronstreitigkeiten gute Beziehungen zu Toledo gepflegt. Dort herrschte bis 1075 al-Mamýn, ein Mäzen für Kunst, Poesie und Wissenschaft. Er hatte früher Alfons VI. Schutz vor den Verfolgungen seines Bruders Sancho II. gewährt. Aber unter dessen Nachfolger al-Qæšir (1075-1085) geriet das toledanische Taifenreich in eine Krise. Al-Qæšir floh 1080 vor seinen Untertanen und bat Alfons VI. um Hilfe; viele Toledaner wünschten in dieser Situation den Taifenkönig von Badajoz als Herrscher.

Mit leonesischer Hilfe kehrte al-Qæšir jedoch 1081 nach Toledo zurück, wurde dadurch aber noch stärker von Alfons VI. abhängig und konnte seine Position in Toledo letztlich nicht festigen. Schließlich befürworteten einige seiner Gegner sogar eine Herrschaftsübernahme durch den leonesischen König. Alfons solle die Stadt belagern und nach einem gewissen Widerstand würden sie ihm die Stadt ausliefern. Nach einem Beutezug in Richtung Sevilla Ende des Sommers 1084 handelte Alfons entsprechend. Am 6. Mai 1085 wurde Toledo übergeben. Alfons ernannte zunächst Graf Sisnando Davídiz zum Stadtherren. Alle Einwohner Toledos, Muslime, Juden und Christen, sollten zunächst gleichberechtigt unter der Herrschaft Alfons VI. weiterleben.

Die Eroberung Toledos war nicht nur ein militärischer Erfolg, sondern bedeutete für das christliche Spanien zugleich einen ideologisch wichtigen Sieg. Nun stand die alte Hauptstadt des Westgotenreiches, die man im Asturien des 8. und 9. Jahrhundert so gepriesen, dann in Oviedo und León imitiert hatte, wieder unter christlicher Herrschaft. Toledo wurde das Zentrum von „Neukastilien" und übernahm langfristig die Bedeutung der Stadt León, mit der aber noch lange Zeit eine Konkurrenz bestand. Alfons VI. bezeichnete sich entsprechend auch als *imperator toledanus*; manchmal nannte er sich auch Kaiser der beiden Religionen, weil viele Muslime in seinem Herrschaftsbereich verblieben waren. Auf dieser Basis gediehen die kulturell so bedeutsamen Ergebnisse der Zusammenarbeit zwischen Juden, Christen und Muslimen, wie sie zum Beispiel durch die Übersetzungsarbeiten der philosophischen und naturwissenschaftlichen Schriften aus dem Arabischen ins Lateinische in der sogenannten Übersetzerschule von Toledo seit der Mitte des 12. Jahrhunderts stattfanden.

Wurde aber ein solches friedliches Zusammenleben, die „convivencia", wie es in viele Publikationen suggeriert wird, tatsächlich Wirklichkeit? In Toledo stieß das zunächst durchaus angestrebte gleichberechtigte Miteinander schon bald an seine Grenzen, vor allem, als die aus Frankreich stammende Königin sowie der nach Kastilien gekommene französische Klerus, die Alfons unterstützt hatten, sich gegen eine Gleichbehandlung von Muslimen und Christen aussprachen. Bernhard von Sauvetat, ehemals Abt von Sahagún und jetzt neuer Erzbischof von Toledo, besetzte die Moschee, weil er als künftiger Primas der Hispania eine Kathedrale brauchte.

Dieses Beispiel zeigt, wie das Gleichgewicht in Gefahr geraten konnte, wenn verschiedene Interessen konkurrierten. Der Cluniazenser und Erzbischof Bernhard blieb nicht allein, denn Alfons ersetzte den „gemäßigten Politiker" Sisnando Davídiz durch den Grafen Pedro Ansúrez, der zu den Befürwortern eines harten Kurses gegenüber den Muslimen gehörte. Er war mit der Tochter von Alvar Fanez verheiratet, der wiederum als eine Art Verwalter von al-Andalus unter der Oberhoheit Alfons´ VI. vorgesehen war. Zwar gab es in Toledo noch bis ins 14. Jahrhundert zwei Vorsteher für die beiden genannten Religionsgruppen (denen noch die Juden hinzuzufügen wären), aber die Eigenständigkeit der jeweiligen Gruppen war insofern eingeschränkt, als nun die Christen rechtlich besser gestellt waren. Muslime besaßen zwar formell die Möglichkeit, sozial aufzusteigen, aber durch die Ansiedlung von *franci*, die ihrerseits ein eigenes, besonders vorteilhaftes Recht erhielten, kamen sie oft nicht zum Zuge. Dennoch entstand keine *persecuting society*; man kann eher davon sprechen, dass die Führungsschichten wechselten und das Dhimma-System der Muslime – das anderen Religionen Freiheiten garantierte, diese jedoch stärker durch Abgaben belastete – nun mit umgekehrten Vorzeichen weiter praktiziert wurde.

Der schon genannte Kaisertitel Alfons' VI., der sich auf beide Religionen bezog, sollte vielleicht wie ein weiterer *(Imperator, constitutus super omnes Hispaniae nationes)* vor allem ausdrücken, dass er, Alfons, Anspruch auf die gesamte Hispania erhob. In dieses vermutete Konzept passt der Plan Alfons' VI., eine Art Schutzherrschaft über den gesamten Süden aufrichten und durch eigene Amtsträger verwalten zu lassen. Die genauen Vorstellungen sind vage, weil der Briefwechsel Alfons' mit al-Mutamid, dem Taifenherrscher von Sevilla, erst in einer Chronik des 14. Jahrhunderts überliefert ist, und die Forschung bis heute nicht weiß, ob diese Briefe echt sind (vgl. Vones, Convivencia, 225). Wenn der Plan zutreffend dokumentiert ist, dann war er wohl unrealistisch; er zeigt aber zugleich, dass es bei diesen Zielen eher um politische denn um religiöse Aspekte ging. Verhindert wurde die Ausführung in jedem Fall durch die Eroberungen der aus Nordafrika kommenden muslimischen Almoraviden, die nach dem Druck Kastiliens auf Sevilla schon 1086 in Südspanien landeten und nach dieser Zeit keine weiteren großen militärischen Erfolge Alfons' VI. zuließen.

Afrikanische und europäische Einflüsse

Toledo ist nicht nur ein gutes Beispiel, die Gemengelage der Interessen in dieser Stadt zu verdeutlichen, sondern verweist auch auf zwei Phänomene, die für die weitere Betrachtung der Reconquista wichtig wurden: zum einen die Herrschaft von Almoraviden und später Almohaden im muslimischen Spanien, die ab 1086, ein Jahr nach der Eroberung von Toledo, begann, sowie zweitens die starke europäische Beteiligung an den Kämpfen gegen die muslimischen Herrschaften. Der neue Erzbischof von Toledo, Bernhard, stammte wie verschiedene Amtskollegen seiner Zeit aus Frankreich und brachte aus diesem Raum auch neue Vorstellungen mit nach Spanien.

Förderte sowohl die Präsenz der religiös rigorosen Almoraviden und Almohaden als auch die Beteiligung von Nichtspaniern Formen des Kampfes, die nun stärker von religiösen Aspekten bestimmt waren? Wurde die Ideologie der Kampfhandlungen auf der Iberischen Halbinsel weiter aufgeladen mit Gedanken, die in den Zusammenhang der Kreuzzugsbewegung gehören? Schon lange wird darüber diskutiert, ob die Auseinandersetzungen der Reconquista so etwas wie Vorkreuzzüge oder Ersatzkreuzzüge gewesen seien.

Basierten die Vorstellungen von einem Kampf, der aus religiösen Gründen betrieben wurde, auf Konzepten des jeweiligen Gegners, reagierten sie vielleicht sogar auf islamischen Vorstellung vom sogenannten kleinen Jihad? Grundsätzlich gab es Anlässe, die entsprechende Reaktionen bewirkt haben mögen. Zumindest setzte schon kurz nach der Eroberung Toledos durch die Truppen Alfons VI. (1085) eine neue Entwicklung im muslimischen Spanien ein, denn nun wurde die Herrschaft der Taifenherrscher weitgehend durch die Almoraviden abgelöst. Einige der muslimischen Taifenkönige sollen die in Nordafrika militärisch erfolgreichen Almoraviden, eine Berberdynastie (ca. 1056 bis 1147), zur Unterstützung gerufen haben. Von etwa 1086 bis in die 40er Jahre des 12. Jahrhunderts währte deren Einfluss im südlichen Spanien, um dann zugunsten der Almohaden abzunehmen.

Trotz der Hilferufe aus dem muslimischen Spanien bestand jedoch insbesondere in den religiösen Vorstellungen zwischen Taifenkönigen und Almoraviden ein deutlicher Gegensatz. Denn die Berberdynastie folgte einer strikten mælikitisch-orthodoxen Reformrichtung. So mag es fast resignierend wirken, wenn al-Mutamid, der Taifenherrscher von Sevilla, gesagt haben soll, er hüte lieber Kamele für die Almoraviden als die Schweine von Alfons VI. (O' Callaghan, 208).

Nach den dennoch erfolgten Hilferufen setzte einer der almoravidischen Führer, Yusuf ibn Tashufin, viermal (in den Jahren 1086, 1088, 1090 und 1102/03) nach Südspanien über. Er schlug Alfons 1086 bei az-Zallæqa (Sagrajas), 1091 wurde der Rest des muslimischen Spanien weitgehend erobert (Lissabon bis Murcia). Nur das Reich in Valencia unter der Herrschaft des Cid und das Reich von Zaragoza blieben von einer Unterwerfung durch die Almoraviden verschont. Erst beim vierten Zug wurde Valencia geräumt, 1110 eroberte Yusufs Sohn (1106 bis 1143) Zaragoza, 1115 die Balearen, aber 1118 ging dann Zaragoza dem Islam verloren. In diese Zeit fallen Züge des aragonesischen Königs Alfons I. (el Batallador) der Jahre 1125 bis 1126 in den Süden der

Iberischen Halbinsel, weil ihn dort angeblich Christen unter almoravidischer Herrschaft um Hilfe gebeten hätten.

Dürfte mithin eine gewisse Verschärfung der Auseinandersetzungen durch die neue Situation im muslimischen Süden der Iberischen Halbinsel gefördert worden sein (obwohl bisher alle Versuche der Forschung gescheitert sind, die Ableitung des Heiligen Krieges vom kleinen Jihad und umgekehrt schlüssig nachzuweisen) so ist die Frage europäischer Einflüsse als zweites Merkmal in den Blick zu nehmen. Gab es seit dem ausgehenden 11. Jahrhundert eine Wende der christlichen Kampfesformen oder der Deutung dieser Auseinandersetzungen aufgrund der Kreuzzugsbewegung? Als man 1064 Barbastro und 1089 Tarragona „rückeroberte", verwiesen diese Kämpfe nach manchen Quellen auf neue Konzeptionen. Bei der Eroberung von Barbastro handelte es sich zwar immer noch um die Durchsetzung innerspanischer Interessen, jedoch war der Bogen der Kampfeshandlungen und ihrer Interpretation weiter gespannt. Amatus von Montecassino hat den Eindruck der Zeitgenossen von dieser Unternehmung folgendermaßen beschrieben: „Damit die christlichen Glaubenspflichten erfüllt und der verruchte Wahnsinn der Sarazenen vernichtet würde, vereinigten sich durch Eingebung Gottes die Könige, Grafen und Fürsten in einem Willen und einem Plan. So wurde eine große Truppenmenge versammelt, ein starkes Ritterheer von Franzosen, Burgundern und anderen, und mit ihnen waren die tapferen Normannen. Sie zogen nach Spanien. Und sie riefen die Hilfe Gottes an, darum war Gott gegenwärtig zur Unterstützung derer, die ihn gebeten hatten [...]." (dt. bei Erdmann, Entstehung, 124)

Die Beteiligung von „Ausländern" wird deutlich angesprochen, außerdem die religiöse Motivation vorrangig hervorgehoben. Der damals regierende Papst, Alexander II., hat diese kriegerische Aktion zudem durch ein Versprechen des Erlasses von Bußstrafen unterstützt; man wollte dies vielfach als einen ersten Beleg für die später üblichen Kreuzzugsablässe interpretieren. Damit waren zwei Neuerungen gegenüber den bisherigen Kämpfen gegeben: Es waren nicht nur innerspanische Kräfte an den Auseinandersetzungen beteiligt, außerdem unterstützte der Papst die Unternehmung mit der Vorform eines Ablasses. Beim Aufruf zur Eroberung von Tarragona 1089 heißt es gar, allen Kämpfern werde dieselbe Indulgenz wie bei einer Jerusalemfahrt zugestanden.

Waren also diese Aktionen – Barbastro, Tarragona und weitere spätere Reconquistazüge – vielleicht sogar so etwas wie eine Art „Vor-Kreuzzüge"? Die Diskussion ist seit den Forschungen von Erdmann (1935) äußerst kontrovers. Fraglich ist vor allem, wie konstitutiv die Aspekte der „ausländischen" Beteiligung und der päpstlichen Unterstützung jeweils waren und wie ein Kreuzzug definiert wird. Denn eines wird klar: Es ging bei Barbastro zugleich um handfeste lokalpolitische Interessen des aragonesischen Herrschers Ramiro, der mit Unterstützung des früher konkurrierenden Grafen Ermengol III. von Urgell die Stadt erobern und seinem Herrschaftsgebiet einverleiben wollte. Man könnte diesen Zug mithin als eine ganz traditionelle Form von Kämpfen ansehen, bei der nur zufällig ausländische Beteiligung und päpstliche Unterstützung hinzugekommen seien. Unabhängig davon, wie man den Zug von Barbastro oder weitere päpstliche Versprechungen im einzelnen interpretiert – die Reconquista war inzwischen zumindest ansatzweise in einen europäischen Kontext geraten, und auch die Päpste wirkten hier ein.

Was sich dabei änderte, waren vor allem die Deutungsschemata, die nun – gerade wenn außerhalb Spaniens über die Reconquista berichtet wird – häufig in die Nähe der Kreuzzugs-Perspektive geraten. Trotz dieser auf beiden Seiten verstärkten ideologisch-religiösen Aufladung der Kampfeshandlungen wäre es aber verfehlt zu behaupten, ab dieser Zeit habe die Reconquista grundsätzlich – im Rahmen einer sich entfaltenden Kreuzzugsbewegung – den Charakter eines nun ausschließlich religiös legitimierten Kampfes gewonnen. Das Beispiel des Cid kann dies gut verdeutlichen. Diese als Held verehrte Gestalt ist allerdings so sehr zum Mythos geworden, dass Realität und literarische Überhöhung leicht verschwimmen. An seiner Person lässt sich zugleich die Gemengelage der Interessen und Vorgehensweisen jener Zeit gut ablesen.

Der Cid

Der in Vivar bei Burgos geborene kastilische Heerführer Rodrigo Díaz wurde dank der Protektion seines Onkels am Hofe Sanchos, des Bruders Alfons' VI., erzogen. Hier wurde er *armiger regis* (*alférez*) und übernahm weitere militärische Aufgaben, so zur Sicherung der Tributzahlungen von Zaragoza. An den Konflikten zwischen Sancho

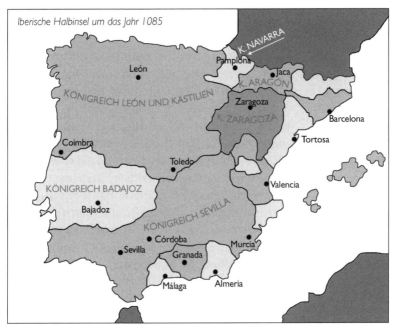

Iberische Halbinsel um das Jahr 1085

K.NAVARRA

León

Pamplona

Jaca

K.ARAGÓN

KÖNIGREICH LEÓN UND KASTILIEN

Zaragoza

K. ZARAGOZA

Barcelona

Coimbra

Tortosa

Toledo

KÖNIGREICH BADAJOZ

Valencia

Bajadoz

KÖNIGREICH SEVILLA

Córdoba

Murcia

Sevilla

Granada

Málaga

Almeria

und Alfons VI. war der Cid beteiligt; er belagerte unter anderem das Alfons freundlich gesinnte Zamora, wo Sancho II. ermordet wurde (1072). Obwohl der Cid Lehnsmann des Königs wurde und Alfons VI. ihm zunächst noch eine gute Heiratspartie (Jimena Díez, die Tochter des Grafen von Oviedo) vermittelte, blieben die Beziehungen zum König gespannt. Alfons entsandte ihn noch 1079 nach Sevilla, wo er die Tributzahlungen des dortigen Taifenherrschers einziehen sollte. Als er jedoch 1081 in das Reich von Toledo einfiel, zu dem Alfons VI. damals – wie schon erwähnt – gute Beziehungen pflegte, verfiel er dem königlichen Zorn, der *ira regia*, und wurde des Landes verwiesen.

Es folgte eine Phase verschiedener Unternehmungen; seine diversen Erfolge brachten ihm den Namen „El Cid" (von arabisch „Herr") ein, den Muslime wohl zuerst verwendeten. Zunächst trat er in den Dienst des Taifenkönigs von Zaragoza. Dort fand er Anstellung und verteidigte das muslimische Zaragoza gegen Al Mundhir, gegen Sancho von Aragón und gegen den Katalanen Raimund Berenguer II., den er 1082 sogar für kurze Zeit gefangen hielt. Vielleicht dachte der Cid, mit seiner Unterstützung Zaragozas auch indirekt seinem früheren Herrn Alfons VI. zu dienen, denn als Alfons die Stadt Zaragoza 1085 belagerte, leistete er bezeichnenderweise keinen Widerstand.

Fühlte er sich weiterhin als Lehnsmann des kastilisch-leonesischen Königs? Wie auch immer: Die Tatsache, dass der Cid wechselweise zugunsten der Christen und der Muslime kämpfte, zeigt, dass Fragen des Glaubens in dieser Zeit oft wenig ausschlaggebend waren. Nachdem erstmals die berberischen Almoraviden den Christen bei az-Zallæqa (Sagrajas) eine Niederlage zugefügt hatten, nahm Alfons VI. den Cid wieder als Lehnsmann an. Alfons vertraute ihn dem Schutz des Taifenherrschers von Valencia, des ehemaligen Toledaner Königs al-Qæšir, an. Alle Länder in der Levante, die er erwerben würde, sollten ihm *iure hereditario*, also erblich, zustehen. Als der Taifenherrscher von Zaragoza und der Graf von Barcelona al-Qæšir in Valencia belagerten, sprengte der Cid den Belagerungsring.

1089 fiel der Cid erneut in Ungnade, da er seine Truppenbewegungen nicht mit denjenigen Alfons VI. koordinieren wollte; 1090 verstärkte er dann seine Stellung als Schutzherr von Valencia und nahm den Grafen von Barcelona gefangen (Schlacht von Pinar de Tevar). Nachdem die Almoraviden al-Andalus, also den muslimischen Teil der Iberischen Halbinsel, bis 1090 weitgehend unter ihre Botmäßigkeit gebracht hatten, sicherte der Cid Valencia von Süden her ab und baute seine Stellung dort aus. Alfons VI. versuchte 1092, Valencia zu erobern, scheiterte aber. Er überließ dem Cid nun die Interessenswahrnehmung im ganzen Gebiet von Valencia. 1092 wurde der alte Taifenkönig al-Qæšir ermordet, und der oberste Richter rief daraufhin die Almoraviden herbei; der Cid behielt aber gegen diese die Oberhand und ernannte sich 1094 zum obersten Richter und Herrn von Valencia *(Señor de Valencia)*. Die Hauptmoschee wurde zur Kathedrale – wie in Toledo kam hierher ein aus Frankreich stammender Bischof, Hieronymus von Périgord.

Rodrigo Diaz de Vivar, der Cid, hatte keine männlichen Erben. Als er am 10. Juli 1099 starb, konnte seine Witwe die Stadt noch bis August 1101 halten; die Hilfe Alfons' VI. im März 1102 kam zu spät; er konnte den angreifenden Almoraviden nur noch eine Stadt überlassen, die er zuvor in Flammen aufgehen ließ. Die mythische Überhöhung des Cid erfolgte später im Kloster Cardeña. Sein Lebensweg macht deutlich, wie ernst er wohl seine Lehnsbindung an Alfonx VI. nahm, wie wichtig ihm der Kampf wurde, aber wie zweitrangig auch vielfach religiöse Fragen blieben, denn mehrfach wechselte er die Fronten. Dass Vorstellungen von einer religiös noch ungebundenen Reconquista bis ins 13. Jahrhundert herrschen, wird auch daran deutlich, dass der *Cantar del Mío Cid* erst in jener Zeit aufgezeichnet wurde.

Die Almohaden und Druck der christlichen Reiche – die Ritterorden

Obwohl mithin vor allem zwischen pragmatischem Handeln und einer sehr unterschiedlichen Deutung dieser Aktionen zu unterscheiden ist, war der weitere Weg zu den großen Reconquista-Eroberungen des 12. und 13. Jahrhunderts vorgezeichnet, auch nachdem die ebenfalls zunächst in Afrika bedeutenden Almohaden nach 1147 die Geschicke des muslimischen Spanien in großem Maße bestimmten. Die christlichen Herrscher wurden von europäischen Hilfstruppen unterstützt. 1147 waren bei der Eroberung von Tortosa vor allem genuesische und pisanische Truppen beteiligt, bei der Eroberung von Lissabon im gleichen Jahr waren es Engländer, Skandinavier und Niederdeutsche, die nun sogar vom Bischof von Porto ermahnt wurden, warum sie überhaupt nach Jerusalem weiterführen, könnten sie doch in Portugal ebenso die Muslime bekämpfen. Politische Pragmatik war sogar noch in den beiden großen Entscheidungsschlachten 1195 in Alarcos und 1212 in Las Navas de Tolosa deutlich; von einer Einheit der christlichen Reiche kann hier keine Rede sein, das Königreich León hatte wohl sogar mit den Almohaden paktiert. Umso aufschlussreicher ist es, dass in diesen Situationen gerade das Papsttum immer wieder an die Einheit der christlichen Reiche und an die gemeinsame christliche Sache erinnerte.

Neben dem Papsttum waren es vor allem die Ritterorden, die den Kampf gegen die Muslime auf ihre Fahnen schrieben und nicht ohne eigenständige Interessen umsetzten. Seit Mitte des 12. Jahrhunderts waren ähnlich wie im Heiligen Land auch auf der Iberischen Halbinsel Ritterorden gegründet worden: Santiago, Calatrava und Alcántara seien genannt. Diese semireligiösen Gemeinschaften, die religiöse Lebensformen – etwa ähnlich den Kanonikern oder Zisterziensern – mit ritterlichen Aufgaben verbanden, trugen zu einer neuen ideologischen Bestimmung des Kampfes gegen die Muslime bei. In diesem Umfeld scheinen sich auch Vorstellungen über den in Santiago verehrten hl. Jakobus als Helfer in Schlachten besonders gut verbreitet zu haben. Dennoch bleibt auch hier deutlich: Die großen Eroberungen des 12. und 13. Jahrhunderts erfolgten vor allem im Auftrag des Königs; materielle Interessen bestimmten vielfach das Bild bis zum vorläufigen Abschluss der Reconquista mit der Eroberung von Sevilla 1248.

In den Deutungen der Quellen werden die Reconquistakämpfe den Kreuzzügen zunehmend ähnlich, wenn die Kampfeshandlungen in einen Interpretationsrahmen gestellt werden sollten. Dann ist auch die Symbolik besonders eindrücklich: Rodrigo Jiménez de Rada, Erzbischof von Toledo und Geschichtsschreiber, läßt beispielsweise nicht von ungefähr seine *Historia de rebus Hispaniae* im vorletzten Kapitel mit der Rückführung der von Almanzur am Ende des 10. Jahrhunderts geraubten Glocken von Córdoba nach Santiago de Compostela in ihre angestammte Heimat (1236) gleichsam enden: Ferdinand III. habe, wie es heißt, die in Córdoba als Lampen verwendete Glocken zurückbringen lassen, damit sie am Pilgerort wieder zu Gottes Ehre erklingen mögen. Die alte Ordnung war so wiederhergestellt, und hierbei war die Rückführung der Glocken ein symbolischer Akt. Konnte der (weitgehende) Abschluss der Reconquista sinnfälliger dokumentiert werden?

Granada bis 1492 – zwischen Europa und Afrika

Die großen militärischen Erfolge des 13. Jahrhunderts stellten christliche Reiche unter anderem vor Siedlungsprobleme, die in Andalusien vor allem durch Landverteilungsverträge, sogenannte „Repartimientos", gelöst wurden. Sie führten zu einem hauptsächlich von den Ritterorden und anderen Adelsfamilien getragenen Aufbau großer Latifundien. Die Eroberungen wurden jedoch unter anderem gestoppt, weil die Verteidigung des verbliebenen Emirates von Granada durch einen verstärkten Einfluss der nordafrikanischen Meriniden gestärkt wurde und Kastilien zunächst eine Abhängigkeit durch Tributzahlungen bevorzugte. Ging es bei Angriffen der christlichen Herrscher gegen Granada zunächst bis etwa 1350 um die Kontrolle von Gibraltar, so wurde seit 1410 die Eroberung des letzten Reiches verstärkt ins Auge gefasst. Jedoch gelang dies erst unter den Katholischen Königen Ferdinand und Isabella, die mit großen Heeren einen zehnjährigen Krieg bis zur Eroberung Granadas führten.

Muhammad XI. (Boabdil) übergab am 2. Januar 1492 den Kastili-

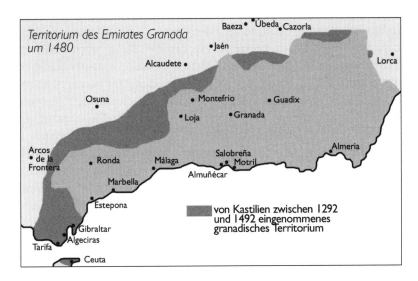

Territorium des Emirates Granada um 1480

Baeza • Úbeda • Cazorla
• Jaén
Alcaudete •
Lorca •

Osuna •
• Montefrio   • Guadix
• Loja   • Granada

Arcos
• de la
Frontera
• Ronda   Málaga •
Salobreña
• Motril
Almeria

Marbella
Almuñécar

Estepona •

Gibraltar
Algeciras
Tarifa

Ceuta

von Kastilien zwischen 1292 und 1492 eingenommenes granadisches Territorium

ern die Stadt. Es besaß symbolische Bedeutung, dass Ferdinand und Isabella am 6. Januar, dem Fest der Heiligen Drei Könige, ihren triumphalen Einzug in Granada gestalteten. Entsprechend wurde der Untergang des Nasridenreiches auch im übrigen Europa gefeiert, das „Te Deum" überall angestimmt. Die Begeisterung war vielleicht auch deshalb so groß, weil die Türkengefahr das geistige Klima bestimmte und eine grundsätzlich antimuslimische Haltung gefördert hatte. Einen Reflex dieser europäischen Begeisterung bietet der Nürnberger Arzt und Humanist Hieronymus Münzer, der bei einer Westeuropareise in Madrid auch von Ferdinand empfangen wurde und in seiner Rede angeblich gesagt haben soll, nun möge Ferdinand nach diesen Siegen auch Jerusalem erobern.

Entsprechend verlieh Papst Julius II. den Titel *König von Jerusalem* an Ferdinand, doch scheint der Fall Granadas der Königin mehr bedeutet zu haben als ihrem Gemahl. Mit den Muslimen wurden ehrenvolle Bedingungen ausgehandelt, offensichtlich, um die Bevölkerung der eroberten Gebiete leichter in das kastilische Reich zu integrieren. Unter anderem sollten die Bewohner von Granada die Freiheit besitzen, mit ihrem Hab und Gut zu bleiben oder zu emigrieren. Diejenigen, die bleiben wollten, genössen persönliche und religiöse Freiheiten, außerdem würde man Gebräuche und juristische Normen respektieren. Boabdil sollte sogar den Señorío der Orte in den Alpujarras erhalten. Allerdings ging Boabdil, nachdem er seine Besitzungen in Geld umgewandelt hatte, wenig später nach Marokko.

So ehrenvoll die Bedingungen des Vertragswerkes zunächst schienen, so wenig wurden sie langfristig Realität. Schon nach wenigen Jahren wurde ein härterer Ton deutlich; deshalb ist später darüber diskutiert worden, ob die Vertragsbedingungen eher von taktischen Erwägungen bestimmt waren. So sehr sich dieser Eindruck aus der Rückschau aufdrängen mag, so ist gleichwohl belegbar, dass offensichtlich verschiedene Konzeptionen miteinander konkurrierten.

Eine ernsthafte Absicht, die Muslime friedlich ohne Zwangsmittel und mit Überzeugung für das Christentum zu gewinnen, verfocht jedenfalls der erste Erzbischof von Granada, Hernando de Talavera, der diese Ziele mit hohem politischem Takt und Gespür betrieb. Da er als Beichtvater Isabellas zu den einflussreichsten Personen im Umfeld der Könige gehörte, auch bei den Cortes von Toledo 1480 nachdrücklich mitgewirkt hatte, dürfte seine Linie von 1492 durchaus noch favorisiert worden sein. Erst etwa ab 1499 gewannen jedoch Gegner einer solchen geduldigen Toleranzpolitik die Oberhand, angeführt von Francisco Jiménez de Cisneros, der Zwangsbekehrungen und Massentaufen forderte und auch durchsetzte.

Mit der Gunst des mächtigen Kardinals und königlichen Beraters González de Mendoza aufgestiegen, war Cisneros 1484 in das von den Herrschern als Hort strenger Observanz in Toledo gegründete Franziskanerkloster San Juan de los Reyes eingetreten und hatte auf Vorschlag des Kardinals Mendoza schon 1492 Talavera als Beichtvater der Königin abgelöst. Nachdem er 1495 zum Erzbischof von Toledo erhoben wurde, konnte er nun seine Vorstellung von Zwangsbekehrungen durchsetzen, die in einem königlichen Edikt von 1502 gipfelten – allen erwachsenen Muslimen blieb jetzt nur noch die Wahl zwischen Taufe und Emigration. Vor dem Hintergrund dieser Entwicklung scheint sich die ursprüngliche Absicht von 1492 eher langsam und sukzessive zu einem zehn Jahre später erkennbaren harten Kurs gewandelt zu haben.

Bilanz

Kehren wir nach diesen Streiflichtern aus acht Jahrhunderten zum Ausgangspunkt unserer Leitfragen zurück:

1. Die Reconquista war kein in sich fortschreitender, logisch verlaufender Prozess, der nur dem Ziel untergeordnet war, die *pérdida de España* rückgängig zu machen. Im Sinne von Jan Assmann haben wir es hier vielfach mit Mythen und fundierenden Geschichten zu tun. Die skizzierte Sichtweise geht in hohem Maße von dem Bestreben aus, die Geschichte vor der nationalen Einheit unter den Katholischen Königen bzw. den Habsburgern mit einer entsprechenden Vorgeschichte auszustatten. Ein solches Konzept übersieht unter anderem die Tatsache, dass die Einheit Spaniens zumindest im Mittelalter allenfalls von außen wahrgenommen wurde; die Innensicht verweist auf viele regionale Tendenzen, die auch das pragmatische Geschehen der Reconquista bestimmten.

2. In diesem Spannungsfeld von Pragmatik und ideologisch-religiöser Deutung der Auseinandersetzungen lagen auch die verschiedenen vorgestellten Beispiele, denkt man von der Schlacht in Covadonga (722) über Barbastro (1064), Toledo (1085), Lissabon (1147), Las Navas de Tolosa (1212) bis hin zur Eroberung von Granada im Jahre 1492. Vielfach ließ man sich von dem Wunsch leiten, eine einheitliche Sicht der Kämpfe seit ihren Anfängen zu konstruieren. Seit dem ausgehenden 11. Jahrhundert nahmen allerdings Deutungsmodelle zu, die durch die Kreuzzugsbewegung und die religiöse Ausrichtung von Almoraviden und Almohaden gefördert wurden. Diese neuen Interpretationen des Kampfes verweisen damit zugleich auf das übrige Europa, auf das Heilige Land und auf Afrika. Eine Würdigung der auch in der Folge in Spanien wirkmächtigen Interpretationsschemata muss mithin über die Iberische Halbinsel selbst hinausgreifen.

3. Damit hängt jedoch zusammen, dass je nach Dominanz pragmatischen Vorgehens oder religiös aufgeladener Konzeptionen auch Zusammenleben oder Diskriminierung verschiedener Religionsgruppen unterschiedlich ausfallen konnten. Es gab in Spanien weder eine absolute gleichrangige *convivencia* noch herrschte Verfolgung im Sinne einer *persecuting society*. Ein Entweder-Oder wird den Befun-

den kaum gerecht, denn es gab an vielen Orten ein Zusammenleben verschiedener Religionen, wenn auch in unterschiedlicher Abstufung. Oder mit dem Titel dieses Bandes: Nicht Terror *oder* Toleranz, sondern Terror *und* Toleranz waren gegeben, obwohl der Begriff Toleranz vor dem Zeitalter der Aufklärung kaum gerechtfertigt sein mag. Dies unterscheidet Spanien nun in der Tat von der Geschichte anderer europäischer Reiche. Zu Zeiten der Reconquista war aber offensichtlich mehr an Nebeneinander möglich als mit ihrem Ende ab 1492.

Der Verfasser dankt Dr. M. Maser und V. Mross für Kritik und Hilfe.

Literatur

ASSMANN, J.: Das kulturelle Gedächtnis. Schrift, Erinnerung und politische Identität in frühen Hochkulturen (München 1992, 2. Aufl. 1997)

BRONISCH, A.: Reconquista und Heiliger Krieg. Die Deutung des Krieges im christlichen Spanien von den Westgoten bis ins frühe 12. Jahrhundert (Spanische Forschungen der Görresgesellschaft 2/ 35, Münster 1998)

CHRONICON mozárabe de 754 (edición crítica y traducción), ed. José Eduardo López Pereira (Textos Medievales 58, Zaragoza 1980)

CHRONIQUES asturiennes (fin IXe siècle), ed. und übers. von Yves Bonnaz (Paris 1987)

CRONICAS Asturianas, ed. von Juan Gil Fernández/ José L. Moralejo/ Juan I. Ruíz de la Peña (Universidad de Oviedo, Publicaciones del departamento de Historia Medieval 11, Oviedo 1985)

ENGELS, O.: Die Reconquista, in: Reconquista und Landesherrschaft. Studien zur Rechts- und Verfassungsgeschichte Spaniens im Mittelalter, hg. von Ders. (Rechts- und Staatswissenschaftliche Veröffentlichung der Görres-Gesellschaft N.F. 53, Paderborn u.a. 1989)

ERDMANN, C.: Die Geschichte des Kreuzzuggedankens (Sigmaringen 1935)

FALQUE, E. : Una edición crítica del Chronicon mundi de Lucas de Tuy, Cahiers de lingusitique et de civilisation hispaniques médiévales 24 (2001), 219-234

HENRIET, P. : L´idéologie de guerre sainte dans le haut moyen Âge Hispanique, Francia, 29 (2002), H. 1, 171-220

HERBERS, K.: Covadonga, Poitiers und Roncesvalles – Das Abendland und sein islamisches Feindbild?, in: Der europäische Gedanke – Hintergrund und Finalität (München 2000) 97-113

HERBERS, K.: „Europäisierung" und „Afrikanisierung" – Zum Problem zweier wissenschaftlicher Konzepte und zu Fragen kulturellen Transfers, in: España y el „Sacro Imperio". Procesos de cambios, influencias y acciones recíprocas en la época de la "Europeización" (Siglos XI-XIII), hg. von Julio Valdeón/ Klaus Herbers/ Karl Rudolf (Valladolid 2002) 11-31

HERBERS, K.: Politik und Heiligenverehrung auf der Iberischen Halbinsel. Die Entwicklung des „politischen" Jakobus, in: Politik und Heiligenverehrung im Hochmittelalter, hg. von Jürgen Petersohn (Vorträge und Forschungen 43, Sigmaringen 1994) 177-275

MASER. M.: Die Historia Arabum des Rodrigo Jiménez de Rada. Arabische Traditionen und die Identität der Hispania im 13. Jahrhundert, Diss. (erscheint in: Geschichte und Kultur der Iberischen Welt [im Druck])

MESSMER. M.: Hispania-Idee und Gotenmythos: zu den Voraussetzungen des traditionellen vaterländischen Geschichtsbildes im spanischen Mittelalter (Zürich 1960)

MÜNZEL. B.: Feinde, Nachbarn, Bündnispartner: „Themen und Formen" der Darstellung christlich-muslimischer Begegnungen in ausgewählten historiographischen Quellen des islamischen Spanien (Spanische Forschungen der Görresgesellschaft 2. Reihe / 32, Münster 1994)

O'CALLAGHAN, J.F.: A History of Medieval Spain, London 1983 (Ithaca)

PRELOG, J.: Die Chronik Alfons` III. Untersuchung und Edition der vier Redaktionen (Europäische Hochschulschriften III 134, Frankfurt /M 1980)

XIMENII DE RADA, R.: Historia de rebus Hispanie sive Historia Gothica ed. Fernández Valverde (Corpus Christianorum, Continuatio Mediaevalis 72, Turnhout 1987)

VONES, L.: Geschichte der Iberischen Halbinsel im Mittelalter 711-1480. Reiche. Kronen. Regionen (Sigmaringen 1993)

VONES, L.: Reconquista und Convivencia, in: Die Begegnung des Westens mit dem Osten. Kongressakten des 4. Symposions des Mediävistenverbandes in Köln 1991 aus Anlass des 1000. Todesjahres der Kaiserin Theophanu, hg. von Odilo Engels/ Peter Schreiner (Sigmaringen 1993) 221-242

Al-Andalus und Reconquista

Als Brennpunkt spanischer Identität gewinnt die Epoche der Reconquista eine überragende Bedeutung. Dabei treten historische Sachverhalte bald in den Schatten einer nationalistischen Geschichtsbetrachtung, die das iberische Mittelalter einseitig unter dem Aspekt des Religionskampfes wahrnehmen will: Nicht mit dem Islam, sondern im Kampf gegen die Muslime gewinnt Spanien demnach sein weltanschauliches Profil. Die historische Dimension des islamischen al-Andalus reduziert sich auf eine zeitweilige Anwesenheit der Mauren als säkulare Gegner des christlichen Spanien; mit ihrer Vertreibung nach Abschluss der Reconquista kehrt Spanien zu seinen historischen Wurzeln zurück. In einem streitbaren Beitrag entlarvt Peter Dressendörfer diese Konzeption der mittelalterlichen Geschichte als nationales Missverständnis, das sich nicht aus historischen Realitäten, sondern aus ideologischen Motiven speist. Entscheidende Impulse für eine Radikalisierung der Reconquista-Idee kamen von außerhalb der Iberischen Halbinsel. Das Ergebnis liegt jedoch auf der Hand: Kein anderes Volk der abendländischen Zivilisation brachte es fertig, sein Mittelalter aus dem eigenen Geschichtsverständnis so radikal zu verbannen, dass es einer historischen Selbstverstümmelung gleichkommt.

Peter Dressendörfer

Jg. 1942, Dr. phil.; Studium der Orientalistik, Romanistik und Ethnologie in Deutschland, Spanien und Nordafrika; Promotion in Giessen 1970; Arbeits- und Forschungsaufenthalte in Spanien und Lateinamerika; derzeit Mitarbeiter der Universität Bonn; Veröffentlichungen zur spanischen und lateinamerikanischen Geistes- und Religionsgeschichte, insbesondere zur spanischen Inquisition, hier: *Islam unter der Inquisition. Die Moriskenprozesse von Toledo 1575-1610*, Wiesbaden 1971.

AL-ANDALUS UND RECONQUISTA

Ein nationales Missverständniss

Peter Dressendörfer

Im geschichtlichen Selbstverständnis aller Völker und Staaten gibt es jeweils eine ganz bestimmte Epoche, die sich – unabhängig von erforschten Tatbeständen – zu einem Mythos verselbständigt hat, weil man in ihr den Ursprung der eigenen, sozusagen unverwechselbaren Identität sieht, die eben dieses Volk von anderen Völkern unterscheidet. Dass es sich dabei in der Regel um eine Projektion in der Nähe zu einer Geschichtsklitterung handelt, muss nicht weiter erklärt werden. Geschichtsschreibung ist nun einmal das Werk der Nachgeborenen, und das Ideal des Tacitus einer Geschichtsschreibung *sine ira et studio* eben nur ein Ideal im Sinne der Unerfüllbarkeit.

In Spanien hat diese Suche nach den Wurzeln der eigenen Identität, der sogenannten „Hispanidad", ganz eigene Züge angenommen. Nicht allein, dass die spanische Geschichtsschreibung mehrheitlich bis weit in das 20. Jahrhundert hinein und unterstützt durch den Ausgang des Bürgerkrieges (1936 bis 39), den die siegreiche Seite als „Kreuzzug" glorifizierte, ein bis zur Absurdität extremes Schwarz-Weiss-Bild der eigenen Vergangenheit zu zeichnen beliebte – man brachte es sogar fertig, diesen (letzten Endes konstruierten) Kontrast zwischen einem hellen und guten, d.h. katholischen Spanien und seiner finsteren, d.h. unchristlichen Seite bis in den Rang wissenschaftlicher Debatten zu erheben. Von diesen ist die bekannteste jene zwischen den renommierten Gelehrten Claudio Sánchez Albornoz und Américo Castro, die sich trotz ihrer Herkunft aus derselben historischen Schule von Ramón Menéndez Pidal an Unversöhnlichkeit nichts nachgaben, wenn es um ihre jeweilige Sichtweise der „Reconquista" und ihrer Auswirkungen für die Entstehung des frühneuzeitlichen Spanien ging. Die Positionen beider Gelehrter sind heute obsolet und von der neueren, überwiegend nichtspanischen Forschung heillos überholt, aber das Thema der Reconquista ist neben dem der Expansion nach Übersee immer noch Dreh- und Angelpunkt spanischen Selbstverständnisses. Es wäre ungerecht, es nur zum Steinbruch für unverbesserliche Chauvinisten und Vergangenheitsromantiker zu erklären. Die Reconquista und mehr noch ihre Rezeption in den folgenden Jahrhunderten ist durchaus der Schlüssel zum Verständnis der spanischen Geschichte der Frühen Neuzeit, sofern es so etwas wie einen Epochenschlüssel überhaupt gibt.

Im spanischen Geschichtsverständnis bedeutet Reconquista weit über die wörtliche Bedeutung als „Wiedereroberung" hinaus so viel wie „Rückkehr in das eigene Haus" – nämlich nach fast acht Jahrhunderten maurischer (Fremd-)Herrschaft – und offenbart damit ein nur eingeschränkt „historisches" Selbstverständnis, das unter den großen Nationen des europäischen Kulturraums seinesgleichen sucht. Eventuell verwendbare Parallelen existieren nur in zwei Randbereichen, konkret in Sizilien, das seit Menschengedenken immer nur Beute war, und in einigen Teilen des Balkans, die zeitweise unter osmanischer Herrschaft standen. Die arabisch-islamische Kulturepoche Siziliens hat schon wegen ihrer relativen Kürze bei weitem nicht so tiefe Wurzeln hinterlassen wie die in Spanien, auch wenn man ihre Ausstrahlung auf die europäische Kultur der Zeit nicht unterschätzen sollte. Wer weiß denn schon, dass der Krönungsmantel der deutsche Kaiser, der heute zusammen mit den Reichskleinodien in der Wiener Hofburg ausgestellt ist, eine arabische Arbeit aus Palermo ist! Am Balkan liegen die Dinge etwas anders, denn die militärische Herrschaft der Osmanen dort war kaum durch einen kulturellen Assimilationsprozess unterbaut. Sie stellte damit im großen und ganzen für die unterworfenen Völker auch keine wirkliche historische Zäsur dar, auch wenn die jeweilige Nationalgeschichtsschreibung eine solche immer noch postuliert.

Wenn man wirklich nach einer Parallele zum Phänomen des *Andalus* sucht, stößt man, auch zeitlich vergleichbar, auf die arabische Eroberung des Iran, eines der ältesten Kulturräume der Menschheit. Der Iran wurde zwar im Unterschied zum Andalus nie wirklich arabisiert, aber immerhin so gründlich islamisiert, dass er sich heute als ein genuin islamisches Land sieht und die großen Reiche der vorislamischen Vergangenheit entweder den Archäologen überlässt oder sie, wie der letzte Shah seinerzeit, als Staffage für fragwürdige Spektakel verwendete. Ein Vergleich von Iran und Andalus ist allerdings auch in orientalistischen Fachkreisen selten gezogen worden, weil der Islam in Persien keinen ebenbürtigen Gegner hatte, der seinen Sieg hätte in Frage stellen können. Die späte Form des persischen Zoroasthrismus, der die muslimischen Eroberer begegneten, besaß nicht mehr die geistige, geschweige denn die militärische Kraft zu einem ernsten Widerstand.

In Spanien lagen die Dinge dagegen von vornherein anders. Die christlichen Einwohner der Iberischen Halbinsel waren zwar nach der Anarchie des späten Westgotenreiches überwiegend durchaus bereit, sich mit den neuen Herren zu arrangieren, sie waren jedoch keineswegs bereit, sich religiös-kulturell ohne weiteres assimilieren zu lassen. Die Reconquista entstand aus dem kollektiven Willen (anfangs nur der einer kleinen Minderheit), das eigene Erbe nicht in einer Fremdbestimmung aufzugeben, sondern jedes Opfer dafür zu bringen, dieses Erbe, das im übrigen keineswegs homogen war, am Leben zu erhalten. Gelingen konnte dies paradoxerweise nur, weil der Assimilationsdruck der muslimischen Kultur keiner einheitlichen Direktive verpflichtet war und durch eine ganze Reihe von inneren Faktoren ständig relativiert wurde. Auf größere Konversionswellen der eingesessenen Bevölkerung war man auf islamischer Seite ursprünglich nicht eingestellt gewesen. Man war davon ebenso überrascht wie vom Beginn der Reconquista in der entlegenen Nordwestecke der Halbinsel, denn weder zum einen wie zum anderen hatte man Anlass gegeben. Irgendeine Form von Zwangsmission der Unterworfenen hat es im andalusischen Islam nie gegeben, und die wenigen Scharmützel in den asturischen Bergen, die erst viel später als Beginn der Reconquista glorifiziert wurden, hat man, soweit wir wissen, nicht ernst genommen. Dies galt auch noch für die kommenden drei Jahrhunderte nach 711.

Über die tatsächliche Dauer der christlichen Wiedereroberung und über die historische Dimension dieses Vorgangs herrscht immer noch ein reger Streit der Gelehrten. Während die ältere Generation der spanischen und portugiesischen Nationalgeschichtsschreibung so ziemlich die ganze Ereignisgeschichte zwischen 711, dem Jahr der

Invasion über die Meerenge von Gibraltar hinweg, und 1492, dem Schicksalsjahr Spaniens überhaupt (Einnahme Granadas, Vertreibung der nicht taufwilligen Juden und erste Reise des Kolumbus), als Epoche der Reconquista betrachtet hat, sieht man die Dinge in der jüngeren Forschung etwas differenzierter. Bewirkt hat dies unter anderem das Aufblühen der in Spanien relativ jungen Disziplin der Orientalistik, die das Tor zu den arabisch geschriebenen Quellenschätzen aufstieß und daran ging, zu einem besseren Verständnis der islamischen Kulturepoche der Iberischen Halbinsel beizutragen. Dass es niemand aufgefallen ist, dass diese Forscher besser „Okzidentalisten" heissen müssten (schließlich geht es hier um den Islam im Westen) zeigt, wie schwierig es ist, von den angestaubten Klischees einer barbarischen Unterbrechung der christlich geprägten Vergangenheit Spaniens wegzukommen

Die Kehrseite dieses Polaritätsdenkens in Halbwahrheiten macht sich erst in den letzten Jahrzehnten bemerkbar, obwohl es auch dafür historische Vorbilder auf eigenem, spanischen Boden gibt, nämlich die Moderichtung der sogenannten *Maurophilie* im 17. Jahrhundert, nach der Austreibung der letzten Moriscos. Es handelt sich um eine, teilweise aus einem durchsichtigen und etwas kleinkarierten Regionalismus gespeiste, Romantisierung bis zur ahistorischen Verherrlichung der maurischen Epoche, natürlich mit Schwerpunkt in Granada und – wenn auch maßvoller – in Córdoba. Wenn sich eine solche Rückbesinnung in der Förderung einschlägiger Studien und in sorgfältiger Ausgrabungsarbeit (statt fragwürdiger Rekonstruktionen für Touristen) niederschlüge, wäre wenig dagegen zu sagen; solange jedoch die Glorifizierung eines angeblich goldenen Andalus mit einer täglich spürbarer werdenden Islamophobie in Südspanien einhergeht, stehen viele Fragezeichen im Raum. Um nur ein Beispiel zu nennen: Bisher liegen viel zu wenige Übersetzungen der literarischen und wissenschaftlichen Hinterlassenschaft der Maurenzeit vor, und die meisten davon sind hoffnungslos überholt. Selbst die ehrwürdige spanische Mediävistik wird sich daran gewöhnen müssen, dass die Schlüsselsprache für das spanische Mittelalter das Arabische ist und nicht das Lateinische.

Was die Geschichte der Reconquista selbst angeht, steht ihre Chronologie im großen und ganzen auf sicherem Fundament, wenn man einmal von schwierig zu klärenden Details der Taifa-Zeit absieht. Hier ist man fast völlig von den Ergebnisse der Numismatik, der Baugeschichte und Fremdzeugnissen abhängig. Nicht vergessen sollte man (obwohl wenig dazu gearbeitet wurde), dass der grosse Kardinalregent Jiménez de Cisneros, der eigentliche Reichseiniger Hispaniens, kurz nach der Eroberung Granadas alle auffindbaren Bücher in Arabisch (und Hebräisch) auf einem großen Autodafé verbrennen ließ. Die Ausnahme für astrologische und kulinarische Werke, die er ausdrücklich anordnete, ist kein wirklicher Trost, auch wenn sie ein eigentümliches Licht auf die privaten Vorlieben dieses säkularen Franziskaners wirft. Und dies in einem Land, in dem die Bibliothek Al-Hakams II., des Vaters von Abdurrahman III. und Erbauer der großen Moschee, als die wahrscheinlich größte des gesamten Mittelmeerraums galt. Erhalten sind Bruchstücke des Katalogs, nicht mehr.

In der wissenschaftlichen Welt hat sich die arabische Eigenbezeichnung al-Andalus für die maurische Epoche auf der Iberischen Halbinsel eingebürgert. Dieser Andalus, ein zu keiner Zeit ethnisch oder religiös homogener Raum, sondern eher ein über Sprache, Mehrheitsreligion und vor allem über eigenständige zivilisatorische Leistung definierbares Kulturareal, wurde von einer Reihe (zumindest fünf) unterschiedlich orientierter Bevölkerungsgruppen getragen, wobei die Parallelen zum osmanischen Reich nicht ganz zufällig sind:

1. Die politisch mächtigste Gruppe waren ohne Zweifel die gebürtigen (aber deswegen nicht „reinblütigen") Araber, die das Gros des Offizierskorps stellten und den größten Teil des fruchtbaren Landes besaßen. Die Zahl dieser Familien war jedoch trotz einer gewissen Zuwanderung aus Syrien und anderen islamisch gewordenen Ländern immer sehr begrenzt und kann nicht als Aristokratie im eigentlichen Sinne angesehen werden. Endogamie verbot sich von selbst, weil es immer zu wenig arabische Frauen gab, und die großen arabischen Namen des Andalus sagen nichts über die ethnische Herkunft ihrer Träger.

2. Der größte Teil der Einwanderer bestand ohnehin nicht aus Arabern, sondern aus Berbern, die zwar sprachlich arabisiert waren, ihre Identität als Nicht-Araber jedoch bewusst wahrten.

3. Die in den Jahrhunderten nach der Eroberung zum Islam konvertierten Christen stellten den Hauptteil der Bevölkerung des Andalus. Ihr arabischer Name *muwalladun* bedeutet „die in einen arabische Clan Aufgenommenen" oder schlicht „die Assimilierten" (ohne jeden pejorativen Unterton übrigens). Auch wenn die Aufrichtigkeit ihres Glaubenswechsels und das tatsächliche Ausmaß ihrer Arabisierung wohl nicht mehr zu klären ist, steht doch soviel fest, dass die Idee einer christlichen Reconquista, soweit sie dergleichen überhaupt erwogen, bei ihnen keinen Nährboden fand. Von einer Identitätskrise kann demnach keine Rede sein.

4. Dasselbe gilt auch für die Christen, die nicht konvertiert waren. Einer Diskriminierung im engeren Sinn waren sie nicht ausgesetzt, wenn man davon absieht, dass sie, wie alle Nicht-Muslime in islamischen Ländern, eine in der Regel erträgliche Sondersteuer zu entrichten hatten und dass ihnen der Aufstieg in hohe Ämter und Offiziersstellen verwehrt war.

5. Für die jüdische Minderheit galten mehr oder weniger die gleichen Konditionen, was im Verhältnis zur Unterdrückung im Westgotenreich zweifellos einen spürbaren Fortschritt bedeutete. Im Andalus gelangten Juden – die prozentual wohl seltener konvertierten als Christen – auf Grund ihrer beruflichen Fähigkeiten gelegentlich auch in einflussreiche Positionen.

Angesichts dieser demographischen und religiösen Heterogenität der „andalusischen" Gesellschaft ist es nicht weiter verwunderlich, dass die Idee einer Reconquista im Andalus selbst auf wenig Gegenliebe stieß. Der Funke musste von außen gezündet werden, und genau dies war der Fall. Sehr zum Missfallen aller Nationalromantiker steht heute fest, dass die Idee jünger ist, als man erwarten könnte. Die erste Erwähnung findet sich in einer Ansprache König Ferdinands I. von Kastilien (1035 bis 1065) vor einer Abordnung christlicher Vornehmer aus Toledo (die letzte Hauptstadt der Westgoten wird 1085 „wiedererobert"). Der Text der Rede ist nur auf Arabisch erhalten; niedergeschrieben hat ihn der andalusische Historiker Ibn Idari in seinem *Al-bayan al-mugrib* (Darstellung des islamischen Westens).

Der Beginn der Reconquista war keineswegs ein Paukenschlag in Form einer großen Schlacht oder einer feierlichen Erklärung, sondern bestand aus einer endlosen Folge kleiner und kleinster Scharmützel mit ständig wechselnden Fronten im Stil eines Guerrilla-Kriegs (nicht umsonst kommt das Wort aus dem Spanischen). Es war die Zeit der kleinen Warlords, Condottieri im Stil des durch ein einzigartiges Epos glorifizierten Cid (sein arabischer Titel ist *Herr*), der gelegentlich auch islamischen Emiren diente, und seines portugiesischen Gegenstücks, des bei uns kaum bekannten, aber nicht weniger tapferen Geraldo Sem Pavor *(Ohnefurcht)*. Gedeihen konnten solche Gestalten in der Zeit nach dem Zerfall des omayadischen Kalifats von Córdoba und nach dem Tod von Almanzur, dem letzten der großen Feldherrn des Andalus und Reichsverweser, der selbst keine Dynastie mehr gründen konnte. Der Andalus zerfiel in die Quasi-Anarchie vieler kleiner Herrschaften mit teilweise pompösen Titeln, die sich mit den kleinen christlichen Herrschern des Nordens und auch untereinander bekriegten. Die Reconquista-Geschichte dieser unruhigen Zeit lässt sich beim besten Willen nicht als die Umsetzung einer religiösen Idee interpretieren. Ihre Motive waren genauso wenig hehr und religiös wie jene, die Jahrhunderte später (ab 1609/10) zur endgültigen Austreibung der letzten, bereits zwangsgetauften Moriscos führten (vgl. Kapitel 6: *Tod oder Taufe*) Die mythische Verklärung der Reconquista verläuft zwar parallel zur Ereignisgeschichte; sie ist jedoch von dieser unabhängig enstanden und dient vorwiegend der Rechtfertigung des objektiv nicht Rechtfertigbaren.

Die eigentliche Ideologisierung der Reconquista ist ein relativ spätes Phänomen. Papst Alexander II. (1061 bis 1073) gewährte im letzten Jahr seines Pontifikats den Kämpfern gegen die Mauren einen vollständigen Ablass und sein Nachfolger Gregor VII. (bis 1085) beanspruchte für den Hl. Stuhl die Oberherrschaft über ganz Hispanien und insbesondere über die Gebiete, die man den Mauren entrissen hatte. Der Anspruch blieb auf dem Papier, denn schon damals hatte die spanische Kirche einen Grad an Unabhängigkeit von Rom erreicht, den keiner anderen Landeskirche (selbst Frankreich nicht) je gelingen sollte. Der Heiligenschein eines Kreuzzugs für die Reconquista ist demnach nicht innerspanischen Ursprungs, wurde jedoch in Spanien bereitwillig rezipiert, da man somit dem Odium eines gewöhnlichen Raubkrieges entging. Ob die christlichen Ritter der drei großen Orden, die in Spanien für die Reconquista zuständig waren (Santiago, Calatrava und Alcántara), als Kreuzfahrer gesehen werden können, muss doch bezweifelt werden. Schließlich war kein

Heiliges Land zu befreien, und das Grab des Apostels in Santiago de Compostela, das Almanzur im Jahre 997 für kurze Zeit erobert hatte, war längst wieder in christlicher Hand. Auch die christliche Bevölkerung des ständig schmelzenden Gebietes von al-Andalus unterstützte diesen Kampf keineswegs, da sie von einem Herrschaftswechsel keine Verbesserung ihrer Lebensumstände zu erwarten hatte, eher im Gegenteil. Nicht einmal Fälle von freiwilligen Märtyrern gab es mehr. Dieses Phänomen war im Córdoba des 9. Jahrhunderts, also während der Hochblüte des Andalus, kurz aufgeflackert und hatte einige recht fragwürdige Heilige hervorgebracht. Die islamische Stadtregierung hatte zum Ärger der Betroffenen nicht recht mitgespielt, weil ihr am Religionsfrieden gelegen war. Die Stilisierung und Autoglorifikation der Reconquista als Befreiung vom Joch der Ungläubigen blieb bis zu ihrem Ende eine Angelegenheit weniger Fanatiker und ein Phantasieprodukt – schließlich wusste man auf christlicher Seite, dass man längere Kriegsanstrengungen nicht ohne ideologischen Überbau führen kann.

Die ideologische Verklärung der Reconquista als Religionskrieg (in der Sprache der Zeit als „Willen Gottes"), wie sie in der nationalen Geschichtsschreibung dogmatisiert wurde, muss auch aus einem anderen Blickwinkel als recht fragwürdig erscheinen. Bis zum 10. Jahrhundert war die Iberische Halbinsel ein kulturell mehr oder weniger homogenes Gebiet auf Grund der Akzeptanz des überlegenen arabisch-islamischen Kulturmodells. Schließlich ließ später sogar Pedro I. von Kastilien seinen Palast in Sevilla, den traumhaft schönen Alcázar, von maurischen Handwerkern erbauen, und wurde von diesen in einer Inschrift mit dem Kalifen-Titel als „Herrscher der Gläubigen" geehrt.

Der Andalus war jedenfalls alles andere als ein Hort der Intoleranz und des islamischen Fanatismus. Nicht einmal große theologische Kontroversen, wie im islamischen Orient, haben sich dort niedergeschlagen. Der andalusische Islam war zwar formal sunnitisch-orthodox, erstarrte jedoch nie im sterilen Ausschließlichkeitsanspruch anderer islamischer Länder oder wie ihn seit der zweiten Hälfte der Reconquista bestimmte klerikale Kreise des spanischen Nationalkatholizismus aus Machtgründen bedingungslos vertraten. Gleichzeitig war dieser aus außerreligiösen Erwägungen geborene Pragmatismus natürlich auch die ungeschützte Flanke des spanischen Islam, zumindest, was sein politisches Denken anlangt. Seine (relative) Offenheit, die – müßig anzumerken – nicht zu dem geschichtsfremden Idealbild eines „Goldenen Zeitalters" verkürzt werden darf, trägt sicher auch die Mitschuld an dem, was der große spanische Sozialhistoriker und Anthropologe Julio Caro Baroja „die angeborene Schwäche" des spanischen Islam nannte. Gemeint ist, dass der andalusische Kulturraum nicht genügend Kräfte entwickeln konnte, um sich des doppelten Ansturms zu erwehren: dem der afrikanischen Dynastien, die ihm „zu Hilfe" kamen, und dem einer immer radikaleren Reconquista. Ohne die Zerstörungen, die die Invasion der Almoraviden und Almohaden im Selbstverständnis des Andalus (ganz abgesehen von der vorherigen Auflösung von dessen staatlicher Struktur) angerichtet haben, ist der Erfolg der christlichen Reconquista nicht verständlich. Dieser Befund widerspricht zwar dem linearen Geschichtsverständnis der nationalkatholischen Ideologen, ist jedoch durchaus unabweisbar. Entscheidend für die Beurteilung der Epoche ist, dass die ausschlaggebenden Impulse beider Seiten von außerhalb der Halbinsel kamen. Als die Almohaden 1212 (bei Las Navas de Tolosa) durch die Panzerreiter einer vereinten christlichen Streitmacht entscheidend geschlagen wurden, bedeutete dies noch nicht das Ende des Andalus, aber seine Seele war zerbrochen, d.h. der Selbstbehauptungswille einer ganzen und durchaus einzigartigen Kultur.

Was danach noch weiterlebte, waren Restbestände, geduldete territoriale Splitter wie das vielgepriesene Granada (das übrigens nie ganz muslimisch geworden war) und einige Ausläufer bis in die Algarve. In Portugal war die Reconquista in ruhigeren Bahnen verlaufen, vor allem ohne gewaltsame Bevölkerungsverschiebungen, was die Kultur dieses Landes bis heute prägt. Bemerkenswert ist zudem, dass die angestammte und auch die aus Spanien dorthin geflohene Judenschaft in Portugal nichts zu fürchten hatte; bemerkenswert deshalb, weil sich der christliche Reconquista-Gedanke nicht nur gegen die angeblich fremdstämmigen Mauren (was sie längst nicht mehr waren) richtete, sondern auch gegen das „Volk der Gottesmörder". Vor allem die späte Reconquista ist bereits die Zeit der Pogrome, und damals entstand eine umfangreiche, bis heute kaum aufgearbeitete Lawine übelster Hetzschriften gegen Juden und natürlich vor allem gegen den Islam. Die meisten dieser Machwerke zeichnen sich durch eine bemerkenswerte Unkenntnis der attackierten Religionen aus. Auf der eigenen Seite hat die Reconquista keine nennenswerte wissenschaftliche oder schöngeistige Literatur hervorgebracht – ihre Hinterlassenschaft erschöpft sich überwiegend in hasserfüllten Pamphleten, deren Lektüre noch heute Unbehagen bereitet.

Als Zeit der großen Umwälzungen und der, wenn man so will, Umdeutung der „Hispanität" im Sinne eines monokonfessionellen Zentralstaates mit einem ungebrochenen Expansionswillen hat die Reconquista, wie gesagt, Spanien vielleicht nachhaltiger geprägt als frühere oder spätere Epochen. Ihr Stellenwert im ideengeschichtlichen Maßstab ist bis heute nicht zufriedenstellend definiert und vielleicht wegen des mythologischen Schleiers, der sie von Anfang an vernebelt hat, auch nicht definierbar. Kein anderes Volk der abendländischen Zivilisation hat es fertiggebracht, fast sein ganzes eigenes „Mittelalter" und damit eine der kulturellen Hochleistungen der Menschheit aus seinem eigenen Geschichtsverständnis so radikal auszuschließen bzw. in eine Rumpelkammer für Spezialisten zu verbannen, wie dies Spanien gelungen ist. Dass dies – nicht nur unter universalhistorischen Gesichtspunkten – einer Selbstverstümmelung gleichkommt, ist wohl keine Übertreibung. Auf der anderen Seite wurde keine europäische Nation so nachhaltig von seinem arabisch-islamischen Erbe geprägt. Der fällige Schluss ist relativ leicht zu ziehen, auch wenn er den selbsternannten Propheten vom angeblich unvermeidlichen „Krieg der Kulturen" unangenehm sein mag: Auf der Iberischen Halbinsel des Mittelalters enstand ein einzigartiges Paradigma der Menschheitsgeschichte – al-Andalus – das das Vorurteil von der prinzipiellen und naturgegebenen Unvereinbarkeit der großen Weltreligionen für alle Zeit widerlegt hat. Dass dieses Experiment gewaltsam abgebrochen wurde, besagt nichts über seine Gültigkeit.

Literatur

MONROE, J.T. : Islam and the Arabs in Spanish Scholarship. Leiden 1970

LEVI-PROVENCAL, É.: España musulmana, = Bd. 4 u. 5 der Historia de España (ed. R.Menéndez Pidal), Madrid 1957 (aus dem Frz.)

GLICK, Th. F.: Islamic and Christian Spain in the Early Middle Ages, Princeton 1979

WATT, M.: Historia de la España musulmana, Madrid 1970 (aus dem Engl.)

WATT, M.: The Influence of Islam on Medieval Europe, Edinburgh 1972

CARO BAROJA, J.: Los moriscos del reino de Granada, Madrid ²1976

Der Jakobsweg

Der Pilgerweg nach Santiago de Compostela wie ihn wenige kennen: In einem originellen Beitrag schildert Wilhelm Hoenerbach die christliche Pilgerstraße aus islamischer Sicht. Gestützt auf arabische Quellen in eigener Übersetzung, zeichnet der 1991 verstorbene Bonner Orientalist das Auf und Ab zwischen den Konfessionen aus interreligiöser Perspektive. Dabei zeigen sich erstaunliche Übereinstimmungen zwischen beiden mittelalterlichen Hochreligionen, deren philosophische wie auch volksreligiöse Basis sich weitgehend derselben Anschauungen bedient. Die militärischen Erfolge der Reconquista unter dem Patronat des Santiago Matamoros erweisen sich jedoch spätestens mit der Einnahme Toledos (1085) als Erschütterung eines muslimischen Weltbildes, das die Iberische Halbinsel als Teil der islamischen Gemeinde betrachtet und gleichwohl dem gegnerischen Apostel größte Hochachtung zollt. Hüben wie drüben wissen sich die Verteidiger der beiden Spanien auf metaphysische Fürsprache angewiesen – die beiden Fronten des mittelalterlichen Spanien im interreligiösen Vergleich. Der vorliegende Beitrag geht auf den Mitschnitt eines Vortrags zurück, der am 3. Februar 1990 in der Thomas-Morus-Akademie Bensberg gehalten wurde, redaktionell bearbeitet vom Herausgeber.

Wilhelm Hoenerbach

1911 bis 1991, Orientalist, Dr.phil. Dr.h.c. (Barcelona), Studium der Arabischen Sprache und Islamwissenschaften u.a. in Bonn, Granada (Spanien) und Algier, nach Promotion in Bonn und Habilitation an der Universität Breslau mehrjähriger Kriegseinsatz in Nordafrika und Gefangenschaft in den USA, ab 1959 Professor für Islamwissenschaften in Los Angeles und Kiel sowie Direktor des Seminars für Orientalische Sprachen in Bonn, nach seiner Emeritierung ab 1976 Altersdomizil bei Granada, verstarb nach längerem Aufenthalt in Brasilien 1991 in Sankt Augustin bei Bonn. Zahlreiche Aufsätze und Buchpublikationen zum iberischen und nordafrikanischen Islam, u.a.: *Islamische Geschichte Spaniens*, Zürich 1970.

DER JAKOBSWEG

Die Pilgerstraße aus islamischer Sicht

Wilhelm Hoenerbach

Santiago Matamoros

„Sein Himmelsschimmel schwebte über dem Boden, vom Schwert in seiner Hand tropfte Blut, und Blut floss aus den Leichenbergen der Ungläubigen am Boden." So oder ähnlich wussten es die christlichen Teilnehmer einer siegreichen Schlacht gegen die Muslime im Jahre 843 zu erzählen. Es war das Märchen vom Wiedererscheinen des Apostels Jakobus, die Legende von seiner apostolischen Spanienreise zur Zeit des Herodes, von seiner Rückführung als Leichnam eines Märtyrers durch Herodes Hand, von seiner zunächst unbeachteten Grabesruhe in spanischer Erde und wunderbaren Wiederauffindung später.

Ein Autor wie H. J. Hüffer hat sich bereits vor geraumer Zeit jede Mühe gemacht, Historizität in diesen Komplex religiöser Folklore zu interpretieren. Wenn er auch in punkto Missionsreise Jakobs klein beigibt – bei der Grabauffindung kann er das nicht, ohne dem ganzen Santiago-Patronatskult und der entsprechenden Wallfahrt die historische Grundlage zu entziehen. Ich präzisiere: Die tausendjährige Theorie der apostolischen Spanienreise des Jakobus Mayor wurde restlos aufgegeben, wenn auch bezeichnenderweise erst seit dem 19. Jahrhundert. Wissenschaftliche Betrachtung darf rein Legendäres jedoch nicht vergeschichtlichen. So sehen wir denn die Wurzeln unseres Phänomens im nüchternen Licht: Das spanische Mittelalter ist die Zeit einer Weltanschauung, die im Sakralen gipfelt – im überweltlichen, segenskräftigen Bereich, in antiken Halbgotttraditionen, in der mittelalterlichen Stereotype himmlischer Nothelfer zu Pferde, in den christlichen Legenden über eine westliche, urapostolische Mission.

Nicht zuletzt liegt die Erklärung für Santiago in der kirchenpolitischen Motivation: Erwägungen episkopaler Hegemonie und engerer Anbindung extremer Randzonen an die Zentrale, um Sonderentwicklungen vorzubeugen. Es handelt sich um das Ergreifen von erzieherischen Maßnahmen, die sich aus dem Symbolcharakter der Wallfahrt ergeben. Hinzu kommen gewisse soziologisch-wirtschaftliche Begleiterscheinungen: Nobilitas in Pilgergemeinschaft mit dem Volk und Aufblühen neuer Handels- und Machtzentren am Pilgerweg. Das alles aber gewinnt seine eigentliche Bedeutung durch die Gegensatzstellung zum Islam, zu einer Todfeind-Religion nämlich.

Todfeind – warum?

Wenn ich das Santiago-Thema unter dem Gesichtspunkt der Islamfrage abhandele, so spreche ich zuerst über die von der Kirche im Islam gesehene Gefahr. Zunächst: Die islamische Predigt ist unauffällig – quasi reformchristlich –, aber gerade deshalb doppelt gefährlich. Ein einziger persönlicher Schöpfergott verleiht dem Menschen die Fähigkeit zu sündigen, Abrechnung erfolgt zum Jüngsten Gericht. Und Gott ist barmherzig. Gott ist Einer, von Ewigkeit her Einer. Moses und Christus sind Propheten, Muhammad ergänzt als letzter ihre Lehre. Wo ist da der Stein des Anstoßes?

Muhammad reinigt die Schrift von Entstellungen, sein Jesus tritt als Prophet auf, nicht als Gottes Sohn. Gegen Nicäa: „Er hat nicht gezeugt, und Ihn gezeugt hat keiner, und Ihm gleich ist keiner." Muhammad leugnet die Trinität, kennt weder Kirche noch Priester noch Sakrament, keine vermittelnde, hierarchisch geordnete Institution. Über die Reinheit der Lehre wachen Gelehrte im demo-theokratischen Staat. Reichtum und Adel bedeuten nichts, Frömmigkeit alles.

Toleranz dominiert: Der Muslim ist reformierter Jude und Christ zugleich, so dass die beiden letzteren Religionen sich erübrigen. Wer auch so denken will, ist als erstrangig willkommen, sonst wird er als Schutzbefohlener der alten Religionen *(dhimma)* zweitrangig Mitglied der neuen Gemeinde.

Die tödliche Gefahr für die Kirche liegt auf der Hand, und die

Haltung ihres ebenso großmütigen wie erfolgreichen Widersachers ebenfalls. Nach christlicher Darstellung des 13. Jahrhunderts fressen die Hunde das stinkende Aas Muhammad.

Al-Andalus

Nun ist das ganze Morgenland sofort islamisch geworden und das südliche Abendland zur Hälfte ebenfalls. Man hängt spontan dem einfachen Glauben und gerechten Disziplingebot für jedermann an. Besonders im Hinblick auf die ernsten Verschleißerscheinungen der Kirche: Sittenverfall, Simonie und Korruption schlechthin, Aristokratisierung, Einordnung in den Feudalismus. Das Spanien des Jahres 711 erlebt Verrat seitens seiner geistlichen wie weltlichen Führung. Die Interessen des Landes wie diejenigen der Kirche werden von Episkopat und Königtum an den einrückenden Islam verkauft für 30 Silberlinge, nämlich für die 30 Krongüter der Wetiza-Familie. Die Roderichpartei begehrt auf und versucht umgekehrt, durch islamfeindliche Politik hochzukommen.

Im Jahre 718 oder 722 (?) verbürgt eine Himmelserscheinung – diejenige unserer Lieben Frau von Covadonga – den Christensieg. Und im selben Jahr beginnt unter Pelayo das Gerangel aufständischer Westgotenabkömmlinge in den peripheren, unzugänglichen Nordgebirgen, das immer wieder fälschlicherweise als bewusste Rückeroberung – Reconquista – angesehen wird. Es handelt sich jedoch nur um ein örtlich begrenztes Programm. Hierbei kam der Umstand zupass, dass der Islam um die Jahrhundertwende Nordwestspanien, d.h. Asturgalicien freiwillig bis zum Lauf des Duero räumte, um sich südlich zu ergiebigeren Landstrichen zurückzuziehen. Und zwar waren es die berberischen Besetzer, die sich im Norden benachteiligt fühlten und chaotische Zustände heraufbeschworen – wie denn Islamspanien überhaupt zwischen dem 8. und 9. Jahrhundert als Opfer einer Selbstzerfleischung zu enden schien. Die Muslime selbst beklagen diese Situation.

Vor mir liegt ein Geschichtstext, den ich vor langen Jahren aus dem Arabischen übersetzt habe. Hier finden sich Bezüge zu dem, was ich soeben über die innere Zersplitterung Spaniens andeutete: „Derartige Rebellen" – es wimmelte nämlich im islamischen Spanien von Rebellen, derartige Rebellen also – „wagten sich zur Omayadenzeit in großer Anzahl hervor. Die Könige gerieten in arge Bedrängnis, und die Herrscher hatten ihre liebe Not. Bald mussten sie einem solchen Störenfried freundlich, bald feindlich begegnen. Sie erhoben die Vertragstreue gegen Verhandlungspartner zur politischen Richtlinie. Andernfalls wäre das Unheil nur schlimmer geworden und das Reich seinem Schicksal nicht entgangen."

Man sieht also, die Araber waren sich durchaus darüber im klaren, dass bereits frühzeitig ihre Herrschaft in Spanien wegen eigener innerer Unzuverlässigkeit in Frage gestellt war. Entsprechend atmen die Christen auf und ziehen weitreichende Wiedereroberungen in Betracht. Dennoch bleibt es bei der Duerogrenze, denn die in Córdoba residierende Omayadendynastie gelangt zu ungeahnter Macht- und Prachtentfaltung und ersteigt den eindeutig höchsten Kulturgipfel in Europa. Die Christen nördlich des Duero verlieren den Mut. Expansion ist für das 10. Jahrhundert nicht möglich. Als Leistung muss die Wiederbesiedlung des arg verwüsteten Nordens oder Nordwestens genügen. Der heilige Jakob, der schon im 9. Jahrhundert erfolgreich eingegriffen hat, ist auch für das 10. wieder gefragt und macht aus der Schlacht von Simancas gegen den großen Abdurrahman III. einen wichtigen Christensieg. Aber gegen Ende des Jahrhunderts nimmt die Gefahr noch zu. Der islamische Reichsverweser Almansur zerstört Santiago. Das christliche Spanien scheint von seinem Patron verlassen. Günstigenfalls zeichnet sich das Religions-Doppel in Spanien als ständige Koexistenz ab.

Es kommt indessen ganz anders. Als im 11. Jahrhundert das Kalifat von Córdoba in kleine Staaten zerfällt, erstarkt gleichzeitig der christliche Norden und kann 1088 Toledo einbringen und damit den asturleonesischen Traum der Wiedervereinigung mit der Metropole verwirklichen – was keineswegs Santiagos Einsatz überflüssig macht. Er muss erneut helfen, denn der Islam erhält Rückendeckung durch zwei afrikanische Dynastien, die Almoraviden des 11. und die Almohaden des 12. Jahrhunderts.

Islam versus Kirche

Als im 12. Jahrhundert der Jakobsweg unter Cluny- und Zisterziensereinfluss seine höchste Bedeutung gewinnt, reift auch die Gegenreligion zu großartiger Vollendung heran. Unter den Almohaden lehrt der arabische Philosoph Ibn Tufail einen verinnerlichten Islam der Unio Mystica und nennt den gewöhnlichen Gläubigen „schafsgleich und machtlos".

„Vor allem andern erleuchtet uns Liebe." Ibn Arabi, geboren 1164 in Murcia, bekennt: „Dich lieb' ich ohne Himmelshoffnung / ohne Höllenfurcht./ Du selbst bist der Beweggrund meiner Liebe." Offensichtlich in Anlehnung daran sagt später der christliche Dichter: „Dich zu lieben, Gott, bewegt mich nicht der Himmel, den Du mir versprochen hast. Du bewegst mich, Herr." *(No me mueve, mi Dios, para quererte, el cielo que me tienes prometido. Tú me mueves, Señor.)*

Der christliche Dichter bleibt anonym, er verschweigt seinen Namen aus Sicherheitsgründen, denn sein Ausspruch passt zum Islam in einem besonders heiklen Punkt. Geht es doch hier um den Triumph der Mystik über die Dogmatik, um das Außerkrafttreten von Himmel und Hölle, letzten Endes von Kirche und Kirchenlehre. Erst jetzt im 12. Jahrhundert zeigt der Islam seine ganze Brisanz, seine Ethik jenseits aller institutionellen Bindungen. Santiago muss her, im 12. Jahrhundert noch entschiedener als zuvor!

Eine historische Gratwanderung

Spanien hat nie aufgehört, sich auf einer geschichtlichen Gratwanderung zwischen Mauren und Christen zu befinden. Als einziges Land Mittel- und Westeuropas behauptete Spanien über Jahrhunderte seine Gegensatzstellung Christentum versus Islam im eigenen Land. Vorübergehend hielt eine friedliche Kultursymbiose an. Hierzu zählt in der Frühzeit die Rezeption der später an das Abendland vermittelten antiken Wissenschaften; in der Endzeit des 14. Jahrhunderts in Granada die politische, auf dem Gebiet der Architektur sich auswirkende Freundschaft zwischen Muhammad V. von Granada und Peter I. von Kastilien und natürlich die wiederholt ansetzende literarische Einflussnahme der Araber auf das werdende Spanien, ganz abgesehen von Querverbindungen in der Baukunst allenthalben.

Grundsätzlich aber übertönte den Ruf biblischer Feindesliebe der Kampfruf: „Sankt Jakob, Sankt Jakob, schließe Spanien! Greift an, greift an!" *(Schließe Spanien* soll also hier das Gegenteil bedeuten von *öffne Spanien,* und nach arabischer Ausdrucksweise heißt *öffne Spanien* nichts Anderes als *erobere Spanien. Also schließe Spanien =*

schütze Spanien). Denn dann stiegen vom Himmel herab die heiligen Helfer, der Apostel Jakob, der Hl. Michael, der Hl. Georg – für die christliche Front. Der gleichzeitig auch islamische Hl. Georg und der Erzengel Gabriel als Muhammads Offenbarungsüberbringer – für die islamische Front. Der sanfte Jesusjünger Jakobus der Ältere mutiert in den Maurentöter: Matamoros. Das Maurentöten greift als Heidentöten auch auf Spanisch-Amerika über. Ganz normal kann man hier schließlich eine Stadt (im heutigen Kalifornien) mit dem Namen Matamoros bezeichnen.

Zu den heiligen Helfern darf ich bemerken: Nicht selten zu Ross, werden sie von beiden Seiten beansprucht. Die mittelalterlichen Länder stellten sich unter den Schutz von Landespatronen. Dabei bietet sich die synkretistisch-tolerante Haltung des Islam an. Dieser leiht sich den Hl. Georg aus, den er zu seinem in Mossul begrabenen eigenen Heiligen erhob – sofern derselbe nicht gerade als Nachahmer Sankt Jakobs in der Jagd auf Muslime beschäftigt war. Und was den Erzengel Gabriel betrifft, so führt dieser sein Himmelsross zur Unterstützung Muhammads in die Entscheidungsschlacht schon 200 Jahre vor Santiagos erster, genau gleicher Hilfsaktion.

Das spanische Christentum nahm militante Züge an. Die Hl. Jungfrau erhielt im Laufe der Zeit Generalsrang zugewiesen, dem himmlischen Schimmelreiter Jakobus gab man das maurentötende Schwert in die Hand, während man zu dem als sakral bezeichneten Ort zu pilgern begann. Wir wissen, wie es dazu kam.

Die Entstehung des Jakobskults

Über mehr als 120 Jahre widerstand Spanien seinem Glaubensgegner ohne äußere Hilfe. Der angesichts des zunächst stärkeren Islams dringend benötigte Beistand konnte nur transzendentaler Natur sein. Der auf nationaler Ebene sich anbietende Sankt Isidor – berühmter, gleichzeitig mit Muhammad 570 geborener Sevillaner – besaß einen örtlichen und überdies nicht eben alten Nimbus. Größere Wirkung würde von einem mit dem Abendland räumlich verbundenen Orientalen der Apostelzeit ausgehen.

Es bedeutet einen Gemeinplatz christlicher Legendenbildung, das äußerste Abendland, später sogar Amerika, durch einen apostolischen Missionierungspfad zum zentralen römischen Pilgerweg in Be-

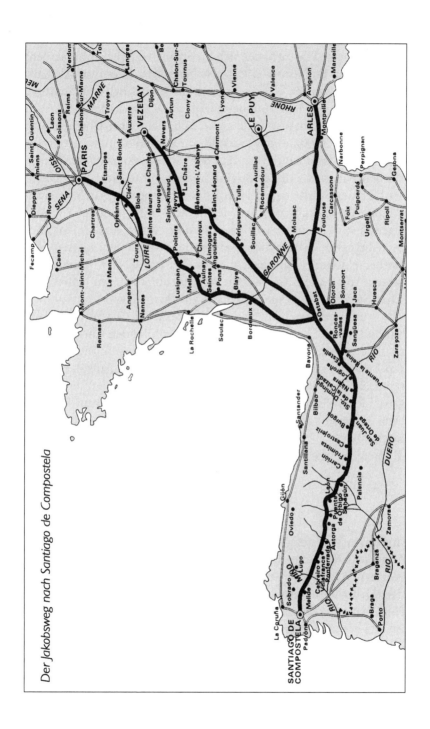

Der Jakobsweg nach Santiago de Compostela

zug zu bringen. Hierzu bieten sich für Spanien die sieben Missionare an, die Petrus und Paulus entsandt haben sollen. Es erübrigt sich, unser Geschichtswissen, das die Anfänge des spanischen Christentums auf die Mitte des 3. Jahrhunderts festlegt, näher zu bemühen. Auch die Zahl „7" spricht bereits für sich. Nach islamischer Überlieferung sollen sieben Rabbiner das Judentum in Marokko eingeführt haben. Dem Land Hispanien erwuchs aus dem Siebenerkreis nur ein ortsgebundener Patron, San Cecilio für Granada, für Gesamtspanien aber erschien unerwartet eine bis Mitte des 9. Jahrhunderts in Schweigen gehüllte Gestalt, ein Märtyrer des Ostens, enthauptet auf Herodes Befehl, ein Zeitgenosse Christi, dessen Leichnam – nach langjährigem Vergessen – wunderbarerweise rechtzeitig auf dem sogenannten Sternenfeld von Compostela aufgefunden wurde. Der Name im äußersten spanischen Nordwesten verweist auf eben den bethlehemischen Stern, der die Lage des Grabes zu erkennen gab.

Von nun an, das heißt von der Schlacht bei Clavijo im 9. Jahrhundert, stand Santiago fortgesetzt maurentötenden Christen hoch zu Ross persönlich bei. Als Landespatron unangefochten, bis gegen Ende des 16. und Anfang des 17. Jahrhunderts Aragón und die spanische Levante die Rolle des Patronats an den zum Maurentöter gewandelten Sankt Georg übertrugen – in einer gewissen Rivalität. Dem entspricht auch die räumliche Konfrontation in benachbarten Kirchenbauten – z. B. im Kölner Paar Sankt Jakob und Sankt Georg, die erstgenannte Kirche noch im 19. Jahrhundert existent.

Jakobus – der Universalheilige

In punkto Volksreligion ließen die Christen nicht mit sich spaßen. Anders die Muslime. Ihre Historiker finden von Ehrfurcht zeugende Worte, wenn sie vom Grabe eines Apostels Jakob zu erzählen wissen, der doch als unerbittlicher, physischer Vernichter der Ihrigen galt. Heute ist man darauf bedacht, spanische Christen vor dem klassischen Vorwurf in Schutz zu nehmen, sie hätten – verglichen mit den Muslimen – geringere Toleranzbeweise geliefert. Allerdings lassen sich volksreligiöse Einzelzüge, vor allem die Heiligenverehrung betreffend, zugunsten des Islam anführen. So trachten Muslime nach dem Besitz christlicher Devotionalien, weil sie deren Segenswirkung für absolut (also auch auf sich selbst bezogen) wahr halten. Nach der Zerstörung von Stadt und Kirche Santiago im 10. Jahrhundert stellen sie für die Zeit ihrer Okkupation das Apostelgrab selbst unter militärischen Schutz.

„Tausend Jahre hindurch zogen die Christen ungestört von den entferntesten Gauen zur Kirche in Santiago, wo sie das Grab Jakobs (*Jakob* ist eine Namensform für *Jakuv*) – eines der zwölf Apostel – verehrten. Und zwar wird dieser Apostel, der für den Messias – Gott segne ihn – der teuerste Mensch auf Erden war, von den Christen als sein Bruder aufgefasst [Verwechslung Jakobus Mayor mit Jakob dem Jüngeren], weil er sein ständiger Freund und Begleiter war. Die christlichen Historiker nennen ihn den Bischof von Jerusalem, der als Weltreisender und Missionar zu diesem äußersten Erdenwinkel gelangt sei. Bisher hatte kein muslimischer Herrscher Santiago erreichen können, so schwer war der Zugang, so weit die Reise, so rau der Weg." Man sieht: die These von der apostolischen Reise Santiagos wird auch von den Muslimen übernommen.

„Indessen ordnet Almanzur den Sommerfeldzug des Jahres 997 [im arabischen Original steht hier die islamische Zeitrechnung], seinen achtundvierzigsten, in Richtung Santiago an. Die Flotte musste zur Flankendeckung in See stechen, er selbst erreichte auf parallelem Landwege noch vorher den Duerofluss in Portugal. Mit Hilfe dieser Schiffe, die er als Brücke benutzte, setzte er über den Duero, durchmaß weite Landstriche mit zahlreichen größeren Flüssen und zog gewappnet und gerüstet über die hohen Bergpässe bis an den Ozean. Hier sah er das Kloster Iria [den letzten berühmten Wallfahrtsort im Zusammenhang mit Jakob] vor sich liegen. Der Einmarsch in Santiago erfolgte an einem Dienstag. Die bereits von der Bevölkerung geräumte Stadt lag völlig menschenleer. Almanzur ließ ihre Vorstädte plündern, ihre Häuser zerstören – kurz: ihre Spuren tilgen. So erlitt die Stadt trotz ihrer festen und soliden Bauweise so gründliche Schäden, dass sie danach aussah, als habe sie überhaupt kein Gestern gekannt. Das Grab befahl Almanzur zu schützen und zu schonen. In der Kirche begegnete ihm ein einziger Mensch, ein alter Einsiedler, der gebeugt am Grabe saß, und auf die Frage, warum er noch hier sei, antwortete: *Ja, um Jakob Gesellschaft zu leisten.* Almanzur wies seine Leute an, ihn in Ruhe und Frieden zu lassen."

Auf der anderen, der christlichen Seite dienen muslimische Friedhöfe nach der Wiedereroberung als Schindanger. Vielleicht entspricht die damalige islamische Toleranz nicht gerade dem, was wir heute als solche bezeichnen. Vielleicht geht sie eher auf ein abergläubiges Schutzbedürfnis zurück, auf die Vorliebe für Amulette und heilige Orte, für Segensübertragung und Kontaktmagie. Doch sind friedliche Verhaltensweisen in einer Zeit geringer Verträglichkeit deshalb nicht weniger anerkennenswert.

Ein politischer Apostel

Der Hl. Jakob und die Pilgerfahrt zu ihm liefern eine hochgelobte Thematik. Man braucht nur die Ausführungen des seit längerem verstorbenen Kollegen Hüffer zu lesen, um sich in einer weihevollen, durch wissenschaftliche Mittel erzielten Stimmung zu fühlen und die abendländische Gemeinsamkeit der großen Wallfahrt zu begreifen – eine Art Wiedervereinigung des Abendlandes nach den Zeiten Karls des Großen. Dem sei nicht widersprochen.

Es ist wahr, dass seit dem 9. bis 11. Jahrhundert das christliche Triumphgefühl der Wiedereroberung in stetem Wachsen begriffen war. Konnte anfangs unter Pelayo von eigentlicher Wiedereroberung noch keine Rede sein, so hatte sich seit Erreichen der Dueroflussgrenze die Lage entschieden geändert. Zwar erwies sich der Islam jenseits dieser Grenze nach vorübergehender Selbstschwächung als wieder gefestigt unter den Omayaden des 10. Jahrhunderts, aber eine Islamisierung des nördlichen spanischen Drittels war nun nicht mehr möglich. Sankt Jakob hatte sich in dem von Abdurrahman III. bei Simancas verlorenen Treffen erneut gezeigt und den Weg zu ihm freigemacht. Da änderte auch nichts das anschließende Zwischenspiel Almanzurs und seine kurzfristige Besatzung Santiagos, über die wir soeben gelesen haben.

Die kristallinen Rosse, die Engelsgesichter und himmlischen Gestalten verhießen glückliche Zeiten. Bereits 1088 zeichnete sich mit der Rückeroberung Toledos die Christianisierung Gesamtspaniens ab, und im 12. Jahrhundert hatte der Jakobsweg seine große Geschichte.

Indessen sollte auch auf der anderen Seite z. B. der Jakobskult in seiner machtfördernden Eigenschaft nicht unerwähnt bleiben. Santiago-Stadt: als erzbischöflicher Sitz und Metropole durchaus Gegenstand weltlichen Geplänkels mit der zentralen Toledaner Kirchenführung und, anlässlich überbordender Titelsucht, sogar mit Rom. Mitte des 15. Jahrhunderts konnte es in der heiligen Jakobsstadt recht unheilig zugehen. Ein ungeliebter Erzbischof musste in seiner Kathedrale die Belagerung der Bürgerschaft über sich ergehen lassen. Ein von den Belagerten entsandter Pfeil traf einen außenstehenden böhmischen Pilger in den Hals. Einer seiner Landsleute namens Rozmittal, der ihn bis zu seinem Tode bald darauf pflegte, wurde deshalb exkommuniziert. Gar nicht viel fehlte, und der böhmische Ritter und Pilger hätte den weiten Weg umsonst gemacht und die Jakobskirche nicht einmal betreten dürfen. Vom Jakobsweg als von einem einigenden Band war bei dieser Gelegenheit wenig zu spüren.

Damals existierte noch muslimisches Hilfsvolk im Dienste adliger Herrschaft, und man konnte noch von einer christlichen Siedlungszone in eine muslimische gelangen. Es spricht für sich, wenn Rozmittal einen solchen Gebietswechsel zum Anlass für folgende Bemerkung nimmt: „Die Heiden [gleich Muslime] täten uns groß Ehr und Zucht und waren mir darin vil sicherer als in dem Land bei den Christen."

Baukunst am Jakobsweg

Der uns als positives Bindeglied verbleibende Jakobsweg fesselt durch seine überreiche, die Formen französischer Romanik fortsetzende, andererseits auch arabische Einflüsse aufweisende Sakralarchitektur. Spaniens abendländisch-morgenländische Synthese prägt sich deutlich ein. Realistische Kapitellstrukturen wechseln mit abstrakten Ornamentmotiven, üppige Archivolten mit arkadischen Gewölben, Reformen von Cluny und Zister, also ausgemacht europäische Stile, mit mozarabischen und mudejarischen, ja sogar mit almohadischen Elementen.

Hierzu muss ich einige Worte beibringen. Die mudejarische Kunst ist diejenige des Mudéjar, also des akkulturierten Muslims, seit der Jahrtausendwende. Es handelt sich um eine Überarbeitung romanischer und gotischer Bausubstanz nach arabischem Geschmack. Der gotische Mudéjar stellt den aragonesischen Nationalstil dar mit seinem Zentrum in Zaragoza. Es ist also sozusagen ein kultursynthetisches Symbol. Der romanische Mudéjar begleitet den Pilgerweg. Die Almohaden entwickelten den besonders reichen Dekorstil der Vielpass- und Zapfenbögen und die später für die Alhambra charakteristische Zellenarchitektur. Es sei hervorgehoben, dass dieser Stalaktitenschmuck zeitlich zuletzt in der Alhambra, zuerst aber am Pilgerweg im Kloster Las Huelgas bei Burgos in Erscheinung tritt.

Die Reconquista

Die bereits erwähnte historische Gratwanderung beginnt in dem Augenblick, da im unzugänglichen asturischen Bergland jener Widerstand gegen den Islam aufkommt, dessen fortgeschrittenes Stadium sich zur Wiedereroberung, Reconquista, auswächst. Im Rahmen der Christenheit ist der Vorgang allgemein bekannt. Die Christen geben zuerst auf, entwickeln aber nach und nach die Vorstellung, ein geistiges wie auch materielles Erbe wiedergewinnen zu müssen.

Die christlichen Chronikenbekenntnisse des 9. Jahrhunderts verraten eine geradezu rührende Anhänglichkeit an das verlorene kirchenbauliche Toledo. Kirchlich-religiöse Ziele unter Einsatz Sankt Jakobs beherrschen die Gefühle nicht allein. Hintergründig beflügelt den Wiedereroberer die Hoffnung auf Landgewinn, sei es durch unmittelbaren Zugriff oder amtliche Belehnung. Die christliche Staats- und Kirchenführung hatte gegen Überlassung von Krongütern Spanien dem Islam überantwortet. Sobald man jedoch erkannte, dass zu diesen Latifundien noch manches hinzuzugewinnen war, zog man in den teils heiligen, teils unheiligen Krieg.

Als Beispiel der berühmteste aller Wiedereroberer, der Cid, dessen Bild in der Geschichte zwischen Condottiere und Nationalheld schwankt. Er kämpfte auf beiden Seiten, für Christen wie Muslime – die Hauptsache, er kämpfte und wusste, was er von seinem Oberherrn Alfons VI. zu halten hatte und wie er den eigenen Vorteil wahrte. Nach erfolgreichen Treffen zählte er nach Mark und Pfennig den Gewinn ab: Jetzt haben wir verdient soundso viel Mark. „An jeden Ritter fallen 100 Mark in Silber, an jeden Fußsoldaten die Hälfte ohne Fehl" *(A cada uno de ellos cadent cient marcos de plata y a los peones la mitad sin falta)*. Und vor allem: „Das ganze Fünftel aber verblieb für meinen Cid" *(Todo el quinto al mío Cid quedaba)*.

Der große Irrtum

Weniger bekannt sind die Dinge von islamischer Warte aus. Die Muslime betrachten den Asturwestgoten und ersten Freiheitskämpfer Pelayo nicht als Vormann eines soeben beginnenden zweiten Spaniens, sondern als Rebell innerhalb eines einzigen Islam-geführten Spaniens.

Der große Irrtum der Araber, dem Spanien seine Reconquista verdankt, ist die Vorstellung einer naturgemäßen islamisch-christlichen Zweistaatlichkeit der Pyrenäenhalbinsel. Die Muslime des 10. Jahrhunderts fühlten sich den Christen gleich als Spanier und fassten eine Beseitigung des christlichen Gebietsteils nicht ins Auge. Als sie dann im 11. Jahrhundert ihren Status als Pächter statt Eigentümer des Landes erkannten, war es schon zu spät. Überdies verzichteten sie nach 43-jähriger Herrschaft freiwillig auf das von ihnen als wenig nutzbringend aufgefasste galizische Drittel. Mit der späteren christlichen Wiederinbesitznahme des ganzen Landes hatte dieses frühe Nachgeben der Muslime nach ihrem Selbstverständnis nichts zu tun. Es stimmt ja auch, dass ein solches Großvorhaben im 9. bis 10. Jahrhundert noch nicht in Angriff genommen werden konnte. Allein, leicht wird die Tatsache übersehen, dass die zwischen Clavijo und Simancas dem Eingreifen Santiagos zugeschriebenen christlichen Erfolge des 9. und 10. Jahrhunderts entscheidend sind, weil sie die notwendigen Voraussetzungen für eine spätere Wende bringen.

Erst im 11. Jahrhundert begreift der Islam das Ausmaß der auf ihn zukommenden Gefahren. Als 1085 Alfons VI. die spanische Mitte – Toledo – besetzt, rufen zeitgenössische Araber den Ihrigen zu: „Auf, auf zu Pferde, Volk von Andalus / denn hier zu bleiben, ist nur Illusion / Ein Kleid verschleißt gewöhnlich an den Enden / das Kleid der Insel aber in der Mitte. / Gebt es zurück, das ausgeborgte Gut / Leihgaben werden rechtens rückerstattet!"

Ein geradezu erschütterndes Eingeständnis. Der spanische Islam erkennt sich selbst als Pachtbesitzer und nicht Eigentümer. Allerdings erfolgen derartige Aussagen unter Schmerzdruck und Mutlosigkeit. Normalerweise empfindet der Hispano-Araber seine Position als gesetzlich im Sinne unbestreitbaren Eigentums, alfonsinisches Verhalten hingegen als ungesetzlich und aggressiv.

So lebt er denn auch zunächst im nachfolgenden Jahrhundert mit afrikanisch-almohadischer Hilfe deutlich wieder auf. Gewiss erfreuen sich die Christen 1149 abermals Santiagos segensreicher Schlachtenhilfe. Gewiss auch kommt es zu diesem Sieg beängstigend weit südlich, nämlich vor Baeza in Andalusien, aber andererseits endet noch vor Ablauf des Jahrhunderts der Waffengang von Alarcos glänzend für die Almohaden.

Folglich präsentiert uns dieses 12. Jahrhundert den Jakobspilgerweg immer noch als Grenzwanderpfad zwischen den beiden konkurrierenden Religionen. Radikal anders gestalten sich die Verhältnisse im 13. Jahrhundert. Schon seit 1212 geht mit der katastrophalen Niederlage von Las Navas de Tolosa der spanische Islam seinem Ende entgegen. Schier unzählige Islamstädte – Córdoba, Sevilla, Valencia an der Spitze – fallen der Reconquista anheim. Verbittert übernimmt der Islam die Rolle des Verlierers. Er sucht die Schuld bei seinem eigenen Versagen. Die Muslime bekennen sich zu ihren Niederlagen offen und als von Gott gewollt, denn sie sind Strafen für ihre eigenen Vergehen.

Granada 1492

Verdankt der Islam seine anfänglichen Erfolge einer geradezu sprichwörtlichen Treue bei der Einhaltung politischer Verträge, so muss ihm die christliche Reaktion nach dem endgültigen Zusammenbruch von Al-Andalus als ungeheuerlicher Vertragsbruch erscheinen. In einem umfangreichen Schriftsatz von über 60 Artikeln wurde den zurückbleibenden Mauren so gut wie alles versprochen. Das Urteil des Islam wenige Jahre später lautet auf Vertragsbruch und bewusste Lüge von vornherein, nicht etwa auf pragmatische und einer veränderten Situation angepasste Realpolitik.

Christlicherseits haben wir die damalige Äußerung des Klerikers Cifuentes, die Katholischen Könige würden sich schon gütlich zu helfen wissen *(se darán buena maña)* und die Mauren ohne Vertragsbruch aus der Stadt weisen. Das gleiche gilt von den Zwangsbekehrungsmaßnahmen nach 1502 und der Endlösung 1609: zwar nicht Massenhinrichtung, aber dafür Massendeportation, womit sich Sankt Jakobs maurentötende Funktion erübrigt hat.

So erscheint denn auch sein Autoritätsverlust Ende des 16. und Anfang des 17. Jahrhunderts dem Gang der Geschichte angemessen.

Als Santiago seine Patronatsstellung gegen den Hl. Georg und gegen Avilas Santa Teresa verteidigen muss – eine selten hervorgehobene, kaum beachtete Tatsache – bereichert den hagiographischen Themenkreis der Abschnitt: Wettstreit unter den Heiligen. Innerhalb ein und derselben Religion verdrängt ein Schutzpatron den anderen oder räumt ihm wenigstens die Rechte des Mitbeschützers ein.

Die Wallfahrt im Islam

Eine in Wallfahrten bekundete Heiligenverehrung gilt zu Recht als interreligiös. Ziehen die Muslime gen Mekka, so ziehen die Christen gen Santiago, denn Pilgerschaft symbolisiert den Lebenslauf religiös Denkender in jedem Fall. Stets erwartet den Pilger der Schrein mit den sterblichen Resten einer hohen Person, dieser ist sogar im Falle Sankt Georgs ein und dieselbe für beide Religionen. Der in einer Mossuler Moschee bestattete Georg bzw. Prophet Gurgis gewährt Fürbitte seinen Muslimen, wofern er nicht gegen dieselben vom Schlachtross herab den Christen beisteht. In der Mittelmeerwelt häufen sich Beispiele für Doppelheiligtümer. Die Auswahl der mit ihnen in Verbindung gebrachten Heiligen geht zum Teil auf ältere Halbgottkulte und Vorstellungen periodischer Wiederbelebung der Natur zurück.

Fest steht neben einer gewissen, die Person betreffenden Gemeinsamkeit eine ebensolche hinsichtlich der Wallfahrt zu ihrer Grabstätte. Christentum und Islam überbieten einander in ihrer Vorliebe für Pilgerreisen, denn die islamischen Besucher des Propheten Gurgis, den christlichen Besucher des *frumben* (frommen) Reitersmannes Sankt Georg drängt das Verlangen nach himmlischer Fürbitte. Eine islamische Inschrift der Gurgis-Grabkammer zu Mossul verspricht: „Besuch am Grab beschert Gewissheit / die Herzenswünsche leicht erfüllt zu sehen. / Zur Schwelle komm, genieße seine Nähe / in reiner Absicht, ganz im Sinn geläutert. / Dank seiner Fürbitte erhört Dich Gott / und rettet Dich aus Deiner tiefen Not."

Und das angesichts des bekannten Einwandes: Reiner und strenger Islam – also kein schiitischer – verwirft Priestertum, Sakramente und Vermittlung bzw. Fürbitte von Heiligen. Nordafrikaner prägten den Merkspruch: „Drisch Deinen Weizen, zahl den Zehnten draus / zu Gott und sonst zu keinem geh ins Haus." Indessen: Das *Inshausgehen* oder Besuchen des Heiligengrabes, die *ziyara*, ist zwar eine der Theorie widersprechende, aber deshalb nicht weniger übliche Islampraxis. Überkuppelte Gedenkstätten bestimmen das geographische Bild der Islamländer. Sakrale Steinhaufen türmen sich am Wege, sakrale Stofffetzen flattern von aufgepflanzten Stöcken wie an den Zweigen herausragender Bäume. Vielerorts hat Naturkult den islamischen Heiligenkult unterwandert, und alle Welt erstrebt die *baraka*, den Segen einer Weihestätte, den die Gegenwart eines toten oder auch noch lebenden Heiligen, den man besucht, gewährleisten kann. Die gesamte Islamwelt bäuerlichen Charakters lebte vor der Industrialisierung in einer baraka-gesteuerten Vorstellungswelt.

Der Besuch, die *ziyara* zum periodisch eintretenden Fest *mausim* – daher unser Wort Monsum – bringt den materiellen Segenskontakt mit sich. Die Übertragung der „baraka" erfolgt gegenständlich, kontaktmagisch; durch Grabgitter, Graberde und Grabüberzug, durch Berührung, vor allem aber durch Küssen, und zwar muslimischerwie christlicherseits. Durch Berühren, insbesondere Küssen ausgelöste Inbrunstgefühle übersteigen in den islamischen Beobachtungszentren allerdings alles auf Santiago Beziehbare.

Ein Muslim in Santiago

Hingegen spricht für intellektuelle Unbekümmertheit auf dem Jakobsweg folgendes bisher unbeachtet gebliebene Kuriosum: Der muslimische, aus Córdoba in den europäischen Norden entsandte Botschafter Al Gazal schloss sich auf der Rückreise, bevor er Toledo erreichte, den Jakobspilgern an. Eben erst hatte der Weg, man schrieb das 9. Jahrhundert, sich abzuzeichnen begonnen, und schon stellte sich sogar ein Muslim unter seinen Schutz. Hatte doch der Islam – wie wir oben gesehen haben – gegen Sankt Jakob als Heiligen und Apostel, wenn auch nicht als Maurentöter, prinzipiell nichts einzuwenden. Der Umstand, dass seine Gebeine so weit entfernt von der Heimat auftauchen, ist für damaliges Empfinden kaum erstaunlich, denn genauso wird man später nach Kolumbus auch Altamerika mit christlicher Frühmission in Verbindung bringen.

Lesen wir also abschließend einige Zeilen aus einer arabischen Chronik (Mitte 12. Jahrhundert): „Dann reiste Al Gazal von den Normannen in Begleitung ihrer Gesandten nach Santiago mit einem

Schreiben des Normannenkönigs an den Herrn der Stadt und verweilte dort zwei Monate hochgeehrt bis zum Ende ihrer Wallfahrt. Mit den Rückreisenden reiste er sodann nach Kastilien und von hier aus nach Toledo und erreichte schließlich nach zwanzigmonatiger Abwesenheit Abdurrahmans Residenz Córdoba." Das Ereignisjahr des Berichts kann auf etwa 832 bezogen werden. Wenige Jahre nach Einsatz der Pilgerfahrten finden wir also schon einen Muslim sozusagen eingeschmuggelt unter die Reihe der frommen Christen.

Literatur

Zitierte Titel

HÜFFER, H.J.: Santiago – Entwicklung und Bedeutung des Jakobuskultes in Spanien und dem Römisch-Deutschen Reich, München 1957

HOENERBACH, W.: Islamische Geschichte Spaniens. Übersetzung des a'mal al-a'lam und ergänzender Texte, Zürich 1970 (im Text enthaltene Zitationen aus arabischen Quellen entstammen diesem Werk)

Weiterführende Literatur (Auswahl)

ALLEBRAND, R. (Hg): Der Jakobsweg. Geist und Geschichte einer Pilgerstraße, Bonn 1993

BARRET, P./GUGONOD, J.: Auf den Spuren der Jakobspilger, Freiburg 1989

BOTTINEAU, Y.: Der Weg der Jakobspilger. Geschichte, Kunst und Kultur der Wallfahrt nach Santiago de Compostela, Bergisch Gladbach 1992

CAUCCI VON SAUCKEN, P. (Hg): Santiago de Compostela. Pilgerwege, Augsburg 1993

HELL, V. u. H.: Die große Wallfahrt des Mittelalters. Kunst an der romantischen Pilgerstraße durch Frankreich und Spanien nach Santiago de Compostela, Tübingen 1985

HERBERS, K. (Hg): Der Jakobsweg. Mit einem mittelalterlichen Pilgerführer unterwegs nach Santiago de Compostela, 7. Aufl. Tübingen 2001

HERBERS, K. (Hg): Deutsche Jakobspilger und ihre Berichte = Jakobus-Studien Bd.1, Tübingen 1988

HERBERS, K./PLÖTZ, R.: Nach Santiago zogen sie. Berichte von Pilgerfahrten ans „Ende der Welt", München 1996

HERBERS, K.: Politik und Heiligenverehrung auf der Iberischen Halbinsel. Die Entwicklung des politischen Jakobus, in: PETERSOHN, J. (Hg.): Politik und Heiligenverehrung im Hochmittelalter, Sigmaringen 1994, 176-275

KAUFMANN, H. G./FINK, A.: Straßen nach Santiago de Compostela. Auf den Spuren der Jakobspilger (Bildband), München 1988

LECHNER, K.: Pilgerwege nach Santiago, München 1989

LEGLER, R.: Sternenstraße und Pilgerweg, Bergisch Gladbach 1999

OURSEL, R./JEAN-NESMY, C.: Pilgerwege nach Santiago de Compostela. Durch Frankreich und Nordspanien, Würzburg 1990

PLÖTZ, R. (Hg): Europäische Wege der Santiago-Pilgerfahrt = Jakobus-Studien Bd. 2, Tübingen 1990

Sefarad

Als älteste der drei Buch-Religionen ist das Judentum bereits seit dem sechsten vorchristlichen Jahrhundert auf der Halbinsel heimisch. Dieser Umstand sollte indes seine Anhänger nicht davor bewahren, zwischen die Mühlsteine der iberischen Geschichte zu geraten; ihr historischer Nachteil ist, dass sie zu keinem Zeitpunkt die politische Kontrolle über ein Territorium ausüben können. Im Reich der Omayaden haben Juden bis zur Jahrtausendwende womöglich den größten Nutzen aus der neuen politischen Ordnung unter dem Banner des Propheten. Die Almoraviden des 12. Jahrhunderts fühlen sich jedoch dem mosaischen Bund wenig verpflichtet und zwingen zahlreiche ihrer jüdischen Untertanen in die Emigration Richtung Norden. *Bekehrung oder Vertreibung* lautet ab jetzt eine Devise, deren Echo durch die weitere sefardische Geschichte hallt. Nach ersten Pogromen, die über ganz Kastilien ausstrahlen, sind die Tage der Synagoge auch im christlichen Einzugsbereich gezählt. Die abschließende Vertreibungswelle des Jahres 1492 mündet in ein Jahrhunderte langes Wirken der Inquisition.

Eugen Heinen

Jg. 1937, Dr. phil., Studium der Romanistik, Germanistik und Archäologie in Deutschland, Frankreich, Spanien und Portugal, u.a. Granada und Coimbra. Dissertation über die altportugiesische Paradieslegende des Hl. Amaro, ab 1966 Tätigkeit im Schuldienst, ab 1975 Dozent am Studienseminar in Detmold, seit 1980 Leiter dieser Institution. Leiter von Studienreisen durch Spanien und Portugal mit dem Schwerpunkt sefardische Kultur. Beruflichen Schwerpunkte im Bereich der museumspädagogischen Ausbildung angehender Lehrer und der Verwirklichung der europäischen Dimensionen in Bildung und Erziehung. Diverse Publikationen zum iberischen Judentum, u.a.: *Sefardische Spuren I. Reiseführer durch die Judenviertel in Spanien und Portugal*, Kassel 2001 und *Sefardische Spuren II. Einführung in die Geschichte des Iberischen Judentums, der Sefarden und Marranen*, Kassel 2002.

SEFARAD

Das jüdische Spanien

Eugen Heinen

Terror oder Toleranz

Hat sich das Schicksal der spanischen Juden zwischen diesen beiden Extremen abgespielt? Gab es im mittelalterlichen Spanien jemals Toleranz gegenüber der jüdischen Minderheit, im Sinne der europäischen Aufklärung? Waren die Ausgrenzung, die Ghettoisierung, die Überfälle auf die Wohnviertel bis hin zur Vertreibung der Juden aus Spanien Akte des Terrors im modernen Sinne? Die wechselhafte Geschichte der spanischen Juden (der jüdischen Spanier unter christlicher und islamischer Herrschaft) ist zu komplex, als dass sie auf die antagonistische Formel *Terror oder Toleranz* reduziert werden könnte. Zwischen den Extremen gibt es erhebliche Abstufungen.

Im Gegensatz zur Geschichte der beiden spanischen Mehrheitskulturen vom 8. bis zum 15. Jahrhundert – der Christen im Norden der Halbinsel und der Muslime in al-Andalus – deren historischer Impuls in der Eroberung (conquista) und Rückeroberung (reconquista) der territorial-politischen Einheit bestand, strebten die seit der Zerstörung des Ersten Salomonischen Tempels (586 v.u.Z.) in Spanien ansässigen Juden niemals nach der Errichtung eines eigenen Staatsgebildes. Man nannte Spanien Sefarad nach dem Propheten Obadja, Vers 20: „Seine Erbteile erbt das Haus Jakobs neu. [...] sie, die in Sefarad sind, erben die Städte des Mittags." – In der jüdischen Tradition wurde diese geografische Bezeichnung „Sefarad" mit der iberischen Halbinsel („Spanien") gleichgesetzt. Juden lebten seit der Invasion der muslimischen Araber in Spanien als Untertanen sowohl der alten christlichen Machthaber in Nordspanien wie auch der neuen muslimischen Herren in Südspanien, wobei sie aufgrund des beständigen Wechsels vom einen zum anderen Herrschaftsbereich (als reisende Händler, Dolmetscher und Diplomaten) zu kulturvermittelnden Grenzgängern zwischen dem Orient und Okzident wurden. Ihre hohe Mobilität und polyglotte Bildung zeichneten die spanischen Juden in besonderer Weise aus: Sie vermittelten zahlreiche Kontakte zwischen dem christlichen und islamischen Kulturbereich, etwa im 8./10. Jahrhundert mit den deutsch-römischen Kaisern, im 10. Jahrhundert mit Byzanz, im 12./13. Jahrhundert mit den Fatimiden in Ägypten, im 14. Jahrhundert mit dem nasridischen König von Granada. Auch nach ihrer Vertreibung aus Spanien (1492) überschritten die Juden und „Marranen" (Kryptojuden) als Botschafter, Händler und Übersetzer die Grenzen zwischen Christentum und Islam, etwa im 16. Jahrhundert als politische Vermittler zwischen der Republik Venedig und dem Osmanischen Reich.

Ein weiteres Merkmal der Geschichte der spanischen Juden bestand in ihrem Festhalten am Glauben der Väter: Während nur wenige spanische Christen nach der Eroberung der Halbinsel durch die Araber im muslimischen al-Andalus ihrem Glauben treu blieben (berühmteste Ausnahme: die „Märtyrer von Córdoba", 9. Jahrhundert) und ebenfalls nur ganz selten von muslimischen Gläubigen berichtet wird, die dem missionarischen Eifer der Christen im rückeroberten Spanien längere Zeit widerstanden, scheiterten die teilweise gewalttätigen Versuche der Muslime (vor allem der Almoraviden und Almohaden im 12./13. Jahrhundert) und der Christen (seit dem 14. Jahrhundert), den Großteil der Juden zum Glaubenswechsel zu bewegen – diese entzogen sich der Konversion häufig entweder durch ihre Flucht in andere Länder oder durch die innere Emigration (Kryptojudaismus, Scheinkonversionen), eine Haltung, die ihre jüdische Identität und den Zusammenhalt innerhalb der jüdischen Glaubensgemeinschaft eher stärkte als schwächte; „echte" Konvertiten zur Mehrheitsreligion des Islams oder Christentums wurden aus der jüdischen Gemeinschaft ausgeschlossen und mit Ächtung bestraft.

Bei einer Gesamtbetrachtung der sefardischen Geschichte auf der iberischen Halbinsel seit dem Beginn der Eroberung durch die muslimischen Araber (711) bis zum Beginn der Neuzeit (1492) sind in Spanien gleichzeitig sehr unterschiedliche Entwicklungen zu beobachten:

7. bis 11. Jahrhundert: Unterdrückung der Juden im christlichen Spanien der Westgoten und in ihren nordspanischen Nachfolgereichen bei gleichzeitiger Duldung und sogar Machtbeteiligung der Juden im islamischen Andalusien.

12. bis 13. Jahrhundert: Trikulturelle Convivencia der Religionen in den christlichen Königreichen Spaniens bei gleichzeitiger Verfolgung von Juden und Christen im islamisch-andalusischen Reich der Almoraviden und Almohaden.

14. bis 15. Jahrhundert: Zunehmende Ausgrenzung der Juden in den christlichen Königreichen Spaniens bei gleichzeitiger Aufnahme jüdischer Flüchtlinge aus dem christlichen Spanien im islamischen Königreich von Granada.

Innerhalb dieser drei Epochen gab es immer auch Einzelbeispiele, die sich nicht in den vorherrschenden Trend einordnen lassen, doch überwogen jeweils diejenigen Ereignisse, die eine hier vorgeschlagene Periodisierung und Kennzeichnung nahelegen. Für die genuin-jüdischen Kulturschöpfungen gilt in allen Epochen, was auch insgesamt für Spanien kennzeichnend ist: Alle drei Kulturen haben sich trotz aller Unterschiede und Antagonismen so sehr ineinander verwoben, dass eine klare eigene Stilrichtung zwischen ihnen häufig kaum möglich ist und gegenseitige Einflüsse allerorten zu konstatieren sind.

So stellen beispielsweise die noch heute erhaltenen und aus verschiedenen historischen Epochen stammenden jüdischen Gotteshäuser eine Mischung sowohl der christlichen als auch der islamischen Architektur dar: Der Grundriss der im frühen 13. Jahrhundert im christlichen Toledo errichteten Synagoge Santa María la Blanca folgt dem basilikalen Vorbild der christlichen Kirchen, während die Innenarchitektur dieser Synagoge gleichzeitig an die schlichte Formensprache der muslimischen Almohaden und die frühe Kunst der Nasriden (Granada) erinnert; die benachbarte Toledaner Privatsynagoge Santa María del Tránsito, die mit Einwilligung des christlichen Monarchen Peter I. erst in der Mitte des 14. Jahrhunderts errichtet wurde (obwohl bereits seit dem IV. Laterankonzil von 1215 keine neuen Synagogen mehr gebaut werden durften), gehörte dem jüdischen Schatzmeister des kastilischen Königs, ihr maurischer Stil folgt dem Modell der kostbar ausgestatteten Palasträume der Alhambra und reiht sich stilistisch in die Bauten des christlichen Monarchen ein, der auch seinen eigenen Wohnpalast in Sevilla (Alcázar) im granadinischen Stil errichten ließ. Die besondere königliche Gunst, die der jüdische Erbauer dieser Synagoge durch den kastilischen König erfuhr, war kein Akt der Toleranz gegenüber seinem Hofjuden, sondern Ausdruck des trotzigen Widerstandes gegen das päpstliche Lager, das Peters Thronfolgeanspruch bestritt; der königliche Gunsterweis gegenüber seinem jüdischen Schatzmeister ließ den christlichen Monarchen nicht zögern, ihn bereits drei Jahre nach dem Synagogenbau ins Gefängnis werfen und ohne Prozess zu Tode foltern zu lassen. Ein Akt des Terrors? Eher ein Beweis für die königliche Willkür und Habsucht in jener Zeit des spanischen Bruderkriegs, denn Peter I. (mit dem Beinamen der Grausame) vermutete, dass sein jüdischer Schatzmeister staatliche Gelder veruntreut und der Kriegskasse entzogen hatte.

7. bis 11. Jahrhundert

Die frühesten Belege für eine judenfeindliche Haltung der spanischen Christen finden sich bereits in den Akten der Synode von Elvira (Granada, Anfang des 4. Jahrhunderts) und vor allem in den Konzilsakten aus der Zeit des spanischen Westgotenreichs (6./7. Jahrhundert), nachdem der westgotische König Rekkared die aus römischer Sicht ketzerische Lehre des Arius abgelegt und das athanasianische (katholische) Glaubensbekenntnis angenommen hatte (589). Das im selben Jahr in der westgotischen Hauptstadt Toledo abgehaltene III. Konzil von Toledo verbot den Juden unter anderem die Ausübung öffentlicher Ämter, den Erwerb von Grundeigentum, die Beschäftigung christlicher Sklaven, gemeinsame Mahlzeiten und Feste mit christlichen Freunden und Nachbarn sowie die Mischehe zwischen Juden und Christen; die Kinder aus bereits bestehenden Mischehen wurden zwangsgetauft.

In jener Zeit lebten die meisten spanischen Juden als Seehändler, Kaufleute und Handwerker in den Hafenstädten am Mittelmeer und in einigen süd- und zentralspanischen Städten (Tarragona, Tortosa, Cartagena, Elche, Almería, Elvira/Granada, Toledo, Mérida usw.). Die vom westgotischen Bischof Isidor von Sevilla und vom Primas

Ildefons propagierte katholische Lehre der Gottessohnschaft Jesu und der Jungfrauengeburt Mariae wurde seit dem 7. Jahrhundert als religionsideologisches Unterdrückungsinstrument gegen die „ungläubigen" Juden eingesetzt. Um den zunehmenden Pressionen zu entgehen, sahen viele spanische Juden, die sich nicht den Zwangstaufen unterziehen und zum Christentum konvertieren wollten, keinen anderen Ausweg, als die Flucht nach Nordafrika. Dort trafen die Flüchtlinge auf Berberstämme, die sich bereits in der Mitte des 7. Jahrhunderts der neuen expandierenden Religion des Islams angeschlossen hatten. Zwei ihrer Anführer (Tarif und Tarik) erkundeten mit Unterstützung der aus Spanien geflohenen ortskundigen Juden die Möglichkeit einer Landung an der Südküste Spaniens, setzten im Jahr 711 auf die iberische Halbinsel über und schlugen den herbeieilenden westgotischen König Rodrigo so vernichtend, dass die islamischen Reiterheere in kürzester Zeit Spanien einnehmen und bis ins Herz des Merowingerreichs vorstoßen konnten. Die vor der Invasion der Muslime nach Nordafrika geflohenen spanischen Juden kehrten mit den islamischen Eroberern in ihre Heimat Sefarad, das Land ihrer Vorfahren seit biblischer Zeit, zurück und sicherten als sprach-, schreib- und lesekundige Administratoren die Herrschaft der neuen Machthaber im spanischen Hinterland ab.

Bereits in den ersten Jahrzehnten des neuen Emirats al-Andalus nahmen die spanischen Juden bedeutende Stellungen in der Wirtschaft, Kultur und Politik ein. Sie erhielten nach dem legendären Omar-Pakt den sogenannten Dhimmi-Status, ein eingeschränktes Bürgerrecht, das auch die im Emirat von Córdoba lebenden Christen (Mozaraber) zuerkannt bekamen: Ihre Religion durften die Juden und Mozaraber als Anhänger der „Buchreligionen" (Koran, „Altes" und „Neues" Testament) und wegen ihres Glaubens an denselben einen Gott (Monotheismus) ohne Einschränkungen (wenn auch nicht in der Öffentlichkeit) ausüben, ein Recht, das ihre religiöse Identität als Christen bzw. Juden nicht in Frage stellte. Dazu gehörte auch der Gebrauch ihrer Liturgiesprachen (Hebräisch, Lateinisch). Die jüdischen und mozarabischen Gemeinden waren autonom in Bezug auf die gemeindeinternen Strukturen, Steuerverteilung, Gesundheits- und Wohlfahrtseinrichtungen, Schulen, Friedhöfe, Rechtsprechung und Verwaltung; sie bestimmten ihre Vorsteher (Oberrabbiner, Bischöfe), deren Wahl zur Bestätigung dem Emir vorzulegen war. Außerdem durften sie eigene Gotteshäuser (Synagogen, Ritualbäder,

Kirchen, Klöster) restaurieren oder neu errichten, letztere allerdings mit bestimmten Einschränkungen, abgeschirmt vom öffentlich zugänglichen Straßenbild, unter Einhaltung bestimmter Baumaße bei der Höhe der Dächer und Türme.

Lediglich durch eine Sondersteuer waren die Juden und Christen in al-Andalus schlechter gestellt als die muslimischen Untertanen des Emirs. Dieser Sondersteuer konnten sie nur durch den Übertritt zum islamischen Glauben entgehen. Da viele Christen auf diese Weise der Kopfsteuer für Andersgläubige durch ihren Glaubensübertritt zu entgehen suchten, war der muslimische Staat am Wechsel des Religionsbekenntnisses nicht sonderlich interessiert. Beruflich und kulturell betätigten sich die Juden im Emirat von Córdoba ohne Beschränkungen in allen Sparten: Sie waren Handwerker, Landwirte und Kaufleute, Musiker und Dichter, Schreiber und Notariatsgehilfen, Gelehrte und Wissenschaftler, Rechtsgelehrte und Theologen, Verwalter und Grundeigentümer. Besondere Aufgaben übernahmen die Juden als Dolmetscher und Diplomaten beim grenzüberschreitenden Verkehr mit den christlichen Nachbarn in Nordeuropa, etwa als Vermittler zwischen dem Emirat und dem Hof Karls des Großen oder mit den christlichen Kleinkönigen und regierenden Fürsten in Nordspanien (Asturien, León, Navarra). In der Hauptstadt Córdoba nahmen die Juden im 9. und 10. Jahrhundert bedeutende Positionen am Hof ein.

Unter Abdurrahman III., dem andalusischen Emir, der sich vom Kalifat Damaskus losgesagt und als religiöses Oberhaupt (Kalif) aller spanischen Muslime ein eigenständiges Kalifat gegründet hatte (929), erlangte die jüdische Familie der Shaprut eine führende Stellung am Hof in Córdoba: Chasdai ibn Shaprut (um 910 bis 970) wurde als berühmtester andalusischer Pharmazeut und Arzt seiner Zeit zum Leibarzt des Kalifen ernannt, er übernahm als Steuerfachmann die Pacht der Mittelmeerzölle, wurde als sprachkundiger Diplomat an den Hof der christlichen Monarchen von León und Navarra entsandt, korrespondierte im Auftrag des Kalifen mit dem deutschen und byzantinischen Kaiser sowie mit dem König des Chasarenreichs und ließ die in griechischer Sprache abgefasste medizinische Schrift des Dioskurides in die arabische Sprache übertragen, ein grundlegendes Werk, das später im gesamten Abendland größte Bedeutung erhalten sollte. Als Vorsteher aller andalusischen Judengemeinden übte Chasdai ibn Shaprut das höchste richterliche Amt über die jüdischen Aljamas im Kalifat aus; er förderte rabbinische Studien in den von ihm gegründeten Talmud-Akademien von Córdoba und Lucena und löste die oberste rabbinische Lehrautorität des babylonischen Gaonats ab. Chasdai scharte außerdem einen Kreis begabter junger jüdischer Poeten und Sprachwissenschaftler um sich und regte sie an, ihre religiösen Dichtungen und säkularen Schriften in hebräischer Sprache nach den Regeln der arabischen Sprachkunst zu verfassen. Sein immenser Einfluss und seine Berühmtheit sollten weit über das Ende des Kalifats von Córdoba hinaus Früchte tragen. Von seinem Wirken und dem Leben am Hof von Córdoba berichteten im christlichen Abendland die schreibende Nonne Roswitha von Gandersheim und der Verfasser der Vita des lothringischen Mönchs Johannes von Gorze.

Die jüdischen Gemeinden blühten im 10. Jahrhundert im gesamten Kalifat auf. Unter ihnen ragten als bedeutendste diejenigen von Córdoba, Lucena, Sevilla, Zaragoza, Almería, Tarragona und Valencia heraus, aus diesen stammten die berühmtesten jüdischen Gelehrten des frühen Mittelalters, darunter Mediziner, Pharmazeuten, Mathematiker, Physiker, Astronomen, Geographen, Poeten, Philosophen und Talmudgelehrte. Der Bevölkerungsanteil der Juden in Andalusien lag zwar nur bei etwa zwei Prozent, doch betrug er in manchen städtischen Zentren bis zu 20 Prozent, in einigen Städten mit dem Beinamen *al-yahud* (Judenstadt, z.B. *Calatayud*) sogar die Mehrheit, beispielsweise in Lucena. Die Zahl der jüdischen Gelehrten in diesen Gemeinden belief sich jeweils auf mehrere Dutzend. Jüdische Reisende (darunter Ibrahim von Tortosa, Mitte des 10. Jahrhunderts) übermittelten außerdem das aus dem Orient importierte Wissen der Araber über Spanien an die jüdischen Gemeinden im kulturell noch unterentwickelten christlichen Nordeuropa.

Einer der bedeutendsten Nachfolger Chasday ibn Shapruts als einflussreicher Politiker, jüdischer Gemeindevorsteher und in hebräischer Sprache bewanderter Schriftsteller in muslimischen Diensten war Semuel ibn Nagrella (993 bis 1055). Er stammte ebenfalls aus Córdoba und hatte sich während des Bürgerkriegs, der im Jahr 1031 das Ende des Kalifats von Córdoba besiegelte, nach Málaga geflüchtet. Dort schlug er sich zunächst als kleiner Händler und Schönschreiber durch, gelangte schließlich aber an den Hof des neugegründeten ziridischen Kleinstaats (Taifa-Reich) von Granada. Seine hervorragende intellektuelle Bildung verhalf ihm zu einer Position in unmittelbarer Nähe des Königs Habbus, der ihn schließlich zu seinem ersten Minister (Wesir) ernannte, ein aus der Sicht der strenggläubigen Araber unerhörter Vorgang, der gegen die Bestimmungen des „Omar-Paktes" verstieß und zunächst den Widerstand der führenden Familien im Königreich Granada provozierte, doch überzeugte Semuel ibn Nagrella als hochgebildeter, gerechter und auf Ausgleich bedachter Politiker seine islamischen Gegner genauso wie den von innen und außen bedrängten Machthaber, der seinem jüdischen Kriegsminister beispiellose Siege über seine Feinde auf dem Schlachtfeld verdankte. Semuel ibn Nagrella bewährte sich in gleicher Weise auch in den Diensten des königlichen Nachfolgers Badis. Seinem Sohn Yehosef ibn Nagrella ließ Semuel die beste Bildung der Zeit angedeihen. Vater und Sohn förderten die Kontakte zwischen dem andalusischen und dem orientalischen Judentum, sie korrespondierten mit der gesamten damaligen jüdischen Welt, förderten in ihrem Umkreis die größten jüdischen Talente, die in jener Epoche im muslimischen Andalusien lebten (darunter die Dichter und Philosophen Ibn Paquda, Ibn Gabirol und die Brüder Ibn Esra, außerdem die führenden Talmudgelehrten der jüdischen Akademie von Lucena).

Mit dem Tod seines Vaters übernahm Yehosef ibn Nagrella ebenfalls den Posten des ersten Ministers im granadinischen Königreich, doch besaß er nicht die Gabe seines Vaters, die immer wieder aufkommende Empörung der rechtgläubigen Muslime gegen die jüdischen Emporkömmlinge zu besänftigen. Stattdessen ließ Yehosef seine muslimischen Gegner seinen Hochmut spüren und wandte sich insgeheim sogar um politische Unterstützung an den politischen Gegner seines Königs, den muslimischen Herrscher des Taifa-Reichs von Almería. Dieser verriet Yehosefs Pläne, die letztlich auf einen Staatsstreich hinausliefen, an den Hof in Granada, der schließlich in der letzten Nacht des Jahres 1066 die arabischen Bewohner der Stadt zu einem bislang in der muslimischen Welt unbekannten grausamen Pogrom gegen die jüdische Gemeinde der Stadt aufwiegelte: Yehosef ibn Nagrella wurde auf der Flucht ergriffen und grausam hingerichtet, die Mehrheit der jüdischen Bewohner Granadas wurden ermordet und das friedliche Zusammenleben zwischen Muslimen und Juden in Andalusien für lange Zeit unterbunden. Die Auswirkungen dieses antijüdischen Pogroms, der durch Yehosef ibn Nagrellas Illoyalität gegenüber seinem muslimischen Herrscher und durch seine Arroganz gegenüber der muslimischen Bevölkerung ausgelöst worden war, schlugen – wie die heutige Forschung vermutet – antijüdische Wellen der Empörung bis in die Zeit der ersten Kreuzzüge der Christen in Nordeuropa, die sich am Ende des 11. Jahrhunderts nach dem Muster des granadinischen Pogroms in zahlreichen Judenpogromen entluden.

12. bis 13. Jahrhundert

Als eine Generation nach dem beispiellosen Pogrom von Granada die fanatischen berberischen Glaubenskrieger der Almoraviden die andalusischen Kleinkönigreiche eroberten und die politische Einheit des untergegangenen andalusischen Kalifats wieder herstellten (1086 bis 1146), wurde die Autonomie der jüdischen und mozarabischen (christlichen) Gemeinden zerstört. Im Nachfolgestaat der noch unduldsameren muslimischen Almohaden (1146 bis 1248) wurde jegliche religiöse Duldung gegenüber Juden und Mozarabern mit härtesten Strafen belegt; auch islamische Glaubensabweichler wurden unerbittlich verfolgt. Die Almohaden zerstörten alle baulichen Spuren der jüdischen und christlichen Einrichtungen (Synagogen, Kirchen, Friedhöfe, Schulen, Gemeindeeinrichtungen), so dass heute nur noch ganz wenige Zeugnisse der großartigen Convivencia zwischen den drei Religionen im Süden Spaniens erhalten sind.

Infolge der veränderten politischen Situation flüchteten diejenigen Juden, die nicht zum Islam überzutreten bereit waren, vor dem almohadischen Glaubensterror entweder in das christliche Nordspanien und Nordeuropa oder über das Mittelmeer nach Nordafrika und Palästina. In Nordspanien wurden die jüdischen Flüchtlinge an den christlichen Höfen wohlwollend aufgenommen, weil sie als hochgebildete Intellektuelle den neuesten Stand der wissenschaftlichen Erkenntnisse jener Zeit mitbrachten, den sie ihrerseits aus ihren engen Kontakten mit dem Orient bezogen hatten. Diejenigen andalusischen Juden, die sich in Nordafrika (Ägypten) oder Palästina niederließen (beispielsweise der aus Andalusien stammende Dichter und Religionsphilosoph Yehudah Halevi, um 1070 bis 1141), errangen ebenfalls bald wieder einflussreiche Stellungen an muslimischen Höfen, wenn sie den islamischen Herrschern ihr wissenschaftliches Können zur Verfügung stellten.

Einer der berühmtesten jüdischen Flüchtlinge aus dem almohadischen Córdoba war Moseh ben Maimónides (um 1135 bis 1204), der mit seiner Familie wahrscheinlich zunächst zum Schein zum Islam übergetreten war, bevor er sich in Ägypten niederließ und in den Dienst des Sultans Saladin eintrat. Er wurde Leibarzt der Familie Saladins und Oberrabbiner der ägyptischen Judengemeinden. Maimónides, der sich immer stolz als Cordobeser bezeichnete, wurde mit seinen Schriften der bis heute bedeutendste Repräsentant der rationalistischen jüdischen Religionsphilosophie. Seinen aristotelischen Ansatz hatte er in Auseinandersetzung mit der Schule seines islamischen Zeitgenossen Ibn Rushd (Averroes, 1126 bis 1198) entwickelt, der ebenfalls aus Córdoba stammte und von den Almohaden nach Nordafrika in die Verbannung geschickt worden war. Der Jude Maimónides und der Muslim Ibn Rushd waren wegen ihrer Philosophie im religiösen Umfeld ihrer Zeit heftig umstritten. Von den orthodoxen Rabbinern und rigoristischen islamischen Rechtsgelehrten wurden sie als Häretiker ausgegrenzt, ihre Schriften wurden öffentlich verbrannt, doch setzten sie sich schließlich mit ihren Auffassungen gegenüber den Rechtgläubigen und auch den ebenfalls als häretisch ausgegrenzten Anhängern esoterischer Richtungen in den drei Religionen (christliche Mystik, jüdische Kabbala und islamischer Sufismus) durch. Die rationalistische Religionsphilosophie des christlichen Mittelalters (Scholastik) ist ohne das geistige Erbe, das die Andalusier Maimónides und Ibn Rushd aus Córdoba hinterlassen haben, nicht vorstellbar.

Die Hoch-Zeit der Convivencia zwischen Christen, Mauren und Juden im christlichen Herrschaftsbereich Spaniens setzte mit den Fortschritten der Reconquista im letzten Drittel des 11. Jahrhunderts ein, nachdem Kastilien die ehemalige westgotische Hauptstadt Toledo durch umsichtig geführte Verhandlungen mit dem dortigen muslimischen Herrscher eingenommen hatte (1085) und zahlreiche christliche, muslimische und jüdische Flüchtlinge aus den Terrorregimen der Almoraviden und Almohaden in den Schutz der nordspanischen Königreiche geflohen waren. In den beiden folgenden Jahrhunderten (bis zum Tod des kastilischen Königs Alfons X. des Weisen, 1284) entwickelte sich – zeitgleich mit der Herrschaft der Almoraviden und Almohaden – eine für das gesamte christliche Abendland äußerst fruchtbare Begegnung zwischen den drei Kulturen. Als Vermittler zwischen den Kulturen standen die sprachkundigen andalusischen und nordspanischen Juden unter den Dolmetschern und Übersetzern an vorderster Stelle.

Berühmt sind die sogenannten Übersetzerschulen von Toledo (Mitte des 11. Jahrhunderts bis zum Tod Alfons X.); sie bestanden aus „trikulturellen Arbeitskreisen", die im Auftrag der Krone, der Bischöfe und Klöster die wichtigsten Schriften arabischer Wissenschaftler in die lateinische und kastilische Sprache übertrugen. Da die mittellateinisch gebildeten Kleriker häufig nicht der arabischen Sprache und die muslimischen Gelehrten weder des Lateinischen noch des Kastilischen mächtig waren, übernahmen die aller drei Sprachen kundigen jüdischen Übersetzer die Vermittlerrolle. Darüber hinaus übersetzten sie zahlreiche Werke aus dem Arabischen ins Hebräische, so dass die jüdischen Gemeinden in Nordeuropa, die von judenspanischen Reisenden mit solchen Werken versorgt wurden, ebenfalls von diesem Vermittlungsprozess profitierten und ihrerseits – wie vielfach belegt – ihre hebräischsprachigen Werke zur Übersetzung an christliche Klöster im Abendland weitergaben. So gelangten naturgemäß auch religionsphilosophische und theologische Texte ins Abendland, die aus der Sicht der christlichen Orthodoxie als häretisch verworfen und bekämpft wurden. Der bereits erwähnte Maimónides-Streit in den jüdischen Gemeinden des Abendlandes wurde durch die Übersetzungen ausgelöst, die von der aus Granada nach Südfrankreich (Lunel) geflüchteten jüdischen Übersetzerfamilie der Tibboniden angefertigt wurden. In gleicher Weise gelangte die häretische Philosophie des Ibn Rushd/Averroes in die Hände der Theologen an der Artistenfakultät der Pariser Universität und löste unter christlichen Religionsphilosophen den Averroismus-Streit aus.

Es kam auch vor, dass sich die Scholastiker nicht bewusst waren, dass sie von Texten beeinflusst wurden, die nicht von Christen, sondern von Juden stammten. Die berühmte Schrift „Fons vitae", von Thomas von Aquin hochgelobt, stammte nicht – wie dieser selbst meinte – von „unserem Avicebrón", einem angeblich christlichen Zeitgenossen, sondern von dem andalusischen Juden Ibn Gabirol (11. Jahrhundert), dessen Name durch einen Übertragungsfehler verunstaltet worden war. Es ist kaum ein besseres Beispiel für die Nähe zwischen den religionsphilosophischen Standpunkten der drei Kulturen denkbar als dieses Beispiel unbemerkter Übereinstimmung. Auch die Entwicklung der mittelalterlichen Erzählkunst (Novellistik) im Abendland ist ohne die Vermittlertätigkeit der in der arabischen

Kultur gebildeten spanischen Juden unvorstellbar. Eines der bedeutendsten mittellateinischen Erzählwerke, die sogenannte „Disciplina Clericalis" des gelehrten Arztes Petrus Alfonsi, stellt eine Sammlung orientalischer Erzählungen dar, die in alle europäischen Sprachen übersetzt wurde. Petrus Alfonsi wurde im Jahr 1062 im nordspanischen Huesca geboren, als diese Stadt noch muslimisch war; nach ihrer Eroberung (1096) konvertierte dieser jüdische Arzt, der sich ursprünglich Moseh Sefardí nannte, zum Christentum und nahm den Namen Petrus Alfonsi an. Er bereiste anschließend England, wo er Leibarzt des englischen Königs wurde und astronomische Studien betrieb, und verfasste bis zum Ende seines Lebens die erwähnte berühmte Erzählsammlung. Von Moseh Sefardí alias Petrus Alfonsi stammt auch eine Rechtfertigungsschrift (Dialog) zu seinem Glaubensübertritt zum Christentum.

Die Glaubenswächter der Christen in Rom waren sich dieser gegenseitigen Beeinflussung und der damit einhergehenden Gefahr der Häresie spätestens seit dem Auftreten der südfranzösischen Bewegung der Katharer und Albigenser bewusst. Auch beunruhigte sie wohl die verbreitete Auffassung im Volk, die Unterschiede zwischen den Religionen zu relativieren und den täglichen Umgang zwischen den verschiedenen Bevölkerungsgruppen erträglich zu gestalten. In jener Zeit soll auch im jüdischen Milieu der spanischen Aljamas die „Ringparabel" entstanden sein, die später in französischen Erzählsammlungen erstmalig schriftlich auftauchte. Auf dem IV. Laterankonzil (1215) wurde daher die Einrichtung einer kirchlichen Behörde beschlossen, die mit der „Erforschung" (Inquisition) der Glaubensüberzeugung verdächtiger Christen beauftragt wurde. Zu ihnen zählten insbesondere die neu zum Christentum Bekehrten, in Spanien die vom Islam oder Judentum zum Christentum Konvertierten (conversos). Der kurz darauf vom Spanier Domingo de Caleruega gegründete Orden der Dominikaner (volkstümlich: domini canes = Spürhunde des Herrn) verfolgte in Spanien nicht nur einzelne Verdächtige, sondern veranstaltete auch öffentliche Religionsgespräche, in denen die Dominikaner die Irrtümer der anderen Religionen zu „beweisen" versuchten. In Spanien verliefen diese öffentlichen Disputationen im 13. Jahrhundert aber vielfach noch im Geist gegenseitiger Achtung, wenn die Krone ihre schützende Hand über die Andersgläubigen hielt. Dies wird aus dem Ablauf einer auf

Veranlassung der Kirche, aber unter der Leitung des aragonesischen Königs Jakobs I. im Jahr 1263 durchgeführten Glaubensdisputation deutlich, die zwischen dem (konvertierten) Dominikaner Pablo Cristiano und dem katalanischen Oberrabbiner Moseh ben Nachmánides in Barcelona, zum Teil sogar in den Räumen der Synagoge, stattfand: Beide Disputanten stritten mit Respekt vor den Auffassungen des anderen um den Sieg ihrer kontroversen Standpunkte, und der König gab zu erkennen, dass er durchaus die Argumentation des Juden nachvollziehen könne.

Doch sollte diese Haltung des christlichen Monarchen nach einigen Jahren Konsequenzen haben: Der Druck des zuständigen Bischofs und des Papstes bewog den König, seinem jüdischen Schützling den Rat zu erteilen, aus Gründen seiner persönlichen Sicherheit vorübergehend das Land zu verlassen und sich nach Palästina zu begeben. Bereits zwei Generationen später war von diesem Geist des Respekts vor nichtchristlichen Überzeugungen auch unter den spanischen Monarchen nur noch wenig zu spüren. Zeitgleich mit den Ausweisungen der Juden aus Frankreich und England (1290 bzw. 1306) erlebten die jüdischen Gemeinden im christlichen Spanien an der Wende vom 13. zum 14. Jahrhundert die ersten Pogrome. Die von Frankreich und England ausgehenden antijüdischen Legenden (Ritualmord und Hostienschändung) erregten die Empörung der christlichen Bevölkerung, die antijüdischen Ausschreitungen in den nördlichen Nachbarländern griffen auch auf Spanien über und gipfelten im Überfall des fanatisierten Pöbels (1320/21: „Kreuzzug der Hirten"), dem viele Judenviertel in Nordspanien zum Opfer fielen. Das Gefühl der Bedrohung steigerte sich unter den Juden zusätzlich durch das Verhalten bedeutender Rabbiner, die sich von ihren Gemeinden abwandten und zum Christentum konvertierten, darunter Abner von Burgos (1321).

Die antijüdische (und antiislamische) Pogromstimmung war in der Mitte des 13. Jahrhunderts im christlichen Spanien noch nicht vorhersehbar gewesen. Als der kastilische König Ferdinand III., der Vater Alfons' des Weisen, mit der Einnahme Sevillas (1248), der bedeutendsten andalusischen Stadt, das vorläufige Ende der Reconquista besiegelte, ließ er sich ausgerechnet von den jüdischen Einwohnern symbolträchtig die Schlüssel der Stadt aushändigen. Zuvor hatte der Monarch verdienten jüdischen Landvermessern große Teile der eroberten Landes übereignet, ihnen die von den almohadischen Herrschern zu Moscheen umgewidmeten Synagogen zurückgegeben und bewährten jüdischen Verwaltungsfachleuten wichtige administrative Aufgaben übertragen. Sein Sohn Alfons X. widmete nach Ferdinands Tod diesem großen christlichen Monarchen, der später heiliggesprochen werden sollte, einen Grabstein, auf dem dieser als „König der drei Religionen" bezeichnet wurde. Die kastilische und aragonesische Krone hatten die auf dem IV. Laterankonzil vorgeschriebene öffentliche Kennzeichnungspflicht ihrer jüdischen Untertanen (ein gelber Kreis aus Stoff) nicht hingenommen, sondern offiziell zurückgewiesen; außerdem hatten sie sich in einigen Fällen über das kirchliche Verbot der Errichtung neuer Synagogen hinweggesetzt und das öffentliche Verbrennen des Talmuds verboten; das Gesetzbuch Libro del Fuero (1256/58) des kastilischen Königs Alfons' des Weisen hatte die Übernahme antijüdischer Bestimmungen vermieden.

Am Ende des 13. Jahrhunderts führte jedoch der Druck der von französischen (cluniazensischen und zisterziensischen) Klerikern dominierten spanischen Kirche zu einem Nachgeben der spanischen Monarchen. Den jüdischen Gemeinden wurden wesentliche Elemente ihrer Autonomie, vor allem die selbständige innergemeindliche Rechtsprechung, entzogen. Außerdem durften Juden nicht mehr als Steuerpächter eingesetzt werden, an bestimmten Wochentagen nicht mehr ihre Wohnviertel verlassen oder sich inmitten der christlichen Wohnbevölkerung niederlassen. Jüdischen Ärzten wurde die Beratung christlicher Patienten untersagt, christlichen Predigern wurde zunehmend das Recht eingeräumt, in Synagogen aufzutreten und die Juden zur Konversion zu überreden. Diese antijüdische Entwicklung sollte sich im christlichen Spanien verstärken.

14. bis 15. Jahrhundert

Spätestens um die Mitte des 14. Jahrhunderts änderte sich in ganz Europa mit dem Ausbruch der Pest (1348/50) die soziale, politische und kulturelle Situation der Juden, die der Brunnenvergiftung beschuldigt wurden. Außerdem spaltete sich in Kastilien die Gesellschaft seit dem Ausbruch des Erbfolgekriegs in Anhänger des judenfreundlichen legitimen Thronerben Peter I. und dessen vom Papst unterstützte Gegner, die judenfeindliche Partei Heinrichs von

Trastámara (Erbfolgekrieg bis 1369). Hinzu kamen die Belastungen der Bevölkerung aufgrund der Kampfanstrengungen der Spanier und Portugiesen gegen neuerliche muslimische Invasionsversuche, die religiöse Fanatisierung der Christen durch übersteigerte Marienverehrung (1344: Gründung des nationalen Marienheiligtums Guadalupe), die Hetzpredigten des Dominikanermönchs Vinzenz Ferrer und die Verunsicherung der jüdischen Gemeinden durch die massenhaften Übertritte derjenigen Juden, die dem Druck durch ihre Konversion zu entgehen versuchten. Unter ihnen stellten diejenigen ein besonderes Problem dar, die andere Bekehrte als Kryptojuden denunzierten (die sogenannten „malsines"). In jener Zeit kam im Kastilischen für die Conversos auch der diffamierende Begriff „marrano" (vermutlich in der Bedeutung „Schwein") auf.

Die Konversion des kastilischen Oberrabbiners Selomoh ben Yishaq ha-Levi aus Burgos (1390) löste unter den spanischen Juden einen Schock aus: Dieser Gelehrte, der den christlichen Namen Pablo de Santa María annahm, wurde zum katholischen Priester geweiht, vom Papst Benedikt XIII. als Ratgeber an den päpstlichen Hof nach Avignon berufen, zum kastilischen Kanzler und schließlich sogar zum Bischof von Burgos ernannt (1415). Ein Jahr nach seiner Konversion forderte in Sevilla der Erzdiakon Ferrant Martínez die christlichen Gläubigen zum Überfall auf die Sevillaner Judengemeinde auf und löste einen bis dahin in Spanien beispiellosen Pogrom aus, der sich in kürzester Zeit über das ganze Land ausdehnte. Den Pogromen des Jahres 1391, die weder von der Krone noch von der Kirche unterbunden werden konnten, fielen mehr als zwei Drittel aller spanischen Judengemeinden zum Opfer (etwa 550 von 800 Aljamas). Die Überlebenden ließen sich entweder zum Schein taufen (etwa zehn Prozent der ca. 200.000 Juden) oder flohen über die Grenzen nach Nordeuropa, Portugal, Nordafrika und Palästina. Ein großer Teil rettete sich in das maurische Königreich Granada. Aus Sicht der zeitgenössischen und späteren jüdischen Chronisten stellte das Jahr 1391 den Schlusspunkt des relativ friedlichen Zusammenlebens zwischen den spanischen Christen und Juden und den Beginn der Vertreibung in die sefardische Emigration dar.

Zu Beginn des 15. Jahrhunderts wurden im königlichen „Ordenamiento" von Valladolid (1412) insgesamt 24 antijüdische Artikel erlassen, in denen den Juden unter anderem die Ausübung der meisten Berufe und öffentlicher Ämter, die Steuerpacht, der Verkauf der wichtigsten Grundnahrungsmittel (Brot, Wein, Mehl, Öl, Butter, Fleisch) auf öffentlichen Märkten, die Mitwirkung (als Musikanten) auf Festen und Beerdigungen, die Beschäftigung christlicher Mägde und Knechte, das Tragen des Namenszusatzes „Don/Doña" oder christlicher Vornamen und die freie Wahl des Wohnorts untersagt wurden – Vorboten der terroristischen Ausgrenzung der Juden im 20. Jahrhundert. Auch wurde in diesem königlichen Erlass den jüdischen Männern der ungeschorene Bart sowie Männern und Frauen in der Öffentlichkeit das Tragen eines „Judenflecks" an der Kleidung vorgeschrieben. Den härtesten Schlag gegen die Juden aber führte der aus Aragonien stammende (Gegen-)Papst Benedikt XIII., der die Vorsteher aller aragonesischen Judengemeinden ein Jahr nach dem „Ordenamiento" von Valladolid verpflichtete, am Schauprozess der sogenannten „Disputation von Tortosa" teilzunehmen.

Benedikt verfolgte damit die Absicht, die im Talmud vertretenen Glaubensüberzeugungen der Juden öffentlich des Irrtums zu überführen. Sein theologischer Ratgeber war der zum Christentum konvertierte päpstliche Leibarzt Jerónimo de Santa Fe. In der Folge dieses „Disputation" gaben fast alle in Tortosa zwangsweise versammelten Rabbiner unter dem Druck der anwesenden hohen kirchlichen Würdenträger bestimmte „Irrtümer" und christenfeindliche Passagen im Talmud zu und ließen sich taufen. Die öffentliche Wirkung dieses Schauprozesses auf die spanischen Judengemeinden bestand im Übertritt von Tausenden weiterer Juden zum Christentum. In der Mitte des 15. Jahrhunderts verschärfte sich die Lage der restlichen jüdischen Gemeinden in Spanien erneut durch ein einschneidendes Ereignis, das sich in Toledo abspielte: Pedro Sarmiento, der Bürgermeister der Stadt, setzte gegen den Willen des kastilischen Königs die rassistischen „Statuten der Blutreinheit" durch (1449: *Estatutos de Limpieza*), um die Conversos aus öffentlichen (und kirchlichen) Ämtern zu verdrängen, die von den spanischen „Altchristen" als lästige Konkurrenten gefürchtet waren – eine der folgenreichsten antijüdischen Beschlüsse, die bis ins späte 19. Jahrhundert die spanische Mentalität, Kultur, Wirtschaft, Politik und Kirche zutiefst beherrschen sollten.

Im Sinne dieser „Statuten der Blutreinheit" verfasste ein Jahrzehnt später der Franziskaner Alonso de Spina ein hasserfülltes Machwerk gegen die Conversos (1458/59: *Fortalitium Fidei*, „Glaubensburg"), in welchem er behauptete, dass ein konvertierter Jude und seine Abkömmlinge niemals „wahre Christen" werden könnten, da ihre antichristlichen Wesenszüge angeboren seien und vererbt würden. In einem schaurigen Katalog zählte Spina die den Conversos unterstellten Schändlichkeiten auf, darunter ihre „natürliche Neigung", Christi Blut zu schänden, Hostien zu entweihen und die „Exkremente der Feinde Christi" in Spanien anzuhäufen. Die spanische Krone verhinderte nicht, dass sich später die Inquisition dieses Machwerks bediente, um Geständnisse dieser Art von eingekerkerten angeblichen oder wirklichen Kryptojuden zu erpressen.

Nach der widerrechtlichen Usurpation des kastilischen Throns durch Isabella und ihrer Eheschließung mit dem aragonesischen Thronfolger Ferdinand (beide sollten später vom Papst den Ehrentitel *Katholische Könige* erhalten) zielte die seit 1469 gemeinsam verfolgte Politik beider Monarchen nicht nur auf die geografische Einheit Spaniens (Eroberung des Königreichs Granada), sondern auch auf die religiöse und sprachliche Einheit des Landes. Da den Juden noch vor dem Ende des Granadinischen Kriegs unterstellt wurde, sie judaisierten heimlich unter den zum Christentum konvertierten Juden und sogar unter den Altchristen, hatten sich die „Katholischen Könige" entschlossen, die Einführung einer eigenen Inquisitionsbehörde zu fordern. Dieser Forderung kam der Papst 1478 nach: Er bestellte für die beiden Kronländer Kastilien und Aragonien zwei Großinquisitoren und stattete die spanische Inquisitionsbehörde auf Verlangen der spanischen Kronen mit vier autonomen Gerichtshöfen aus, deren Entscheidungen – von wenigen Ausnahmen abgesehen – von Rom nicht überprüft werden konnten. Als der aragonesische Großinquisitor 1483 ermordet wurde, übernahm der kastilische Großinquisitor Torquemada auch dessen Aufgaben. Dem Einfluss dieses Kirchenmannes auf die „Katholischen Könige" ist vermutlich die unnachgiebige Haltung der Monarchen gegenüber den Juden und Muslimen zuzuschreiben. Bis zu seinem Tod (1498) sollten etwa 15.000 Inquisitionsverfahren durchgeführt und mindestens 2.000 Todesurteile gefällt werden. Die Verurteilten wurden auf *Autos da fe* („Glaubensveranstaltungen") verbrannt. Noch vor der endgültigen Einnahme Granadas (1492) hatte Torquemada dafür gesorgt, dass die im Süden Spaniens lebenden Juden enteignet und zwangsweise aus Andalusien nach Nordspanien umgesiedelt wurden; außerdem mussten die im Granadinischen Krieg eingenommenen maurischen

Städte ihre jüdischen Einwohner als Geiseln an Spanien herausgeben. So gelangten viele in das maurische Königreich Granada geflüchtete Juden wieder in die Hand der spanischen Christen, die sie schließlich als Galeerensklaven an nordafrikanische Händler verkauften.

Im Übergabevertrag zwischen den *Katholischen Königen* und dem letzten islamischen Herrscher von Granada wurde zwar den Muslimen zunächst die volle Religionsfreiheit zugesichert, doch wurde dieses Zugeständnis im Jahr 1502 auf massiven Druck der Kirche und des spanischen Kardinals Jiménez de Cisneros wieder zurückgenommen. Den Juden wurde bereits drei Monate nach der Einnahme Granadas im Edikt der *Katholischen Könige* vom 31. März 1492 auferlegt, sich entweder taufen zu lassen oder das Land binnen vier Monaten zu verlassen. Von den jüdischen Einwohnern Spaniens ließ sich etwa ein Viertel (40.000 bis 50.000 Einwohner der etwa 250 noch bestehenden kastilischen und aragonesischen Aljamas) taufen, die übrigen verließen ihre Heimat Sefarad, und zwar entweder auf dem Seeweg (in Richtung Italien, Osmanisches Reich, Nordafrika, Holland und England) oder auf dem Landweg (nach Portugal, Navarra, Frankreich). Zahlreiche Juden starben auf der Flucht, wurden überfallen und ausgeraubt, von Schiffskapitänen erpresst und als Galeerensklaven verkauft. Nachdem sich die „Katholischen Könige" des ökonomischen Aderlasses für Spanien bewusst geworden waren, erließen sie im Herbst des Jahres 1492 ein weiteres Edikt, das die legale Rückkehr der Flüchtlinge innerhalb von vier Jahren und die Rückerstattung ihres Eigentums unter der Bedingung ihrer Konversion zum Christentum zusagte. Von dieser Möglichkeit machten zwar einige Tausend Juden Gebrauch, doch reihten sie sich in die Schar der in Spanien verbliebenen Conversos mit allen Nachteilen weiterer sozialer Ausgrenzung ein, denn sie erhielten ihr Eigentum fast in keinem Fall zurück, da sie angeblich noch Schulden zu bezahlen hatten.

Die Geschichte der spanischen Juden endete vorläufig mit diesem staatlich verordneten Exodus. Erst im späten 19. Jahrhundert konnten einige wenige Juden legal nach Spanien zurückkehren. Mit der Vertreibung der Juden aus Spanien im Jahr 1492 begann die Geschichte der Sefarden in ihren Exilländern. Das herausragende Merkmal dieser Exilgeschichte bestand und besteht bis heute im Weiterleben der spanischen Sprache (Ladino) und der in Spanien entwickelten jüdischen Traditionen bis in das 20. Jahrhundert. Neben den aufblühenden sefardischen Gemeinden in Nordeuropa (u.a. in Amsterdam und Hamburg) oder unter den bis ins 20. Jahrhundert überlebenden Kryptojuden in Nordportugal entwickelten die spanischen Juden vor allem im Osmanischen Reich eine neue sefardische Identität. Dazu gehört der Stolz auf ihre ruhmreiche spanisch-jüdische Geschichte und auf ihre berühmten Rabbiner, Philosophen, Wissenschaftler und Politiker, die das gesamte Judentum bis heute maßgeblich beeinflusst haben. Daher wurde und wird die Vertreibung der Juden aus Spanien als epochale Katastrophe empfunden, die nur von der Zerstörung des Zweiten Tempels in Jerusalem durch Rom (im Jahr 70) und von der Vernichtung der Juden im Holocaust des 20. Jahrhunderts übertroffen wurde.

Noch im Jahr 1992 zeigte sich die jüdische Welt anlässlich der 500-Jahrfeiern der Entdeckung Amerikas empört über die Tatsache, dass der Vertreibung der Juden (und Mauren) bei den öffentlichen Gedenkveranstaltungen in Spanien nur am Rande gedacht wurde. Noch verstörter zeigt sich die jüdische Welt angesichts der bereits in der Francozeit und neuerlich wieder aufgenommenen Bemühungen der spanischen Kirche, den Papst zur Heiligsprechung der *Katholischen Königin* Isabella zu bewegen, der Hauptverantwortlichen für die Vertreibung der Juden (und Mauren) aus Spanien. Die gegenwärtige spanische Kirche scheint nach wie vor wenig mit dem Erbe der spanischen Juden (und Mauren) anfangen zu können – eine Haltung, die vom Geist moderner multikultureller Toleranz weit entfernt ist.

Literatur

ASHTOR, E.: The Jews of Moslem Spain, Philadelphia/Jerusalem 1992 (3 Bde.)
BEINART H. (Hg): El Legado de Sefarad, Jerusalem 1992 (Bd. 1) und 1993 (Bd. 2)
Bel BRAVO, M.A.: Sefarad. Los judíos de España, Madrid 1997
DIAZ-MAS, P.: Sephardim. The Jews from Spain, Chicago/London 1992
HEINEN, E.: Sefardische Spuren, Kassel 2001 (Bd. 1) und 2002 (Bd. 2)
LACAVE, J. L.: Juderías y sinagogas españolas, Madrid 1992
LEROY, B.: L'Aventure sépharade, Paris 1986; deutsche Übersetzung: Die Sephardim, München 1987

Tod oder Taufe

Nicht ganz neun Monate bevor Kolumbus den Boden einer westindischen Insel betritt, fällt Granada, das letzte Bollwerk maurischer Kultur in Spanien, in die Hände der kastilischen Krone. Mit dem Fall der letzten muslimischen Enklave auf iberischem Boden ist nicht allein das Ende des spanischen Islam als staatsbildende Religion in Westeuropa eingeläutet, es beginnt vielmehr der lange Leidensweg einer ganzen Volksgruppe. Peter Dressendörfer skizziert die Stationen einer zunehmend inquisitorischen Verengung, die von großzügigen Zugeständnissen der Kapitulationsverträge von 1492 über erste Bücherverbrennungen zur baldigen Zwangschristanisierung führt. Zwar ist Spanien mit Beginn des 16. Jahrhunderts de jure von Juden und Mauren gereinigt – für Nichtchristen ist die Inquisition ohnehin per Definition nicht zuständig –, doch den Konvertiten und ihren Nachkommen wird (teilweise nicht ohne Grund) unterstellt, heimlich den Riten ihrer Vorfahren weiterhin zu huldigen; wer etwa kein Schweinefleisch verzehrt, macht sich grundsätzlich verdächtig. Mehr als ein Mechanismus religiöser Verfolgung ist die Inquisition jedoch ein Instrument der Staatsraison, das ideologische Abweichler als potentielle Störenfriede der neuen staatlichen Ordnung aufspüren und zur Strecke bringen soll. So erlebt das 16. Jahrhundert zahlreiche Aufstände einer granadiner Bevölkerung, die sich in Lebensform und Brauchtum als nicht anpassungswillig erweist, und mit dem Jahr 1609 kommt es in den Gebirgszügen der Sierra Nevada zum Ausrottungskrieg gegen die letzten Morisken. Die Alternative lautet: Tod der muslimischen Kultur durch Auswanderung und Vertreibung oder ein Überleben als getaufter Islam. Der folgende Beitrag geht zurück auf das Manuskript einer Rundfunksendung, redaktionell bearbeitet durch den Herausgeber.

TOD ODER TAUFE

Das Ende des spanischen Islam

Peter Dressendörfer

Granada 1492

Die spanischen Muslime hatten sich selbst immer und ohne jeden Zweifel als Spanier verstanden, als *andalusiyin*, was sinngemäß nicht Andalusier im modernen Sinne bedeutet, sondern eben Spanier. Der Andalus, ein im Arabischen eingebürgertes Wort höchstwahrscheinlich westgotischen Ursprungs, bezeichnete ja keineswegs das heutige Andalusien, sondern die Gesamtheit der Halbinsel. Nur einige entlegene und für die islamischen Neuankömmlinge zu Zeiten der Invasion relativ uninteressante Gebiete im äußersten Nordwesten (Teile des heutigen Galicien und Asturien) und im Nordosten (das Baskenland, das damals noch heidnisch war) kamen nie unter die Herrschaft des islamischen Gesetzes. Die im Nordosten noch vor der Jahrtausendwende begonnene Reconquista (vgl. Kapitel 2: *Reconquista*) kam erst wesentlich später mit der Eroberung Granadas zu ihrem triumphalen Abschluss.

Als dies historisch sozusagen verspätet geschah, war die Reconquista selbst längst zum Mythos geworden. Sie wurde Teil einer spanisch-katholischen Nationalideologie, die – etwas verkürzt gesagt – Einheit und Reinheit des Glaubens und der blutsmäßigen Abstammung zur Richtschnur wahren Spaniertums gemacht hatte. Die Reconquista war aus einer Abfolge begrenzter Kleinkriege mit oft wechselnden Teilnehmern zum Krieg um ein Prinzip geworden. Mit welcher Kompromisslosigkeit und Härte dieses Prinzip durchgesetzt wurde, mussten zuletzt die Einwohner der eroberten Stadt Granada erfahren.

Kriege um Prinzipien haben für die Kriegführenden den Vorteil – wenn man es so nennen kann –, dass sie keiner weiteren Rechtfertigung mehr bedürfen. Dies gilt unabhängig davon, wie und mit welchen Mitteln dieser Krieg geführt wird. Im mittelalterlichen Denken – und die Reconquista war ein mittelalterlicher Krieg – bedurfte jeder Krieg einer Rechtfertigung, und welch bessere Rechtfertigung konnte es geben als den Heiligen Glauben! Soweit ist der Zusammenhang also relativ einleuchtend, und genau dies ist der Sinn jeder Rechtfertigungsideologie.

Allerdings verhielt es sich im mittelalterlichen Spanien nicht ganz so schlicht. Das Schwarz-Weiß-Gemälde vom heroischen Abwehrkampf der christlichen Spanier gegen die fanatischen Usurpatoren aus Nordafrika spukt dennoch bis heute in vielen Köpfen herum. Die spanische Umgangssprache und besonders der andalusische Dialekt ist voller Schmähworte gegen schnöde *moros*, und die Propagandamaschine der Franco-Seite im Bürgerkrieg hat es sogar fertiggebracht, ihren Kampf als Reconquista und Kreuzzug (*cruzada*) zu verkaufen. Letzteres entbehrt nicht einer gewissen Paradoxie, denn schließlich war es Franco, der unter seinen Truppen nordafrikanische Freiwillige in mehrfacher Regimentsstärke eingesetzt hat. Diese *moros* hatten zeitweise die Hauptlast der großen Offensiven zu tragen, und erst 1962 fand sich Franco unter dem Druck der Kirche bereit, seine malerische Kavallerie-Leibgarde aus nordafrikanischen Spahis, also Muslimen, aufzulösen. Eine kleine Moschee, die man für sie im Gelände des Pardo, der Residenz des Caudillo, eingerichtet hatte, war der Stein des Anstoßes gewesen – die erste Moschee übrigens, die in Spanien seit 1492 wieder als solche benutzt werden durfte.

Nach dem Fall Granadas hatten die Sieger, Isabella von Kastilien und Fernando von Aragón, die von diesem Datum an auf Grund eines päpstlichen Privilegs sogenannten „Katholischen Könige", in einer Art von Staatsvertrag, den *capitulaciones* (ein Begriff, der nichts mit der Kapitulation der Stadt als solcher zu tun hat; auch mit Kolumbus wurden zur selben Zeit *capitulaciones* über sein Expeditionsvorhaben abgeschlossen), den Besiegten die freie Ausübung ihres Glaubens garantiert. In Granada, der Stadt vieler Moscheen, sollte weiterhin der Muezzin zum Gebet rufen dürfen, und kein Muslim sollte gezwungen werden, seiner Religion abzuschwören. Der Mann, der diese großzügigen Bedingungen bei der Königin erwirkt hatte, war selbst Kleriker, Hernando de Talavera, aus dem strengen Orden der Hieronymiten (die es nur in Spanien gibt), späterer königlicher Beichtvater und schließlich der erste Erzbischof Granadas. Seine Person steht für die verständige Fraktion unter den Beteiligten. Der weitere Fortgang sollte erweisen, dass dieser Teil die schwächere Seite war, eine geradezu verschwindende Minderheit, und vor allem ohne jeden kirchlichen und politischen Rückhalt.

Die Ideologie der Reconquista hatte sich längst verselbständigt. Aus dem Ziel einer Sammlung der spanischen Erde unter einer Krone war inzwischen eine Doktrin geworden, die schon wegen ihrer Einfachheit keinen Widerspruch zuließ. Demnach waren die Muslime, die *moriscos*, wie man sie nach dem Fall Granadas nannte, keine wirklichen Spanier, und zwar auch dann nicht, wenn sie nur Spanisch sprachen und sich bestenfalls in einigen wenigen Sitten und Gebräuchen von ihren christlichen Zeitgenossen unterschieden. Wann diese merkwürdige Idee in den Köpfen entstand, ist im nachhinein nicht mehr eindeutig zu ermitteln. Es gibt Anzeichen, dass die eigentliche Ideologisierung der Reconquista, also die Umdeutung von einer Abfolge von Territorialkriegen zu einem Glaubenskrieg, nicht einmal in Spanien selbst entstanden ist. So gewährte Papst Alexander II. (1061-1073) den christlichen Soldaten in Spanien einen speziellen Ablass, und sein Nachfolger auf dem Stuhle Petri, Gegor VII., dessen Pontifikat bis ins schicksalhafte Jahr 1085 reicht, verlangte sogar für die Kurie eine Oberherrschaft über ganz Spanien, insbesondere über jene Gebiete, die dem maurischen Feind abgenommen wurden. Ganz unwahrscheinlich ist es also nicht, dass der religiöse Fanatismus, der die letzte Phase der Reconquista und damit ihr historisches Gesamtbild geprägt hat, nicht aus dieser selbst, sondern außerhalb der Iberischen Halbinsel entstanden ist.

Pragmatische Toleranz

Die Reconquista hatte ursprünglich nur Grenzverschiebungen zum Ziel, von einer Ablehnung des Gegners als Irrgläubiger war nicht die Rede. Stets hatte es in den christlichen Staaten des spanischen Nordens bekennende Muslime gegeben und ebenso bekennende Christen in den muslimisch regierten Kleinstaaten des spanischen Südens, die dem Ende des Kalifates von Córdoba folgten, den sogenannten *taifas* (das Wort bedeutet *Kleinherrschaft*, zumeist über eine Stadt und ein wenig Umland). Die jeweils Andersgläubigen zu verfolgen und zum Übertritt zur eigenen Religion zu zwingen, wäre schon deshalb niemandem eingefallen, weil man damit größere Migrationswellen ausgelöst und wichtige Steuerzahler verloren hätte.

Es gab aber noch andere Gründe für die Duldung Andersgläubiger, sie sind im jeweiligen Zustand der beiden Religionen, von Christentum und Islam, zu suchen. Dabei geht es allerdings nicht um den viel missbrauchten Begriff der religiösen Toleranz. Toleranz als solche ist zwischen Religionen mit alleinigem Wahrheitsanspruch immer ein historischer Glücksmoment mit Seltenheitswert und deshalb die Ausnahme. Toleranz als De-facto-Zustand ist dagegen etwas völlig anderes, im Regelfall das Ergebnis einer pragmatischen Einstellung zu den politischen und, wie im spanischen Fall, zu den demographischen Gegebenheiten. Im Spanien des Mittelalters gab es keine genaue Grenze, jedenfalls nicht geographischer Natur, zwischen Christen und Muslimen. Was historische Atlanten immer mehr oder weniger genau zeigen, sind kurzlebige Grenzlinien zwischen oft noch kurzlebigeren Staatengebilden, nicht mehr. Mit dem Proporz der Religionen haben sie wenig zu tun und ebenso wenig mit der Kulturzugehörigkeit der jeweiligen Bewohner. Längst hatte sich eine Art gemeinsamer iberischer Kultur herausgebildet, die je nach Religionszugehörigkeit mehr lateinisch-christliche oder arabisch-islamische Züge aufwies, die aber doch in wesentlichen Teilen eine unteilbare iberische Regionalkultur bildete.

Für die jeweils Andersgläubigen hatte man eigene Bezeichnungen, die nichts Abfälliges an sich hatten. Christen in islamischen Gebieten nannten sich *mozárabes*, was wörtlich die Arabisierten bedeutet, weil die Gebildeteren unter ihnen des Arabischen mehr oder weniger mächtig waren, sich maurisch kleideten und sich auch sonst recht wenig von ihren muslimischen Zeitgenossen unterschieden. Ihre Zahl in al-Andalus war immer groß, da es dort von Anfang an keinen wirklichen Bekehrungsdruck gegeben hatte. Christen bezahlten eine normalerweise erträgliche Kopfsteuer nach koranischer Vorschrift und waren ansonsten den Muslimen in fast jeder Beziehung gleichgestellt. Aus diesem Umstand erklärt sich auch, warum es im Andalus nur einige wenige Aufstände von Christen gegen die islamische Herrschaft gegeben hat. Umgekehrt war es in den christlichen Staaten, die sukzessive aus der Reconquista entstanden, anfangs nicht viel anders. Die muslimischen Untertanen christlicher Herren, die *mudéjares*, waren zwar im allgemeinen einem höheren Missionsdruck ausgesetzt als die *mozárabes*, widerstanden diesem jedoch bis auf geringe Ausnahmen und waren im übrigen als Träger maurischspanischer Hochkultur und Zivilisation für ihre Beherrscher unverzichtbar (vgl. Kapitel 7: *Mudéjar-Baukunst*).

Das Ende des Islam

Von all diesen Reminiszenzen an die Zeit eines, bei allen Kleinkriegen um Territorien, beinahe friedlichen Zusammenlebens der Religionen war so gut wie nichts mehr übrig, als Granada fiel. Die Sieger wollten nicht weniger, als den Islam auf spanischem Boden mit Stumpf und Stiel ausrotten, und dazu war ihnen jedes Mittel recht. Die den granadinischen Muslimen in den erwähnten Capitulaciones gewährten Toleranzrechte waren nicht das Pergament wert, auf dem sie geschrieben wurden. Punkt für Punkt wurden alle Zugeständnisse durch Edikt der nunmehr christlichen Stadtregierung beseitigt, Moscheen und andere islamische Institutionen geschleift und sogar die für jeden gläubigen Muslim unverzichtbaren Badehäuser zerstört. Der in Granada wirkende Theologe Pedro Guerra de Lorca hat es fertiggebracht, in seinem lateinisch geschriebenen Traktat zur Bekehrung der Moriscos, der 1586 in Madrid gedruckt erschien, für dieses vandalische Vorgehen eine theologische Begründung zu liefern. Ohne jeden Schatten eines Beweises behauptet er, die Badehäuser seien Brutstätten der Unzucht, die man zur Aufrechterhaltung gesitteter Verhältnisse und zur Beförderung der Christianisierung schließen müsse. Der Reinlichkeit der Bevölkerung hat dieses Vorgehen sicher keinen Vorschub geleistet. Heute sind in Granada nur noch die Ruinen eines einzigen Badehauses aus islamischer Zeit zu besichtigen.

Alle diese äußeren Zwangsmaßnahmen wären zu ertragen gewesen und sind auch nahezu klaglos von der muslimischen Bevölkerung der Stadt hingenommen worden, hätte die christliche Seite nicht die eigentliche Substanz des spanischen Islam zu zerstören gesucht. Im Jahre 1499, nach dem Tod des sanftmütigen Hernando de Talavera, veranstaltet der Beichtvater der Königin, der ehemalige Franziskaner und jetzige Kardinal Jiménez de Cisneros, auf dem granadiner Bibrambla-Platz eine große Verbrennung arabischer Handschriften. Erfasst wurde alles, was auch nur im Entferntesten mit der islamischen Religion zu tun haben konnte, verschont wurden nur medizinische und einige astronomische Werke. Die Ungeheuerlichkeit dieses größten Bücher-Autodafés der beginnenden Neuzeit sucht ihresgleichen. Wenn überhaupt, so kann man diesen Vorgang nur mit der Verbrennung des gesamten Bestandes an Códices (mit Ausnahme lediglich vier erhaltener) der Maya-Kultur Yucatáns durch Bischof Diego de Landa drei Jahrzehnte später vergleichen.

Mit der erhofften Wirkung auf die Granadiner hatte sich Cisneros, der übrigens auch Großinquisitor war, allerdings verschätzt. Es war ihm offensichtlich entgangen, dass jede Religion, nicht nur der Islam, nicht allein schriftlich, sondern hauptsächlich und überwiegend mündlich tradiert wird. Gerade der Islam hat zudem immer allergrößten Wert auf Auswendiglernen gelegt, und keineswegs nur von Koranversen. Für die spätere Wissenschaft jedoch bedeutet die Untat vom Bibrambla-Platz den nicht wiedergutzumachenden Verlust eines Großteils spanisch-islamischen und damit europäischen Kulturerbes. Die Bücherverbrennung war indes nur der Auftakt einer ganzen Reihe harter Maßnahmen, mit denen man fortan dem Morisco-Problem beizukommen trachtete. Denn schon kurz nach 1492 hatten sich die Christen daran gewöhnt, die Moriscos als Problem zu betrachten, sofern sie hartnäckig und mit Berufung auf die Waffenstillstandsbedingungen nicht um die Taufe nachsuchen wollten. Damit waren sie endgültig Ausgestoßene und bestenfalls noch Geduldete im eigenen Land.

Mit Zwangstaufen im großen Stil hatte schon Cisneros begonnen, ursprünglich noch auf eigene Faust und ohne Autorisierung von oben. Nachdem es aber 1501 im granadiner Stadtteil Albaicín zu kleineren Unruhen unter den Moriscos gekommen war, veranlasst durch nicht enden wollende Schikanen, erließ die Krone, zweifellos auf Betreiben der neuen Stadtherren, ein Edikt, eine sogenannte *pragmática*, dessen Wortlaut zufolge alle kastilischen Moriscos, zu denen die Granadiner jetzt zählten, vor die Wahl gestellt waren, sich taufen zu lassen oder binnen zweieinhalb Monaten Spanien zu verlassen. Wohl um den Betroffenen die Entscheidung zu erleichtern, sollte die Ausweisung mit einer entschädigungslosen Enteignung allen unbeweglichen und beweglichen Besitzes einher gehen.

Taufe oder Vertreibung

Vor allem gebildetere Moriscos, die keine Hoffnung mehr sahen, verließen damals Spanien über die Meerenge von Gibraltar. Die meisten aber blieben oder mussten bleiben, weil sie die Reisekosten nicht aufbringen konnten. Sie sahen sich einer von Jahr zu Jahr wachsenden Unterdrückung in allen Lebensbereichen ausgesetzt, zu deren Abwehr ihnen nicht viel mehr blieb als die Anhänglichkeit an ihren alten Glauben. In der Stadt Granada gerieten die Muslime durch eine von der Krone geförderte Zuwanderung von Christen aus allen spanischen Landesteilen in die Rolle einer Minderheit, die willkürlichen Übergriffen zunehmend schutzlos ausgeliefert war. Was diese Gruppe über ihre Lage dachte, ist teilweise überliefert.

Wir besitzen beispielsweise eine Denkschrift, eine Eingabe an die Regierung in Form eines Memorials, mit der ein hochgestellter Granadiner mit dem halb spanischen, halb arabischen Namen Nuñez Muley Partei für die geschundenen Moriscos ergreift. Aus altem granadinischem Adel, selbst offensichtlich überzeugter Christ und im Haushalt Bischof Talaveras erzogen, war Nuñez aufgrund des Ansehens, das er bei Christen wie Muslimen genoss, zum Vermittler zwischen den Kulturbereichen prädestiniert. Wenn seine Mission letzten Endes scheiterte, so lag dies an einer Epoche, in der sanfte Überredungsversuche, wie sie Talavera praktiziert hatte, keinen Raum mehr hatten. Die Moriscos waren für die herrschenden Christen zum unerwünschten Fremdkörper im spanischen Volk geworden, das sie nunmehr als ausschließlich christlich definierten. Nuñez wusste vermutlich, dass er den Gang der Dinge nicht aufhalten, sondern bestenfalls verlangsamen konnte. Seine Vorschläge nach dem Konzept einer langsamen Assimilation der Moriscos an die nunmehr geltenden christlichen Normen sind bei allem unbestrittenen guten Willen nicht unproblematisch. Seine Denkschrift hat keinen theoretischen Aspekt, ihre Zielsetzung ist einfach: das Los der Besiegten so weit es irgend geht erleichtern und sie von schlimmen Zwangsmaßnahmen zu bewahren. Zu diesem Zweck wird an den Gerechtigkeitssinn appelliert, an den gesunden Menschenverstand und sogar an die christliche Barmherzigkeit. Mehr konnte der Autor angesichts der Lage nicht tun. Beispielsweise bittet er, man möge den Morisken ihre Tracht belassen und die Frauen nicht zwingen, den Schleier abzulegen; in diesem Zusammenhang verteidigt er die Verschleierung sinnigerweise als keuschheitsfördernd. In seiner Eingabe operiert Nuñez mit der durchaus unbewiesenen Annahme, die Mehrzahl seiner granadinischen Landsleute sei inzwischen aufrichtig bekehrt. Ob er dies wirklich glaubte, ist heute nicht mehr festzustellen – an Beweisen für das Gegenteil mangelt es hingegen nicht.

Memoranden und Eingaben zur Lösung des Morisco-Problems gab es auch seitens der Zwangsbekehrer und Verfolger. Insbesondere Kirchenleute zerbrachen sich den Kopf, wie man der religiösen „Verstocktheit" der meisten Moriscos effektiv beikommen könne. Das in Texten dokumentierte Instrumentarium an Vorschlägen ist das reinste Gruselkabinett ausgeklügelter Grausamkeiten und Radikalkuren, so dass man mit einigem·Recht am Geisteszustand der Autoren zweifeln kann. Ein Dominikaner namens Jaime Bleda (?1550 bis 1622) machte allen Ernstes den Vorschlag, alle männlichen Muslime zu kastrieren, um den spanischen Islam endgültig auszurotten (Crónica de los moros de España, 1618). Gemeinsam mit seinem Ordensbruder Marcos de Guadalajara, der nicht ganz so rüde schreibt, gehörte Bleda zu den schärfsten Befürwortern der „Endlösung" des Morisco-Problems in Gestalt von Vertreibung. Es wäre allerdings ungerecht, die Haltung der spanischen Kirche zu ihren neuen, meist unfreiwilligen Mitgliedern nur im Licht der antiislamischen Polemik des 16. Jahrhunderts sehen zu wollen. Neben heillosen Fanatikern gab es immer auch Stimmen, die in der Nachfolge Talaveras zu Geduld und Mäßigung rieten. Leider ist von deren Schriften nur wenig erhalten, und angesichts der zunehmend aufgeputschten Stimmung, die von volksmissionarisch tätigen Mendikantenmönchen angeheizt wurde, standen sie auf aussichtslosem Posten. Die Morisken waren längst als Ausländer abgestempelt. Die gegenteilige Evidenz spielte keine Rolle mehr, der Hass hatte sich verselbständigt.

Der Alpujarra-Aufstand

Jene Aussichtslosigkeit, mit der sich die Moriscos angesichts der nicht enden wollenden Bedrückung konfrontiert sahen, entlud sich schließlich um die Jahreswende 1568 auf 1569 in einer Verzweiflungstat, dem Aufstand in den Alpujarras. Im Mittelgebirge unweit von Granada vor der Szenerie der weit bekannteren Sierra Nevada wohnten vor allem bäuerliche Moriscos. Auch sie waren von der staatlich-kirchlichen Maschinerie erfasst worden, um ihnen den letzten Rest an kultureller und religiöser Selbständigkeit zu nehmen. In ihren Dörfern hatte man, wie in die Mudéjar-Dörfer des übrigen Spanien, Pfarrer eingesetzt, sogenannte *rectores*, die den christlichen Lebenswandel genau überwachen sollten. Leider fühlten sich zu dieser Bütteltätigkeit nicht eben die geeignetsten Vertreter des geistlichen Standes berufen, und ausgerechnet diese sollten obendrein von den ohnehin sehr armen Morisco-Bauern und Hirten unterhalten werden. Es ist nicht verwunderlich, dass es hier und da zu Übergriffen gegen diese geweihten Unterdrücker gekommen ist. Jedenfalls entdeckte ein gewisser Hernando de Valor seine vermeintliche Abstammung von den Omayaden, rief sich unter dem Namen Aben Humeya zum Kalifen aus, brachte große Teile der Alpujarra-Dörfer auf seine Seite und machte der christlichen Obrigkeit schwer zu schaffen. Während des eigentlichen Aufstandes, der fast anderthalb Jahre dauerte, sollen nach dem Zeugnis der Chroniken schlimme Dinge geschehen sein, Entweihung von Kirchen, Schändung von Heiligenbildern etc. – solche Ausschreitungen waren Wasser auf die Mühlen der antiislamische Siegerpropaganda.

Die Christen erstickten den Alpujarra-Aufstand, die letzte politische Manifestation des spanischen Islam, in einem mühevollen und äußerst grausamen Kleinkrieg bis April 1570. Wenn man die Moriscos nicht totschlug, wurden sie in die Sklaverei verkauft. Befehlshaber des katholischen Heeres war übrigens Juan de Austria, Stiefbruder Philipp II. und späterer Sieger in der Seeschlacht von Lepanto, mit deren Ausgang die osmanische Flotte 1571 endgültig vom westlichen Mittelmeer verbannt wurde. Einige Anführer der Moriscos hatten sich an den mächtigsten islamischen Herrscher der Zeit, den Sultan der Hohen Pforte in Istanbul, um Hilfe gewandt, von dort jedoch nur einige hundert türkische Freiwillige zur Unterstützung erhalten. Die Osmanen hatten kein Verlangen danach, sich mit Spanien, der stärksten Militärmacht Europas, auf dessen eigenem Territorium zu messen. Was sie tun konnten und auch taten, war die Unterstützung nordafrikanischer Piratennester, die spanische Küsten gefährdeten. Aus diesem Grund war es der Moriskenbevölkerung schon bald nach 1492 verboten, an der Mittelmeerküste zu siedeln.

Die Morisco-Bevölkerung

Moriscos gab es nicht nur in Granada und Umgebung. Auch die im übrigen Spanien lebenden, ursprünglich *mudéjares* genannten Muslime waren nach ihrer Zwangstaufe zu Morisken geworden, in Kastilien ab 1502, in Aragón rund zwei Jahrzehnte später. Aus verschiedenen Zeugnissen, insbesondere aus den Akten der Inquisition, können wir ein recht genaues Bild dieser Volksgruppe erstellen. Demnach bestand die große Mehrheit aus einfachen Landarbeitern auf den riesigen Latifundien, die der Adel und die noch immer mächtigen Ritterorden in Kastilien und Aragón besaß. Allein der Calatrava-Orden hatte als Belohnung für seine Dienste im Rahmen der Reconquista große Landgüter im Gebiet der heutigen Provinz Ciudad Real erhalten, wo er nahezu ungestört von staatlichen Eingriffen eine Art eigenen Feudalstaat unterhielt. Die Güter in Aragón und Valencia gehörten dagegen meist einflussreichen Adelsfamilien. Die Zahl von Morisco-Arbeitern auf den Latifundien vermehrte sich zudem schlagartig nach dem blutigen Ende des Alpujarra-Aufstandes.

Um einer Wiederholung solcher Ereignisse vorzubeugen und vor allem, um Granada endgültig in christlichen Besitz zu nehmen, waren alle granadinischen Moriscos über ganz Kastilien zerstreut worden. Diese Maßnahme hatte den Sinn, die Christianisierung der bislang nur Zwangsgetauften durch soziale Verelendung zu beschleunigen. Das Experiment muss im nachhinein als gescheitert gelten, und dies war einigen zeitgenössischen Beobachtern durchaus klar. Auf der anderen Seite gewährte die Zwangsverschleppung, so seltsam dies klingt, den Moriscos noch einmal eine letzte Schonfrist vor der befürchteten Radikallösung, der Austreibung. Die Latifundisten hatten nämlich ein verständliches Interesse an der ordnungsgemäßen Bestellung ihrer Ländereien und versuchten deswegen, eventuelle Unruhen unter den Moriscos zu unterbinden. Dabei kam es zu einer seltsamen Allianz zwischen Herr und Knecht, die staatliche und kirchliche Organe nicht wenig beunruhigen sollte. Einzelne Grundherren brachten es fertig, ihren Moriscos allerlei kleine Zugeständnisse zu gewähren, die in der Summe auf eine offene Obstruktion der offiziellen Morisco-Politik hinausliefen.

Don Sancho de Cardona, ein Hochadliger mit dem schönen Titel eines Admirals von Aragón, ein Mann unzweifelhaft reinsten christlichen Blutes, hatte seinen Landarbeitern, durchweg Moriscos, die im Islam übliche Beschneidung gestattet, ihnen einen Fleischer besorgt, der nach vorgeschriebenem Ritus schlachtete, und obendrein hatte er höchstpersönlich an Morisco-Hochzeiten teilgenommen (1540 bis 42). Als aufgebrachte Mönche, die im Lande herumzogen, um Moriscos zu bekehren bzw. deren Lebenswandel zu kontrollieren, ihm deswegen bitterste Vorhaltungen machten, erbosten sie den alten Soldaten dermaßen, dass er sie gewaltsam von seinem Besitz entfernen ließ. Vor Gericht stellen konnte man einen Mann seines Ranges nicht aus diesem Anlass; immerhin musste er ein Bußgeld entrichten, weil er im Zorn auf die Ermahnungen der Priester geantwortet hatte, auf seinem Gebiet sei nur er der Papst und niemand sonst; geringeren Ranges wäre er für einen solchen, immerhin häresieverdächtigen Ausspruch in den Kellern der Inquisition gelandet. Sancho de Cardona war aber nicht der einzige, der sich gegen die seiner Meinung nach unsinnige Verfolgung der zwangsgetauften Minderheit auflehnte.

Die adligen Ordensritter von Calatrava beispielsweise ignorierten ganz einfach sämtliche Edikte, die ihnen vorschrieben, sich um die Christianisierung ihrer Ex-Muslime zu kümmern. Dabei war Calatrava nicht irgendein beliebiger Adelsverband, sondern ein geistlicher Orden, der pro forma die strenge Regel der Zisterzienser-Mönche angenommen hatte; allerdings mit der Zeit soweit gelockert, dass man in der Abgeschiedenheit größerer Feudalbesitze ein erträgliches Leben fristen konnte. Es galt hier, die Früchte einer Reconquista zu genießen, an der man kräftig mitgewirkt hatte, und dabei dachte man nicht daran, sich durch überflüssige Querelen stören zu lassen. In Almagro, einem kleinen Städtchen und Verwaltungssitz inmitten des riesigen Calatrava-Gebietes, ist die letzte intakte Muslim-Gemeinde Spaniens noch in den 40er Jahren des 16. Jahrhunderts nachweisbar. Die Taufe war dort vormals recht pauschal vollzogen worden, indem man Moriscos beiderlei Geschlechts und jeden Alters zusammentrieb, sie mit geweihtem Wasser besprengte und anschließend jedem Neumitglied der Katholischen Kirche einen christlichen Vornamen verlieh, den der oder die Betreffende in der Öffentlichkeit zu führen hatte. Ansonsten folgte man im Ordensgebiet ohne größere Einschränkungen den Sitten und Gebräuchen des Islam, bis die Inquisition dem muslimischen Treiben ein Ende setzte.

Die Taufe bzw. Zwangstaufe der Moriscos hatte zur Folge, dass sie sich hinfort als spanische Christen zu benehmen hatten. Einmal getauft, hatte man die Kirchengebote zu erfüllen und jeden Anschein unchristlichen Lebenswandels abzulegen. Bei Zuwiderhandlung unterlag man einem inzwischen nahezu perfekt ausgebauten kirchlichen Strafsystem. Unter der Bezeichnung *Santo Oficio de la Inquisición contra la herética pravedad* war die Glaubensüberwachung in Spanien über Jahrhunderte tätig. Über die Inquisition ist vieles und manches Falsche geschrieben worden, an dieser Stelle interessiert lediglich ihre Rolle bei der Ausrottung des spanischen Islam:

Durch eine Bulle Sixtus IV. wurde 1478 eine kirchliche Behörde begründet, die gegen die geheime Ausübung des jüdischen Glaubens gerichtet war. Ihre spätere Aufgabe bestand im Aufspüren von Juden, die sich im Schicksalsjahr 1492 hatten taufen lassen, um der Ausweisung aus Spanien zu entgehen, im Geheimen jedoch meistens weiterhin ihrem angestammten Glauben anhingen. Was die Moriscos betrifft, so waren sie solange von der Inquisition verschont, als sie die Taufe noch nicht empfangen hatten. Muslime und Nichtchristen generell fielen nicht in den Kompetenzbereich des Heiligen Amtes zur Glaubensüberwachung. Mit erfolgter Taufe, ob unter Zwang vollzogen oder nicht, war es jedoch mit dieser Verschonung vorbei.

Der Beginn der Morisco-Verfolgung durch die Inquisition lässt sich Dank genauer Buchführung des spanischen Staates und der Kirche auf das Jahr genau bestimmen: Für Granada ist es 1529 und für das übrige Spanien 1531. Dies geschieht recht spät, wenn man bedenkt, das die große Welle der Zwangstaufen schon wesentlich früher eingesetzt hatte. Aber auch die Kirche benötigte Geld, und so hatte noch 1526 und früher eine *concordia*, nämlich eine Abmachung zwischen valencianischen Moriscos, die noch über etwas Besitz verfügten, und den Glaubenswächtern, eine Schonfrist erwirkt. Derartige Abmachungen, auch mit der Kone, gibt es in dieser Zeit mehrere; eingehalten wurden sie durchweg nicht, und sogar Karl V. ließ sich von seinen Moraltheologen von einem gegenüber Moriscos gegebenen Schutzverspechen entbinden. Bei dieser Ausgangslage standen weitere Versuche dieser Art unter einem Unstern.

Es wäre falsch, in der Inquisition den Hauptakteur der Unterdrückung zu sehen. Die literarische Schwarze Romantik, besonders die englische, hat die historische Rolle des *Santo Oficio* grob verzeichnet und ein Bild der spanischen Inquisition gezeichnet, das bis heute in vielen Köpfen spukt. Im 16. Jahrhundert war die Inquisition in erster Linie eine staatliche und nur personell kirchliche Bürokratie mit genau umrissenen Aufgaben und einer streng geregelten Arbeitsweise. Ihr Vorgehen gegen die Morisken war – gemessen an den Maßstäben der Zeit – weder besonders grausam noch effektiv oder durchgreifend.

Als Behörde ging die Inquisition Anzeigen nach, die von jedermann stammen konnten. In den Prozessen gegen die Moriscos waren dies oft neidische Altchristen oder sogar Ortspfarrer, die den einen oder anderen im Verdacht hatten, seiner alten Religion anzuhängen bzw. islamische Riten zu praktizieren. Die Anklagen in solchen Verfahren kreisten überwiegend um Rituelles oder Para-Rituelles. Zwar wussten die Inquisitoren über rituelle Aspekte des Islam einigermaßen Bescheid, sie schreckten jedoch nicht davor zurück, eher harmlose Dinge als praktizierten Glaubensabfall zu werten. Beispielsweise wurden Angeklagte beschuldigt, prinzipiell kein Schweinefleisch zu verzehren oder keinen Wein zu trinken, was frommen Muslimen bekanntlich untersagt ist. Im Extremfall setzte man einem Angeklagten beides direkt vor, damit er auf diesem Wege sein Christsein beweisen konnte. Der Normalfall waren jedoch ausführliche Befragungen über religiöse Einstellung und Praxis des Betroffenen, die in einigen hundert Protokollen in spanischen Archiven erhalten sind. Ein Nachweis muslimischer Abstammung allein führte keineswegs zur Verurteilung, das Amt war vielmehr gehalten, jeden Einzelfall sorgsam zu prüfen; dass dies allerdings nicht in jedem Fall geschah, ist bei der großen Masse an Prozessen nicht verwunderlich.

Die geistlichen Richter, die übrigens selbst keiner kirchlichen Kontrollinstanz unterstanden außer ihrem eigenen obersten Inquisitionshof, der sogenannten Suprema, waren in erster Linie an folgenden Fragen interessiert: Hatten angeklagte Moriscos noch Kenntnis islamischer Gebetsformeln und Religionspflichten, besaßen sie noch arabisch verfasste Texte, hatten sie versucht, andere Christen zum Islam rückzubekehren oder hatten sie sich etwa in Wort und Tat gegen das Christentum oder gegen christliche Bräuche geäußert? Blasphemie, also einfaches Fluchen, wurde sofort als Glaubensverrat ausgelegt. Bei ihren Befragungen stieß die Inquisition gelegentlich auf eigentümliche Techniken der Glaubensverheimlichung, wie sie sich im spanischen Rest-Islam spontan und im wesentlichen ohne Anleitung durch Religionsgelehrte entwickelt hatten. So suchten Morisco-Eltern die obligatorisch überwachte Taufe ihrer Neugeborenen dadurch zu umgehen, dass man denselben Säugling mehrfach dem Pfarrer vorführte, um anderen Kindern das Sakrament zu ersparen, was bei den Hintergangenen unbändige Wut auslösen konnte.

Das Strafarsenal der Inquisition war breit gefächert und reichte von der feierlichen Beschwörung eventuell begangener Irrtümer, einer furcherregenden Zeremonie, über allerhand Leibesstrafen bis zur Bestrafung überführter, praktizierender Muslime. Diese konnte im Dienst auf den Galeeren bestehen, was kaum einer länger als zwei Jahre überlebte, im sogenannten *ewigen Kerker*, der in der Praxis drei bis fünf Jahre unter schwersten Haftbedingungen währte, bis zur Verbrennung auf dem Scheiterhaufen als unbußfertiger Ketzer anlässlich eines Autodafés. Diese Akte des Glaubens waren gleich einer barocken Theateraufführung aufgezogen, mit Messen, Prozessionen, Einzelbestrafung und dem Höhepunkt, den man aus kirchenrechtlichen Gründen als Überantwortung an den weltlichen Arm bezeichnete, denn die Höchststrafe wurde von staatlichen Henkern ausgeführt. Insgesamt hat die Inquisition weniger als ein Viertel der ihr vorgeführten Moriscos zum Scheiterhaufen verdammt, die Mehrzahl kam mit verhältnismäßig milden Bußen davon. Dieser Umstand dürfte nicht zuletzt auf die in Morisco-Kreisen verbreitete und ausgefeilte Technik der Glaubensverheimlichung oder, wenn man will, auf Heuchelei aus Gründen des Selbstschutzes zurückgehen.

Von einer ehrlichen Annahme des katholischen Glaubens seitens der Moriscos ist so wenig auszugehen wie bei den spanischen Juden, die denselben Kontrollmechanismen unterlagen und in sehr viel größerer Zahl der Überwachung zum Opfer fielen. Nach dem Urteil vieler Historiker ging die Inquisition allerdings weitaus weniger grausam vor als die staatlichen Behörden. Folter war eher ein streng geregeltes und bürokratisch betriebenes Zeremoniell als die Abfolge einer Serie von sadistischen Praktiken. Letztlich waren die Inquisitionsprozesse gegen heimliche Muslime die letzte Stufe einer langen Folge bewusst gesteuerter Unterdrückungsmechanismen, die hauptsächlich das Ziel verfolgten, die Moriscos an den Rand der Gesellschaft zu drängen, um sie schließlich in einer durch nichts gerechtfertigten Weise aus dem Lande zu treiben.

Die Schatten der Vergangenheit

Erst sehr spät in der zweiten Hälfte des 20. Jahrhunderts hat sich die spanische Geschichtsschreibung an eine Bearbeitung dieses dunklen Themas gewagt. Die Unterdrückung und Vertreibung von Juden und Mauren passt nicht recht zu den triumphalen Umständen, die das Zeitalter der Entdeckungen nach 1492 begleiten sollten. Dennoch hatte die Austreibung der Morisken, die erst nach 1609 mit der erneuten Deportation von mehr als 100.000 Personen zu einem Abschluss kam, nichts von einer historischen Gesetzmäßigkeit – falls es derartiges geben sollte. Sie war vielmehr das Ergebnis einer vorwiegend von kirchlichen, aber auch staatlichen Kreisen gesteuerten Kampagne, die ein heute schwer nachvollziehbares Ziel verfolgte: Die nach Abschluss der Reconquista erreichte politische Einheit Spaniens sollte auch glaubensmäßig oder, wie man sagte, *blutsmäßig* zum Abschluss kommen. Spät sollte man einsehen, dass sich Spanien in dieser Operation selbst verstümmelt hatte. Die Folgen der Vertreibung machten sich allerdings unmittelbar bemerkbar: Mit den Moriscos hatte sich Spanien nicht nur einer großen Zahl einfacher Landarbeiter entledigt, sondern auch vieler kaum ersetzbarer Agrar-Spezialisten, vor allem in der Bewässerungstechnik, von deren Funktionieren die Landwirtschaft Südspaniens auf weiten Strecken abhängig war. Der wirtschaftliche Niedergang in der Folgezeit mahnt, dass man sich nicht straflos von einem Teil der eigenen Geschichte trennen kann.

Literatur

CARO BAROJA, J.: Los moriscos del reino de Granada, Madrid 1976

DRESSENDÖRFER, P.: Islam unter der Inquisition. Die Moriskenprozesse von Toledo 1575-1610, Wiesbaden 1971

HOENERBACH, W.: Los moriscos de Granada a la luz de sus documentos, Oviedo 1972

HOTTINGER, A.: Die Mauren. Arabische Kultur in Spanien, 3. Aufl. München 1997

LEVI-PROVENCAL, E.: España musulmana. Historia de España Bd. IV u. V., hg. v. R. MENENDEZ PIDAL, Madrid 1957

Mudéjar-Baukunst

Ungeachtet aller ideologischen Auseinandersetzung im Rahmen der Reconquista entwickelt sich im nördlichen Drittel der Iberischen Halbinsel eine maurisch-christliche Symbiose im Bereich der Architektur. Unter dem Einfluss des Kalifats von Córdoba kommt es in den christlich beherrschten Territorien bereits ab dem 10. Jahrhundert zur Übernahme andalusischer Architekturelemente, die zumeist von muslimischen Handwerkern ausgeführt werden. Der somit vor einem Jahrtausend entstehende Mudéjar ist jedoch keiner bestimmten kunsthistorischen Epoche beizuordnen, sondern ein Sammelbegriff vielfältig einsetzbarer Stilelemente maurischer Herkunft, die ihre Wirkung auf das christliche Spanien nicht verfehlten. Im Bereich der Architektur findet diese historische Bewegung den Ausdruck einer typisch spanischen Kultur-Synthese als steingewordenes Zeugnis religiöser Toleranz. Beispiele des somit entstehenden Stils finden sich in Spanien allenthalben, zahlreiche Kirchen und Klöster mit mudejarischem Einschlag liegen versteckt in Dörfern abseits der touristischen Routen. Durch die Übernahme typischer Materialien (Backstein, Stuck, Keramik, Holz) und islamischer Ornamentik in den profanen Wohnbereich seit der Renaissance kann Mudéjar heute weitgehend gleichgesetzt werden mit spanischem Dekorationsstil schlechthin.

MUDÉJAR-BAUKUNST

Gratwanderung zwischen Orient und Okzident

Raimund Allebrand

Kulturkampf im Schatten der Alhambra

Mit einem Andrang von mehr als 2,2 Millionen Besuchern jährlich ist die Alhambra in Granada heute das meist frequentierte Bauwerk Spaniens. Mancher Tourist scheitert an der langfristigen Reservierung von Eintrittskarten und kann das Traumschloss der Mauren im Verlauf eines zumeist kurzen Andalusienaufenthaltes nicht besuchen. Vielleicht bleibt dann Zeit, ein weniger spektakuläres Denkmal aus der Nähe zu studieren: die unterhalb des pittoresken Alhambrahügels am Darro-Fluss gelegene Kirche Santa Ana. Ein Vergleich dieses bescheidenen, mit spärlichen Keramikelementen verzierten Ziegelbaus mit der benachbarten monumentalen Renaissancekathedrale, die ebenfalls im frühen 16. Jahrhundert errichtet wurde, lässt vermuten, dass hier zu beiden Seiten des Río Darro nach Beendigung der militärischen Konfrontation zwischen Christen und Muslimen ein lang anhaltender Kulturkampf stattgefunden hat.

Während eine triumphalistische Mentalität der siegreichen kastilischen Zentralmacht nach der Einnahme Granadas (1492) in der kalten Pracht gewaltiger Kathedralen (Granada, Málaga, Jaen) zum Ausdruck kommt, entstehen zur selben Zeit zahlreiche Pfarrkirchen und kleine Adelspaläste, die ein intimes Lebensgefühl im Stil maurischer Ästhetik ungebrochen weitertragen. Zu diesem Zeitpunkt entspricht eine maurisch-christliche Baukunst bereits dem architektonischen Geschmack der ansässigen Bevölkerung. Der deutliche ästhetische Gegensatz volkstümlicher Bauten zu einer Frührenaissance italienischer Prägung, die als dominierender Stil offizieller Gebäude und damit als christliche Herrschaftsarchitektur importiert wird, findet seine Erklärung im Blick auf die vorausgegangene achthundertjährige Geschichte.

Kirche Sta.Ana in Granada und Detailansicht

Die Präsenz des westlichen Islam auf iberischem Boden führt neben erheblichen territorialen Umwälzungen zu einer soziokulturellen Verschmelzung unter den Anhängern dreier Religionen: Muslime, Juden und Christen. Das somit entstehende kulturelle Amalgam wird gemeinhin dem maurischen al-Andalus zugeordnet. Dabei übersieht man zumeist die Tatsache, dass der kontinuierlich erweiterte christliche Einzugsbereich der Halbinsel ebenfalls plurikulturelle Dimensionen zeitigt. Ihren nachhaltigsten Ausdruck findet diese typisch spanische Kultur-Synthese im Bereich der Architektur: Etwa mit der Jahrtausendwende entwickelt sich im Gefolge territorialer Verschiebungen durch die fortschreitende Reconquista im nördlichen Drittel der Halbinsel ein neuer Dekorationsstil.

Der Mudéjar

Mit diesem der spanischen Kunstgeschichte seit Mitte des 19. Jahrhunderts geläufigen Begriff (José Amador de los Ríos, 1859) bezeichnet man ursprünglich den kulturell angepassten Muslim mit weitgehenden Freiheiten unter christlicher Hoheit, im Gegensatz zur bedrängten islamischen Bevölkerung im eroberten Granada der Schlussphase, den sogenannten Morisken. Die soziale Situation dieser zum Bleiben ermächtigten Mudéjares (arab. *mudajjan*) in Kastilien und Aragón entspricht während toleranterer Phasen der Reconquista weitgehend dem soziopolitischen Status (u.a. Tributpflicht) der christlichen Bevölkerungsteile in al-Andalus (Mozaraber).

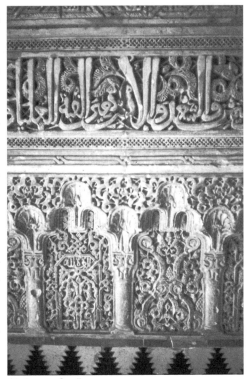
Alcázar in Sevilla

Unter dem Einfluss des Kalifats von Córdoba kommt es in den christlich beherrschten Territorien bereits im 10. Jahrhundert zur Übernahme maurisch-andalusischer Architekturelemente. Charakteristisch ist hier wie auch in späteren Phasen die Verwendung einfacher Baustoffe – in erster Linie Ziegel, Holz, Keramik, Stuckatur – sowie des für islamische Baukunst insgesamt typischen Reichtums ornamentaler Formen nicht zuletzt in der Fassadengestaltung. Neben dem Einsatz farbiger Kacheln *(azulejos)* und Mosaike aus Kachel-Bruchstücken *(alicatado)* finden vor allem monumentale Holzdecken *(artesanado)* sowie Stuckaturen *(yeserías bzw. lazerías)* Anwendung bis weit über das Ende der Reconquista hinaus; äußerlich dominiert die Verwendung des maurischen Hufeisenbogens. Im Interieur stechen hölzerne Fenstergitter *(celosías)* hervor sowie die Ausstattung mit Keramikbänken und Sitzmöbeln maurischen Ursprungs, die sich in Spanien generell etablieren sollten.

Mudéjar ist demnach keiner bestimmten kunsthistorischen Epoche beizuordnen, sondern ein Sammelbegriff vielfältig einsetzbarer Stil-Elemente maurischer Herkunft. Es ergeben sich zahlreiche Rückwirkungen auf die Architektur des christlichen Spanien: Die für den in Granada unter der Nasriden-Dynastie ab Mitte des 13. Jahrhunderts errichteten Palastbau der Alhambra typische Zellen- oder Stalaktiten-Architektur (*muqarnas* bzw. *coronis*) beispielsweise tritt vordem bereits im Kloster Las Huelgas (Burgos) in Erscheinung; dieser ornamentale Stil wurde in Nordafrika unter den Almohaden aus Persien übernommen und auf der Iberischen Halbinsel zunächst im christlichen Norden rezipiert. Andererseits beschäftigt Peter I. (genannt *Der Grausame*) von Kastilien bei der Ausgestaltung seines Alcázars im ein Jahrhundert zuvor eroberten Sevilla islamische Handwerker aus Granada, die vom dortigen befreundeten Nasriden-Herrscher Muhammad V. abgestellt sind; somit werden die Reales Alcazares als sevillaner Stadtpalast zeitgleich mit den letzten Bauabschnitten der weltberühmten Alhambra dekoriert und sind in Bezug auf zahlreiche Details der Innenausstattung nahezu identisch mit ihrem granadiner Vorbild. Der Begriff Mudéjar bleibt jedoch seiner ursprünglich soziopolitischen Herkunft durchaus treu: Lediglich die Tatsache eines christlichen bzw. islamischen Auftraggebers entscheidet darüber, ob ein Bauwerk als mudejarisch oder aber maurisch zu gelten hat.

Mudéjar als Nationalstil

Beispiele des somit im christlichen Einzugsbereich entstehenden Mudéjar-Stils finden sich in Spanien allenthalben. Herausragende Zentren bieten die aragonesischen Provinzen Zaragoza und Teruel, wo sich maurische wie jüdische Bevölkerung weit über die Eroberung hinaus besonderer Toleranz erfreut. Anders als Kastilien, das nach dem Höhepunkt der Reconquista mit dem 14. Jahrhundert eine zunehmend inquisitorische Radikalisierung erlebt, übt die Krone von Aragón auf ihre muslimischen Untertanen zunächst keinen Bekehrungsdruck aus. Lebensformen und Gewohnheiten, vor allem aber die religiösen Traditionen der Bevölkerung werden – wie anfänglich auch in Kastilien – weitgehend unverändert praktiziert. Auch das nach der Kapitulation des maurischen Granada ab 1495 einsetzende Kesseltreiben auf die Morisken stößt in Aragón auf Vorbehalte und wird erst mit jahrzehntelanger Verspätung eingeleitet. Die von

Aljafería in Zaragoza (o.l.)
Zaragoza (o.r.)
Teruel (u.l.)
Toledo (u.r.)

Kastilien bereits 1502 konsequent umgesetzte Devise *Bekehrung oder Vertreibung* ist hier schon deshalb schwer zu praktizieren, weil noch zu Beginn des 16. Jahrhunderts ein Großteil der aragonesischen Bevölkerung aus Muslimen besteht, die als Bauern und Handwerker ein erhebliches Steueraufkommen erwirtschaften und für die Krone unverzichtbar sind.

Der Mudéjar wird früh zur regionaltypischen Architektur. Dabei steht beim Kirchenbau die Überformung romanischer und gotischer Substanz mit den oben skizzierten maurischen Stilelementen im Vordergrund; äußerlich sticht eine reich gegliederte Fassadengestaltung unter Verwendung einfacher Baumittel hervor (in erster Linie Ziegel und dekorative Keramik-Elemente); der im südlichen Aragón vorherrschende Lehmboden liefert den natürlichen Rohstoff sozusagen vor die Haustür. Ein Beispiel für großartige Profanarchitektur ist der noch unter den Mauren im 10. Jahrhundert angelegte, später mudejarisch überarbeitete Palastbau der Aljafería in Zaragoza. Wegweisend für die Gestaltung von Turmbauten nach dem Vorbild der Minarette wurde jedoch die von der nordafrikanische Almohaden-Dynastie in Spanien ab Mitte des 12. Jahrhunderts geförderte Ziegel-Architektur. Das Mudéjar-Kirchenensemble von Teruel wurde 1986 als UNESCO-Weltkulturerbe anerkannt.

Die Ursprünge der Lehmbauweise liegen vermutlich im südlichen Bereich der Arabischen Halbinsel. In der Gegend des heutigen Jemen entstehen bereits vor drei Jahrtausenden monumentale Lehmbauten; die dabei verwendete Technik wird von Berbervölkern nahezu im gesamten Nordafrika verbreitet. Bis heute finden sich im südlichen Marokko zahlreiche Kasbashs in imposanter Lehmarchitektur, die optisch mit spanischen Mudéjarbauten einiges gemeinsam haben, Witterung und Erosion allerdings wenig entgegensetzen können. Auf der Iberischen Halbinsel konnte man dem gegenüber an eine bereits zur Römerzeit entwickelte Brenntechnik anknüpfen, die dem luftgetrockneten Ziegel in der Haltbarkeit entschieden überlegen ist. Die Verwendung mehrfach gebrannter Ziegelsteine ist sowohl Bedingung für eine weitgehende Unversehrtheit der Gebäude bis in unsere Tage als auch Voraussetzung einer plastischen Fassadengestaltung unter Verwendung geometrischer Muster.

Bis heute finden sich neben Aragonien vor allem in Kastilien-León und Andalusien zahlreiche Mudéjar-Bauten. Ein weiteres Zentrum ist Toledo in Neukastilien; hier finden sich neben herausragen-

Kasbah in Südmarokko

Luftgetrocknete Ziegel

den Beispielen christlicher Sakralkunst die beiden einzigen erhaltenen Synagogen aus christlicher Zeit (*Santa María la Blanca* und *El Tránsito*). Der Jakobsweg als historische Pilgerroute nach Santiago de Compostela führt zwar durch nordwestliche Territorien, die von den Mauren niemals langfristig besetzt waren; von Mitte des 9. bis ins 11. Jahrhundert galt hier der Duero-Fluss als natürliche Grenzlinie der beiden Spanien. Dennoch kann der Camino de Santiago neben Burgos den Ort Sahagún als Zentrum des gotischen Ziegel-Mudéjar aufweisen. Neben vereinzelten Profanbauten entfällt allerdings der weitaus größte Teil in ganz Spanien erhaltener Mudéjar-Architektur auf Kirchen- und Klostergebäude, hier vornehmlich Turmbauten, die nicht selten auf den Grundriss vormaliger Minarette zurückgehen. Zahlreiche Kirchen mit mudejarischem Einschlag liegen versteckt in Dörfern abseits der touristischen Routen.

Die Stunde des Mudéjar

Mit dem Ende der Reconquista kommt es auf dem Territorium des eroberten Granada nochmals zu einer späten Blüte des Mudéjar, die sich in der dekorativen Gestaltung zahlreicher Sakralbauten

Patio in Ronda

der Renaissance und später auch des Barock (hier jedoch in erster Linie Sevilla) niederschlagen soll. Nicht wenige Dorfkirchen in den Alpujarras, dem Rückzugsbereich der Morisken-Bevölkerung unweit von Granada, sind bis heute als ehemalige Moschee unschwer auszumachen. Vor allem die profane Renaissance-Architektur kleinerer Herrenhäuser verbindet repräsentative Innenhöfe mit Formen und Baumaterialien des Mudéjar. Zu diesem Zeitpunkt entspricht die maurisch-christliche Baukunst längst schon dem architektonischen Geschmack der ansässigen Bevölkerung. Im ästhetischen Gegensatz volkstümlicher Mudéjar-Ensembles zu einer Frührenaissance italienischer Prägung, wie sie als dominierender Stil offizieller Gebäude politisch gefördert wurde, erkennt man deutliche Spuren eines Kulturkampfes. Der Mudéjar jedoch wird zur architektonischen Folklore, zum steingewordenen Zeugnis für den Verlauf spanischer Geschichte bis zum Fall des letzten maurischen Königreichs. Eine vergleichbare Rolle auf dem Terrain volksmusikalischer Traditionen spielt der andalusische Flamenco, dessen soziologische Wurzeln bis ins 14. Jahrhundert zurückreichen.

Das Ausgreifen der Reconquista-Bewegung in die Eroberung der Neuen Welt führt auch in Spanisch-Amerika zu einer Präsenz des Mudéjar: Zahlreiche Kolonialkirchen tragen entsprechende Züge in der Artesanado-Gestaltung (Holz-Konstruktionen). In Portugal, wo der maurisch-christliche Baustil erst lange nach der Unabhängigkeit des 12. Jahrhunderts eine relative Bedeutung erringt, sticht Schloß Sintra nordwestlich von Lissabon hervor, allerdings in handwerklich unzureichender Ausführung bzw. Restaurierung zahlreicher Details

Obwohl die Mudéjar-Epoche mit Ende des 16. Jahrhunderts langsam ausklingt, werden vereinzelt Dekorationselemente der barocken Sakralarchitektur noch zweihundert Jahre später eingebracht. Im Bereich des populären Geschmacks hingegen hat diese Richtung ihre Geltung niemals eingebüßt: Im Schlepptau der Romantik kommt es seit Mitte des 19. Jahrhunderts zu einer Wiederbelebung (Neomudéjar), die vor allem im Bereich öffentlicher Bauten (Bahnhöfe, Stierkampfarenen, Verwaltungsgebäude) bis in die Franco-Zeit andauern soll und

Kirchturm in Archez, Málaga

schließlich ab den siebiger Jahren des 20. Jahrhunderts vom sogenannten Postmudéjar abgelöst wird, wie er heute die Architektur von Ferienanlagen und Hotelgebäuden der Küstenzonen bestimmt. Eine mit den 80er Jahren einsetzende Rückbesinnung auf volkstümliche Architekturmuster (Keramikfliesen, Holzelemente und arabeske Formen) hat diese Entwicklung vornehmlich im Süden begünstigt. Die von maurischer Ästhetik bevorzugte Farbgebung (in erster Linie Blau-, Grün- und Gelbtöne) bestimmt bis zum heutigen Tag das ausgesprochen vielfältige Spektrum jeweils provinztypischer Keramikerzeugnisse. Heute kann Mudéjar weitgehend gleichgesetzt werden mit spanischem Dekorationsstil schlechthin.

Der Mudéjar präsentiert sich als architektonisches Lehrstück über die Beziehung von Religion und Politik, von weltanschaulicher Tole-

Artesanado in Toledo

ranz und ideologischem Fanatismus. Nach der Conquista Granadas und Amerikas steht Spanien über Jahrhunderte in vorderster Front eines imperialistischen Weltbildes, das den staatlich vereinnahmten Katholizismus als pseudo-religiöse Legitimation im Schilde führt. Die Nation wird zum Vorreiter einer militanten Katholizität. Nicht zuletzt eine durch inquisitorische Abwehr von Reformation und Aufklärung bedingte kulturelle Abschottung gegenüber Zentraleuropa führt schließlich zu jener historischen Verspätung, die das intellektuelle Milieu bis weit ins 20. Jahrhundert hinein prägen sollte. Lange Zeit ist man deshalb nicht in der Lage, das eigene maurische Kulturerbe und somit auch den Mudéjar-Stil seiner historischen Geltung entsprechend zu würdigen: Schulbücher und populärwissenschaftliche Literatur bescheinigen den acht Jahrhunderten des iberischen Islams noch in jüngster Vergangenheit bestenfalls episodenhafte Bedeutung.

Angesichts der gegenwärtigen Herausforderung – durch einen sich fundamentalistisch gebärdenden Islam einerseits, daneben durch das inmitten einer plurikulturellen europäischen Gesellschaft erneut polternde Gespenst militanter Xenophobie – zeigt sich der Mudéjar heute in neuem Licht: als Denkmal abendländischer Toleranztradition auf einer historischen Gratwanderung zwischen Religion und Politik.

Neomudéjar: Bahnhof von Toledo

Literatur

BARRUCAND, M./BEDNORZ, A.: Maurische Architektur in Andalusien, Köln 1992

BASTOS, V./ LAFORA, C. : El foco mudéjar toledano. Toledo 1996

BORRAS GUALIS, G.M.: El arte mudéjar en Teruel y su provincia (= Cartillas Turolenses 3/1987) Teruel 1987

BORRAS GUALIS, G. M.: El arte mudéjar, Teruel 1990

BORRAS GUALIS, G.M. : El islam. De Córdoba al Mudéjar, Madrid 1990

DE LOS RIOS, A.: El estilo mudéjar en arquitectura, Paris 1965 (Original 1859)

EL MUDEJAR IBEROAMERICANO: Del islam al nuevo mundo (Ausstellungskatalog), Málaga 1994

NOEHLES-DOERK, G.: Mudéjar-Kunst, in: HÄNSEL, S./KARGE, H. (Hg.): Spanische Kunstgeschichte. Eine Einführung, 2 Bde., Berlin 1992, Bd.I, 173-189

TORRES BALBAS, L: Arte amohade - Arte nazarí - Arte mudéjar (= Ars Hispaniae IV), Madrid 1949

Traumschloss der Mauren

Nach dem Ende des Goldenen Zeitalters gilt die ehemalige Weltmacht Spanien für lange Zeit als Schlusslicht der abendländischen Zivilisation. Erst mit der zweiten Häfte des 18. Jahrhunderts weicht diese abschätzige Haltung europäischer Zeitgenossen einem zunehmenden Interesse an der Iberischen Halbinsel. Im Zeitalter der Romantik wird das Land jenseits der Pyrenäen zum Pflichtprogramm gebildeter Touristen, die nach bestandenen Abenteuern einer beschwerlichen Reise anschaulich zu erzählen wissen. Islamische Bauwerke und maurische Kulturrelikte stehen bald im Mittelpunkt einer überbordenden Reiseliteratur. Namhafte französische und angelsächsische Schriftsteller entwickeln eine regelrechte Maurophilie, die in farbigen Schilderungen islamischer Bauensembles ihren Niederschlag findet. Vor allem die einzigartige Szenerie der Alhambra beflügelt die Fantasie ausländischer Besucher; Granada wird zum Pilgerziel romantischer Autoren, deren Berichte, nicht selten durch Lithografien und Kupferstiche illustriert, weite Verbreitung finden. In der deutschen Romantik etabliert sich der sogenannte *Alhambraismus* als Kunstfigur und zeichnet ein von Nostalgie geprägtes Bild des spanischen Islam als überlegene Zivilisation. Neben dem Massentourismus kann auch die Belletristik in der zweiten Hälfte des vergangenen Jahrhunderts an diese Tradition anknüpfen. Während der Islam zunehmend zum Feindbild des Westens avanciert, erlebt die romantische Stilisierung des maurischen Spanien eine deutliche Renaissance auf dem deutschsprachigen Buchmarkt der 90er Jahre.

TRAUMSCHLOSS DER MAUREN

Die romantische Entdeckung Andalusiens

Raimund Allebrand

Ein Deutscher in Granada

Als die politische Macht des Islam auf der Iberischen Halbinsel nach beinahe acht Jahrhunderten endgültig gebrochen ist, beginnt nach und nach eine literarische Verklärung der maurischen Hinterlassenschaft als Sonderfall der europäischen Geschichte. Als einer der ersten ausländischen Besucher kommt der Nürnberger Arzt und Humanist Hieronymus Münzer bereits im Oktober 1494 in das kurz zuvor (am 2. Januar 1492) von Kastilien besetzte Granada. Er ist in diplomatischer Mission unterwegs, sein *Itinerarium Hispanicum* widmet den Verhältnissen in der unterworfenen Stadt ein lebhaftes Augenmerk. Der lateinisch abgefasste Reisebericht schildert eine orientalisch geprägte Welt, in der sich die importierte und wenig später gewaltsam übergestülpte christliche Lebensform noch als Fremdkörper ausnimmt.

Zu Zeiten Münzers trägt die männliche Bevölkerung keine Hosen, sondern weite maurische Gewänder. Die christlichen Kirchenglocken stehen in Konkurrenz zum Ruf des Muezzins, dem man weiterhin eifrig folgt. Die verschachtelte Bausubstanz des alten Granada ist gänzlich nordafrikanisch geprägt. Trotz erheblicher Veränderungen in den folgenden Jahrhunderten trägt die granadiner Altstadt des Albaicín bis heute diesen Charakter, und die auf einem gegenüberliegenden Hügel errichtete Alhambra gilt in unseren Tagen mehr denn je als Traumschloss der Mauren, dessen Lage und Ausstattung bereits Hieronymus Münzer begeisterten: „So viele hohe Marmorsäulen, es gibt nichts Großartigeres. In der Mitte einer dieser Höfe steht eine weiße Marmorschale, die auf dreizehn ebenfalls aus schneeweißem Marmor gemeißelten Löwen ruht. Ich glaube nicht, dass es in ganz Europa etwas Ähnliches gibt. Alles ist von solcher Pracht, Großartigkeit und so perfekt mit den unterschiedlichsten Materialien erbaut, dass man glaubt, man wäre im Paradies" (Koidl 104). Allerdings musste einige Zeit ins Land gehen, bis weite Kreise der europäischen Öffentlichkeit und auch Bewohner Spaniens lernen konnten, dieses romantische Szenario als islamisches Kulturerbe zu würdigen.

Schwarze Legende

Während wohlhabende und reiselustige Europäer im Rahmen ihrer *Grand Tour* Länder wie Frankreich und Italien bereits in der ersten Hälfte des 18. Jahrhunderts eifrig besuchen, stößt Spanien als Destination lange Zeit auf Ablehnung oder zumindest auf geringes Interesse. Über Jahrhunderte sieht man in dem Land jenseits der Pyrenäen eine Enklave quasi mittelalterlicher Verhältnisse, die mit dem aufgeklärten Europa wenig gemein haben. Mangels geeigneter Reiseliteratur gilt ein Aufenthalt als gewagtes Unterfangen, geographische Abgelegenheit und die sozialen Verhältnisse in Zeiten gesellschaftlichen Niedergangs tun ein Übriges. Entscheidendes Hemmnis ist jedoch, dass sich Spanien seit den Zeiten Philipp II. eines denkbar schlechten Rufs erfreut und die Schwarze Legende vom finsteren Treiben der Inquisition gerade beim französischen Nachbarn auf fruchtbaren Boden fällt, seit sie von Voltaire in seinem *Essai sur les moeurs* (ab 1741) nochmals unterstrichen wurde.

Bis zu diesem Zeitpunkt Mitte des 18. Jahrhunderts hatte sich unter Gebildeten wie in einfachen Kreisen Europas ein Spanienbild verfestigt, das der einstigen Weltmacht einen Platz auf den untersten Rängen zeitgenössischer Zivilisation zuwies. Eine offensichtliche soziale und kulturelle Dekadenz seit Ende des Goldenen Zeitalters wurde von den konkurrierenden Kolonialmächten im Rahmen der *leyenda negra* propagandistisch ausgeschlachtet. Daneben schien das Land in seiner kämpferischen Ablehnung von Reformation und Aufklärung hoffnungslos in mittelalterliche Verhältnisse verstrickt und deshalb reformunfähig. „Im Rahmen des kulturhistorischen Phänomens der *Grand Tour* blieb Spanien *terra icognita*" (Bodenmüller 399).

Erst die Reisebriefe des Italieners Giuseppe Baretti, der Spanien ab 1760 besucht, leiten eine Rehabilitation des Landes im europäischen Bewusstsein ein. Indem er Landschaften und Städte, Volks- und Kulturleben treffsicher beschreibt und sich nicht zuletzt für arabische Kunstschätze und die Dichtung des Goldenen Zeitalters interessiert, beginnt mit seinen ab 1762 publizierten Berichten eine neue Ära des Spanienbildes (vgl. Hinterhäuser 77-82, Bodenmüller 410-13).

In den folgenden Jahrzehnten avanciert die Iberische Halbinsel zum Pilgerziel zahlreicher Besucher des englischen, französischen und deutschen Sprachraums, die sich anstelle römischer und griechischer Altertümer einer maurischen Baukunst zuwenden, der man eine wichtige Rolle für die Entwicklung der gotischen Architektur zuschreibt. Einen frühen Höhepunkt in der Beschäftigung mit islamischen Bauwerken bildet der Reisebericht von Henry Swinburne des Jahres 1779, dessen Abbildungen entscheidend zur Verbreitung visueller Vorstellungen beitragen (vgl. Engel 136-41). Der nach und nach einsetzende und durch zahlreiche Publikationen begünstigte Wandel des Spanienbildes gipfelt bis Ende des Jahrhunderts in einer regelrechten Maurophilie, die sich aber noch erheblich steigern sollte.

Die Romantiker

Nach der Jahrhundertwende gehören Granada und Sevilla zum Pflichtprogramm des romantisch gesinnten Europäers, der neben unsicheren Wegen und kargem Quartier auch Schmalhans als Küchenmeister nicht scheut, aber reichlich entschädigt wird, wenn er nach bestandenen Prüfungen anschaulich zu erzählen weiß. Die Iberische Halbinsel verspricht dem aufgeklärten und an der Zivilisation krank gewordenen Zeitgenossen eines der letzten Abenteuer auf europäischem Boden. Mit politischer und wirtschaftlicher Rückständigkeit verbindet sich eine Originalität, die der Tourist als exotisches Kontrastbild zum entwickelteren Europa bereits vor zwei Jahrhunderten sucht. Hinzu kommt das Erbe der islamischen Epoche und eine für Nordeuropäer exotische Botanik. Der Schriftsteller Stendhal erklärt nach kurzem Aufenthalt in Sevilla: „Andalusien ist eine der lieblichsten Stätten, die sich die Sinnenlust zum Wohnsitz erkoren hat. [...] Als die Mauren Andalusien aufgaben, hinterließen

Stich von D. Roberts (ebenso Seiten 145, 147, 152)

sie dort ihre Baukunst und einen guten Teil ihrer Sitten [...]. Während der unerträglichen Sommerhitze, wenn wochenlang das Thermometer auf dreißig Grad [...] steht und nicht heruntergehen will, ist unter den Säulengängen köstlicher Schatten. Mitten in den Gärtchen ergießt sich in der Regel ein Springbrunnen, dessen eintöniges, trauliches Plätschern das einzige Geräusch ist, das diese zaubervolle Abgeschiedenheit stört. Das marmorne Becken ist von einem Dutzend Orangen- und Oleanderbäumchen umsäumt. Ein dichtes, zeltförmiges Leinentuch überdeckt das ganze Gärtchen, schützt es vor den Sonnenstrahlen und dem Licht und lässt nur die leichten Brisen durch, die gegen Mittag von den Bergen her wehen" (Hinterhäuser 121 f.).

Als einer der frühen romantischen Entdecker Iberiens macht sich der Pariser Politiker und Lebemann François René Chateaubriand 1807 kurz vor den Unabhängigkeitskriegen (1808 bis 14) auf den Weg nach Granada und publiziert zwei Jahrzehnte später einen Essay über den Niedergang der Maurenherrschaft und die Abenteuer des letzten Abencerragen (1827). Zahlreiche Landsleute folgen seinen Spuren – die Mehrheit eher unfreiwillig mit den Invasionstruppen Napoleons, aber nach Beendigung des Krieges werden die Reihen der überzeugten Hispanophilen über Jahrzehnte hinweg immer dichter. Théophile Gautier, der im Mai 1840 für sechs Monate ins Land kommt, offeriert seinen Landsleuten ein hoffnungslos rückständiges und bodenlos romantisches Spanien und erklärt dem Leser, warum jenseits der Pyrenäen Afrika beginnt. Seine Ankunft in Andalusien beschreibt er mit botanischen Beobachtungen, die bis heute gültig sind: „Sobald man die Sierra Morena überschritten hat, ändert sich die Landschaft vollkommen; es ist, als käme man plötzlich von Europa nach Afrika. Auf dem Wege zu ihrem Loch ziehen die Vipern ihre schrägen Spuren im feinen Sand der Straße. Die Agaven beginnen, ihre großen, stachligen Säbel am Grabenrand zu schwingen. Die mächtigen Fächer aus dicken, fleischigen, bläulich-grünen Blättern verwandeln die Szenerie mit einem Mal. Man fühlt sich wirklich in ein anderes Land versetzt und glaubt, man habe Paris für immer verlassen. Der Wechsel in Klima, Architektur und Tracht befremdet einen weniger als der Anblick dieser Riesenpflanzen der heißen Zonen, die wir nur in Gewächshäusern zu sehen gewohnt sind. Die Lorbeersträucher, die Stein- und Korkeichen, die Feigenbäume mit ihrem gelackten, metallischen Laub haben etwas Freies, Robustes und Wildes an sich, was auf ein Klima hindeutet, in dem die Natur stärker ist als der Mensch und ohne ihn auskommen kann" (Gautier 40f.).

Die Alhambra wird zum wichtigsten Anziehungspunkt für Reisende, die ein spezielles Interesse an maurischer Baukunst entwickeln. Wie kein anderes Gebäude auf iberischem Boden hat dieser Palast die Phantasie ausländischer Besucher beflügelt und zu literarischer Produktion angeregt. Mythen und Legenden ranken sich um das Bauwerk, als es seine Funktion als Wehranlage und Verwaltungssitz, als Wohnpalast und Residenz der nasridischen Herrscher längst verloren hat. Der spätere nordamerikanische Botschafter in Madrid, Washington Irving, entdeckt 1829 die schillernde Magie des maurischen Granada und nimmt für vier Monate Quartier in den verlassenen und verfallenden Gemächern der Alhambra, die von Bettlern, Gaunern und Haustieren bevölkert ist und dem sentimentalen Ausländer vom Gouverneur der Stadt als Wohnung überlassen wird. Neben zwei Werken über Columbus und einer Chronik der Eroberung Granadas begründen vor allem die *Erzählungen von der Alhambra* aus der Feder Irvings, in zahlreiche Sprachen übersetzt und bis heute oftmals aufgelegt, den literarischen Ruhm dieses Autors. Beim erstmaligen Erscheinen im London des Jahre 1832 macht dieses Buch seinen Verfasser auf einen Schlag berühmt.

„Der besondere Reiz dieses alten, träumerischen Palastes liegt in der ihm innewohnenden Macht, träumen zu lassen und Bilder aus der Vergangenheit hervorzuzaubern, die die nackte Wirklichkeit hinter dem schönsten Schleier der Illusion verbergen und die Härte des Kampfes ums Dasein abschleifen. Da es mir Freude machte, in diesen eitlen Schatten zu wandeln, suchte ich mit Vorliebe jene Teile der Alhambra auf, die zum Träumen einluden und dieses schöne Schattenspiel des Geistes förderten. Der Löwenhof und die ihn umgebenden Hallen sind wohl die geeignetsten Orte dazu. Hier ist die Hand der Zeit am schonendsten gewesen, und noch sind die Spuren maurischer Eleganz und Pracht fast in ihrem ursprünglichen Glanz vorhanden. Erdbeben haben die Fundamente der Burg erschüttert, ihre stärksten Türme und Mauern zeigen Risse. Doch siehe, nicht eine einzige der schlanken Säulen des Löwenhofes wurde verrückt, nicht ein Hufeisenbogen [...] hat nachgegeben. Und all die zarten Schnitzereien und Stuckarbeiten an den gewölbten Decken, so fein wie Eisblumen an Fensterscheiben, erfreuen uns heute noch nach

Jahrhunderten und sind so frisch und schön, als kämen sie eben aus der Werkstätte des maurischen Künstlers" (Irving 99).

Seine Begeisterung teilt Irving mit nicht wenigen Reisenden, die in der ersten Hälfte des 19. Jahrhunderts Andalusien besuchen. Dabei kommt es in Mode, zumindest einige Tage in den Gemäuern der Alhambra zu verbringen oder, besser noch, wochenlang dort zu nächtigen. Als einer der ersten wohnt der Brite James C. Murphy im Jahre 1802 längere Zeit in dem Areal, um die Architektur zu vermessen und zeichnerisch zu dokumentieren. Später berichtet Richard Ford, der Palast sei *nichts weiter als eine Ruine* (Koidl 103), die für seinen mehrmonatigen Aufenthalt im Jahre 1831 mühsam durch Renovierung einiger Räume hergerichtet wurde: „Der Gärstoff des Hasses gegen ihre [der Spanier] früheren Rivalen, die Mauren, und ihre Werke ist nicht erloschen. Die Verehrung des Maurischen beleidigt sie, ja, sie ärgern sich über die Vorliebe der Ausländer für diese Relikte, die sie barbarisch verunstaltet haben, als ob diese Vorliebe eine spanische Minderwertigkeit implizieren würde" (Koidl 83). Ein Vergleich der Errungenschaften maurischer Baukunst und der hinter diesen steinernen Zeugen vermuteten überlegenen islamischen Kultur mit der zeitgenössischen einheimischen Gesellschaft Mitte des 19. Jahrhunderts fällt bei zahlreichen ausländischen Besuchern vernichtend aus: Dekadenz und Ignoranz.

Verfall und Dekadenz

Jean Charles Davillier, der 1862 beinahe die gesamte Halbinsel bereist, führt beredte Klage über Zweckentfremdung und Verfall des Alhambra-Areals: „Am Ende des siebzehnten Jahrhunderts wurde die Alhambra zu einer Zufluchtsstätte für zahlungsunfähige Schuldner; zur gleichen Zeit diente sie einer ganzen Schar von Landstreichern, Dieben und anderen zwielichtigen Gestalten als Unterschlupf. Später, als der maurische Palast in die Obhut des Statthalters überging, hat anscheinend die Mehrzahl der mit Bewachung und Erhaltung der Anlage Betrauten alles darangesetzt, seinen Verfall zu beschleunigen" (Koidl 107).

Bereits Karl V., der 1526 nach seiner Hochzeit mit Isabel von Portugal nach Spanien kam, ließ einen Teil des maurischen Wohnbereichs einreißen, um einen Renaissancepalast zu errichten. In der Folgezeit setzte die spanische Krone wiederholt Gelder ein, um den Erhalt des maurischen Komplexes zu ermöglichen, Reparaturen beschränkten sich jedoch auf das Allernötigste. Als französische Besatzungstruppen sich 1812 zum Verlassen der Stadt gezwungen sehen, sprengen sie erhebliche Teile der Befestigungsanlagen. Ab diesem Zeitpunkt liegen Teile des Areals in Schutt und Asche, zudem wird die Alhambra seitens der Krone an private Pächter vermietet: So ist etwa der deutsche Bankier Arthur Gwinner ab 1886 zunächst Nutzer, danach Besitzer fast des gesamten östlichen Areals und bleibt es bis 1921.

Nach der Franzosenzeit wird über Jahrzehnte nicht allein die Innendekoration der Palastgemächer durch Abschlagen von Kacheln und Friesen nach Kräften geplündert, auch die Bausubstanz leidet Schaden durch das Herausreißen von Wänden, Holzdecken und von Türen, die als Brennholz Verwendung finden. Dabei tun sich allerdings gerade romantische Besucher nicht selten als Schatzräuber hervor, die auf original maurische Souvenirs nicht verzichten wollen. Ansätze einer denkmalpflegerischen Erhaltung gibt es ab 1870, als der gesamte Komplex – nicht zuletzt unter dem Eindruck eines massiv gewachsenen ausländischen Interesses – zum nationalen Monument erklärt wird.

An den Spaniern selbst geht die Entdeckung ihres in Europa einzigartigen historischen Erbes zunächst weitgehend spurlos vorüber. In seinen 1860 publizierten Impressionen aus dem Marokko-Feldzug hatte der Granadiner Schriftsteller Pedro Antonio de Alarcón

die dort angetroffenen Muslime manchem Vergleich mit den zeitgenössischen Spaniern unterzogen und gemeinsame historische Wurzeln entdeckt, obgleich er die Zustände in Marokko als barbarisch denunzierte und dem Kolonialland Spanien, im Gegensatz zur verklärten Epoche der *poetischen Alhambra-Bewohner* (Alarcón), einen gegenwärtig höheren zivilisatorischen Rang attestierte. Als einer der ersten einheimischen Intellektuellen, die in der maurischen Hinterlassenschaft Merkmale der eigenen Identität entdecken – wie sie vom Historiker José Amador de los Ríos ab Mitte des Jahrhunderts herausgestellt werden –, unternimmt Alarcón später eine Reise in das ehemalige Rückzugsgebiet der Morisken unweit von Granada und veröffentlicht 1873 seinen Bericht *Las Alpujarras*.

Die literarische Eroberung eines Landes, das im Vergleich zu entwickelteren Regionen Europas auch politisch und kulturell weitgehend in der Vergangenheit lebt, bleibt jedoch bis dahin Ausländern vorbehalten; deren Impressionen vermitteln den Grundstock eines pittoresken Spanien-Bildes, das später von Einheimischen bereitwillig übernommen wird und schließlich im Rahmen des Massentourismus mit der zweiten Hälfte des 20. Jahrhunderts eine ungeahnte Wirkung entfalten kann. Unter anderen sticht Richard Ford hervor, dessen *Handbook for Travelers in Spain* (1845) und *Gatherings from Spain* (1846) auch die weniger romantischen sozialen Verhältnisse im

Lande nicht außer Acht lassen. Der Autor, dessen dreijährige Spanienexkursion ab 1830 in beinahe alle Regionen der Iberischen Halbinsel führt, der zudem einen Abstecher in den Norden Marokkos nicht scheut, entwickelt einen unbestechlichen Blick für die Unzulänglichkeiten seiner Umgebung. Ford liefert teils drastische Beschreibungen der kulturellen Situation, stuft in diesem Zusammenhang die zeitgenössische granadiner Gesellschaft als *langweilig* ein und lässt kaum ein gutes Haar an den Bewohnern der Stadt und ihrer *bücherlosen Ignoranz* (Koidl 82). Doch sieht auch Ford eine heruntergekommene Gegenwart auf dem Kontrast des glänzenden Gestern, eingebettet in die landschaftliche Szenerie der Sierra Nevada: „Nichts kommt der außergewöhnlichen Schönheit der Alhambra gleich. Wir leben hier mit der wunderbar erfrischenden Brise von den verschneiten Bergen über uns, parfümiert von Tausenden von Weingärten, Orangenhainen und Granatäpfelbäumen, besungen von Nachtigallen, [...] und all das zwischen sprudelnden Bächen und niemals versiegenden Brunnen" (Koidl 99).

Zigeuner statt Mauren

Auf literarischem Reiseterrain stehen Victor Hugo (1843), Alexandre Dumas (1847) und bereits 1809 Lord Byron (Alhama-Ballad, 1818) neben Dutzenden weiteren Autoren von durchaus unterschiedlichem Temperament und Intellekt. Gemessen an den scharfsinnigen Beobachtungen eines Téophile Gautier beispielsweise sind die langatmigen Schilderungen des Dänen Hans Christian Andersen, der Spanien 1862 gleichsam als Nachzügler bereist, von einer gewissen Einfältigkeit.

An die Stelle des Mauren (oder Mohren) als ethnisch differenzierendes Element zum übrigen Europa tritt in der romantischen Literatur zuweilen der ebenfalls besonders mit dem spanischen Süden in Verbindung gebrachte Zigeuner *(gitano)*, der nach Anmutung und Lebensform alle Aspekte des Orientalischen bietet und als exotische Musikvariante den Flamenco beisteuern kann. Die Gleichsetzung Spaniens mit Andalusien führt dabei zur Konzentration auf einen Gitano-Topos, der schließlich dem vermeintlichen iberischen Nationalcharakter eine gehörige Portion *Liebe – Drama – Wahnsinn* in Gestalt des Carmen-Sujets untermischt.

Die Kunde von pittoresken Landschaften und arabischen Kultur-relikten im tiefen Süden Europas veranlasst den französische Schrift-steller Prosper Merimée 1830 zu einem mehrmonatigen archäolo-gischen Forschungsaufenthalt in Andalusien. Im Mittelpunkt seiner Eindrücke stehen aber schließlich nicht Baudenkmäler der Römer- und Maurenzeit, sondern die Begegnung mit einem ursprünglichen Volkscharakter, den er im Süden erlebt. Persönliche Erfahrungen und die Schilderungen von Weggenossen bieten den Grundstock zur berühmten Carmen-Novelle, deren französisches Original nach ei-ner weiteren Spanienreise des Autors 1845 erscheint.

Der Romancier erzählt die Geschichte vom nordspanischen Of-fizier José, der sich in das andalusische Zigeunermädchen Carmen verliebt und darüber zugrunde geht. Nebenher schildert er nicht al-lein das volkstümliche Ambiente Sevillas, sondern auch eine wildro-mantische Szenerie um das Landstädtchen Ronda, das erst in jünge-rer Zeit vom Tourismus wieder entdeckt wurde. Die Carmen-Oper von Georges Bizet, in weitgehender Treue zum literarischen Vorbild, wurde nach der Wiener Erstaufführung von 1875 schlagartig zum Welterfolg, dessen einprägsame Melodien man bis heute auf der Straße pfeift. Das von Merimée verewigte Carmen-Motiv erlebte im 20. Jahrhundert mehr als 30 Verfilmungen, eine der jüngsten durch den spanischen Regisseur Carlos Saura, der das Thema mit Impres-sionen aus dem Flamenco-Milieu anreichert und seit 1982 vor allem in Deutschland lebhafte Aufnahme findet – wo man bereits auf eine lange Tradition des Spanien-Orientalismus zurückblicken kann.

Alhambraismus in Deutschland

Bereits J. G. Herder gelangte ab 1777 bei der Übertragung spanischer Romanzen durch das dort vorgestellte Bild des ritterlichen Mauren zu der Auffassung, die Araber seien Lichtbringer der europäischen Kultur, vor allem der Dichtkunst, die Spanier folglich kulturell ver-edelte Araber, die idealerweise einem edlen Maurentum nacheifer-ten. Das Renaissancewerk *Las Guerras Civiles de Granada* über die Schlussphase des Emirates aus der Feder des *Erzpriesters* Gines Pé-rez de Hita (1593) wird für Herder zu einem wichtigen Referenz-punkt. Für A. W. Schlegel, der sich zweihundert Jahre nach Pérez de Hita ebenfalls auf diesen beruft (Morayzela, Sultanin von Granada

– 1796), ist Spanien bereits ein *Vaterland der Romantiker*. In seinen Vorlesungen *Über dramatische Kunst und Literatur* nimmt er das spanische Volk zu Beginn des 19. Jahrhunderts ausdrücklich gegen alle Varianten der Schwarzen Legende in Schutz (vgl. Hinterhäuser 103-118). In der deutschen Romantik etabliert sich fortan der sogenannte *Alhambraismus* als Kunstfigur und findet seinen Niederschlag vor allem in Dichtungen aus der Feder von Ludwig Uhland, Clemens Brentano (*Alhambra*, 1803) und Heinrich Heine, die nicht von eigener Reiseerfahrung, sondern lebhafter Fantasie getragen sind.

In seinen von *Almansor* inspirierten Werken (Tragödie von 1823 und diverse Gedichte) setzt H. Heine nicht dem gleichnamigen maurischen Diktator ein Denkmal, sondern knüpft fiktive Dialoge um die ideologische Thematik von Terror und Toleranz. Die spätere Ballade *Almansor* greift den Topos erneut auf und erzählt in Knüttelversen das Schicksal eines muslimischen Ritters, der sich um der Liebe einer Dame willen als Christ ausgibt – die von Katholiken zweckentfremdete Mezquita in Córdoba dient hier gleichsam als antiklerikale Kontrastfolie; der deutsche Dichter bringt ein Gutteil eigener Problematik in das historische Thema ein: „O ihr Säulen, stark und riesig / Einst geschmückt zu Allahs Ruhme / Jetzo müsst ihr dienend huldgen / Dem verhassten Christentume!"

„Andalusien zeigt sich den deutschen Romantikern als Wiege des Orientbildes, das erst von den Franzosen und Deutschen zur literarischen Mode zugeschnitten und dann von Spaniern wiederum begeistert rezipiert wurde" (Hoffmeister 157). Ein Nachzügler auf diesem Weg ist Rainer Maria Rilke, der im Winter 1912/13 die touristische Entdeckung des Bergstädtchens Ronda einleitet und dort mit einem Denkmal geehrt wurde. In zahlreichen Briefen, Tagebuchfragmenten und einigen Gedichten, die auf spanischem Boden entstanden, spielen allerdings maurische Impressionen aus Toledo, Córdoba und Sevilla, die der Poet vor seinem längeren Aufenthalt in Ronda aufsucht, kaum eine Rolle; anscheinend ist Rilke zu sehr beschäftigt mit sich und einer lang anhaltenden Depression. Immerhin zeigt er sich beeindruckt von der baulichen Harmonie der Großen Moschee in Córdoba und gleichzeitig erschrocken über die Nutzung des Gebäudes als katholische Kirche, *man möchte sie auskämmen wie Knoten aus schönem Haar* (Söllner 53).

Das romantische Bild

Im Mittelpunkt der ab etwa 1830 überbordenden Reiseliteratur stehen unter anderen drei Elemente: exotische Landschaften und die Botanik des nordafrikanisch geprägten spanischen Südens; vorsintflutliche soziale Zustände und die daraus resultierenden Gefahren am Wegesrand – vor allem in Gestalt allgegenwärtiger Räuberbanden, der gefürchteten bandoleros –, daneben die orientalisch anmutende Sonderwelt der *gitanos*, die nicht selten einem eher zwielichtigen Broterwerb nachgehen oder zumindest so geschildert werden; und schließlich das eindrücklichste Motiv von allen – die bauliche Hinterlassenschaft der Maurenzeit in Schlössern und Moscheen der Hauptstädte, aber auch abseits der Ortschaften in zahlreichen Garten- und Befestigungsanlagen. Kein Wunder also, dass Andalusien zum Mekka der Kupferstecher avanciert. Neben den architektonischen Ensembles ist die Reiseliteratur von deren ebenso malerisch dargestellten Bewohnern bevölkert.

Erheblichen Anteil am Publikationserfolg zahlreicher Reiseberichte haben die darin enthaltenen Illustrationen. Mit Ende des 18. Jahrhunderts widmen sich bildende Künstler, nicht selten aber auch Architekten, verstärkt der Aufrisszeichnung bedeutender Bauwerke. Bereits Napoleon zählt während seines ägytischen Feldzugs Zeichner unter seinen Truppen, die eine frühe Orientforschung mit Skizzen pharaonischer Monumente sowie Impressionen des Lebens am Nil bereichern. Auf diese Tradition können wenig später Eugène Delacroix und zahlreiche kongeniale Künstler mit phantasievollen Gemälden einer orientalischen Märchenwelt zurückgreifen. Von kolorierten Lithographien begleitete Reiseberichte werden zum Renner auf dem Buchmarkt. Der 1843 von John L. Stephens in New York veröffentlichte Report über seine Wiederentdeckung der Maya-Tempel im Urwald Yucatans beispielsweise wäre ohne die Abbildungen seines Begleiters Frederick Catherwood, der mit zeichnerischer Präzision die Wirkung eines romantischen Ambientes verbindet, vermutlich nicht halb so enthusiastisch aufgenommen worden.

Frühe Abbildungen der Alhambra bieten vereinzelte Werke bereits seit Ende des 16. Jahrhunderts. Im Rahmen der romantischen Entdeckung zieht es schließlich mit zunehmender Reiseaktivität auch Zeichner und Maler auf die Halbinsel, deren Werke teils in eigenständigen Mappen erscheinen, teils als Illustration einschlägiger Rei-

sebücher Verbreitung finden. Hervorragend sind hier die Stahlstiche des Schotten David Roberts (in Spanien 1832/33) wie des Franzosen Gustave Doré (1873), die durch genaue Abbildung zahlloser architektonischer Details inmitten einer pittoresken, nicht selten morbid anmutenden Umgebung eine gewaltige Wirkung erzielen. Originalausgaben ihrer Werke werden heute auf dem antiquarischen Markt zu Höchstpreisen gehandelt, moderne Reproduktionen sind in großer Zahl verbreitet. Der Beitrag dieser und weiterer Künstler (Alexander Laborde, John F. Lewis, James C. Murphy u.a.) zur Verbreitung eines romantischen Andalusienbildes kann kaum überschätzt werden. David Roberts, der im Anschluss an sein spanisches Jahr in den Nahen Osten reist, ist in späteren Lithographien der maurischen Kunst deutlich von altägyptischen Monumenten beeinflusst und zeichnet zuweilen eine Alhambra mit pharaonischen Ausmaßen. Besucher Granadas, die sich durch seine Illustrationen inspirieren ließen, können diese Dimension zu ihrer Enttäuschung zumeist nicht wiederfinden.

Der Seufzer des Mauren

Das Schicksal Spaniens im Anschluss an die romantische Entdeckung gibt wenig Anlass zu idyllischer Betrachtung. Nach sozialen Wirren und verlorenem Krieg gegen Nordamerika, Verlust von Kolonien und nordafrikanischen Territorien erlebt das Land nach der Katastrophe des Bürgerkriegs lange Jahre der Diktatur unter Francisco Franco. Mit dem Tod des Generalísimo katapultiert sich allerdings ein aufstrebendes und schnell demokratisiertes Spanien erstaunlich bald auf die soziale und kulturelle Augenhöhe Europas. Damit gehen zahlreiche pittoreske Dimensionen auf immer verlustig, die einst zum festen Repertoire des Spanienbildes gehörten – an erster Stelle jene sprichwörtliche Rückständigkeit, die inzwischen längst einer nahezu flächendeckenden Modernisierung gewichen ist.

Steht Spanien seit einem halben Jahrhundert im Begriff, seiner Vergangenheit definitiv Adiós zu sagen und endgültig europäisch zu sein, so entfaltet der Slogan *Spain is different* weiterhin seine Wirksamkeit – in erster Linie im Dienste des Fremdenverkehrs. Anlass dazu bietet ein Geschichtsverlauf, dessen Besonderheiten sich je nach Bedarf in den Vordergrund rücken lassen. Dabei endet die Betrachtung für gewöhnlich bald im Aufzeigen von Antinomien und historischen Gegensätzen. Je nach Betrachtung ist Spanien maurisch oder christlich, urkatholisch oder plurikulturell, klerikal oder anarchistisch, feudalistisch oder proletarisch, traditionell oder postmodern – Belege der einen oder anderen Version lassen sich stets finden, wenn es der jeweiligen Perspektive des Interpreten gefällt. Noch Mitte des 20. Jahrhunderts sieht eine Generation konfessionell inspirierter deutscher Schriftsteller im katholischen Spanien ein unverwüstliches Bollwerk gegen Atheismus und Modernität. Jahrzehnte später tritt jedoch eine interkulturelle Thematik erneut in den Vordergrund: das Verhältnis der Religionen und Kulturen in Zeiten ideologischer Verhärtung. Als positiven Kontrast zu den Schrecken der Inquisition beschwört man jetzt erneut ein edles Maurentum als Wächter der Toleranz.

Ein Vorläufer dieser Strömung ist Lion Feuchtwanger, dessen Roman *Spanische Ballade* von 1956 eine erhebliche Wirkungsgeschichte verbuchen kann. Während Schriftsteller wie Reinhold Schneider oder Bruce Marshall in den 50er Jahren am katholischen Profil Spaniens feilen, entdeckt der Erfolgsautor Feuchtwanger eine plurikulturelle

Dimension im christlichen Toledo des Mittelalters. Konsequenterweise und treu seiner eigenen Herkunft stellt er jene Gruppe in den Mittelpunkt der Darstellung, die nach der Einnahme der Stadt durch Kastilien zunehmend zwischen die Fronten und ins Abseits der Geschichte geriet: die sefardischen Juden. Die kastilische *Crónica general* aus dem letzten Drittel des 13. Jahrhunderts berichtet über eine Jüdin, die als Favoritin König Alfons VIII. von Granden des Hofes ermordet wurde. War der historische Stoff bereits literarische Vorlage für Racine, Lope de Vega und Franz Grillparzer, so präsentiert Feuchtwanger seine Version der *Jüdin von Toledo* als Innensicht einer verfolgten Minderheit und setzt der spanischen Synagoge ein nachwirkendes Denkmal. Akribische Einarbeitung in historische Hintergründe bewahren den Autor allerdings nicht vor einer Idealisierung des maurischen Spanien, die zu seiner Zeit eher ungewöhnlich ist, dem Absatz des Werkes indes nicht geschadet hat.

Zwanzig Jahre nach Feuchtwangers Publikumserfolg, der das Spanienbild einer Generation beeinflusste, kehrt das Mittelalter erneut zurück in die deutschen Buchregale: Der Romancier Otto Zierer entführt seine Leser in das *Córdoba* des Kalifats und schildert mit der Liebe eines jungen Muslims zu einer baskischen Grafentochter gleichzeitig die *Geschichte des spanischen Maurenreichs* (1976). In seinem voluminösen und aufwändig recherchierten Werk *Die Brücke von Alcántara* (1988) siedelt Frank Baer im folgenden Jahrzehnt die interkulturelle Thematik in der Zeit der Taifa-Reiche an: Biographien dreier Zeitgenossen des 11. Jahrhunderts – Jude, Christ und Muslim –, die sich auf verschiedenen Erzählebenen immer wieder begegnen, geben Aufschluss über den verwirrenden politischen wie religiösen Frontverlauf jener Jahre. Von der ungebrochenen Faszination des Sujets zeugt schließlich der jüngere Erfolgsroman *Mondlaub* von Tanja Kinkel (1995), der die Endphase des spanischen Islams beschreibt und eine junge Muslima aus Granada an den kastilischen Hof führt, wo sie den Untergangs der nasridischen Herrscherhauses erlebt.

Kann sich der interessierte Leser mit Hilfe dieser über Jahrzehnte hinweg gleichsam als interkulturelle Saga publizierten Werke ein farbiges und manchmal schillerndes Bild beinahe aller Phasen der Auseinandersetzung zwischen Mauren und Christen auf spanischem Boden machen, so bringt die Übersetzung internationaler Bucherfolge (Ali, Gala, Gordon, Maalouf u.a.) eine weitere Akzentuierung des Themas. Seit Ende der 80er Jahre erscheinen auf dem deutschen Buchmarkt rund zwei Dutzend belletristische Werke, die sich dem Themenkreis *Maurisches Spanien – Drei Kulturen – Reconquista – Inquisition* widmen und Hintergründe aufgreifen, die historisch zumeist in der Übergangszeit des 15. und 16. Jahrhunderts angesiedelt sind. *Terror und Toleranz* werden somit zu einem Schlüsselthema des historischen Spanienromans.

„Spanien stellt für das romantische Deutschland sowohl Mittelalter als auch Orient dar, weshalb es wie kein anderes Land exemplarische Bedeutung erlangte" (Hoffmeister 156). Diese Feststellung ist gemünzt auf die romantische Entdeckung im 19. Jahrhundert, gilt jedoch unverändert auch zu Beginn des dritten Jahrtausends. Während sich aber der Orient aus heutiger westlicher Perspektive zunehmend verkürzt auf Befürchtungen gegenüber einem fundamentalistisch reduzierten Islam, beschwört die jüngere Belletristik das muslimische Spanien als überlegene Kultur und gleichzeitigen Verlierer der europäischen Geschichte: In der Abgeschlossenheit seines Gestern kündet al-Andalus von besseren Zeiten.

Literatur

Quellensammlungen

HINTERHÄUSER, H. (Hg): Spanien und Europa. Texte zu ihrem Verhältnis von der Aufklärung bis zur Gegenwart, München 1979
KOIDL, N. (Hg): Granada. Ein literarisches Porträt, Frankfurt a.M. 2001
SÖLLNER, E. (Hg): Rilke in Spanien. Briefe – Gedichte – Tagebücher, Frankfurt a.M. 1993
WOLFZETTEL, F. (Hg): Spanische Wanderungen 1830-1930, Hamburg 1991

Klassische Spanientexte

ANDERSEN, H.C.: In Spanien, Hamburg 1998 (Original 1863)
GAUTIER, T.: Reise in Andalusien. München 1994 (Original 1843)
IRVING, W.: Erzählungen von der Alhambra. Editorial Miguel Sánchez, Granada o.J. (Original 1832)
MÉRIMÉE, P.: Carmen. Novelle, Stuttgart 1983 (Original 1845)

Belletristik (Auswahl)

ALI,T.: Im Schatten des Granatapfelbaums. Roman, München 1992
BAER, F.: Die Brücke von Alcántara. Roman. München 1988
BEN NACHUM, J.: Die Beichte des Andrés González. Roman, München 1994
COLLIOT, R.: Die Geliebte des Sultans. Roman, München 1993
CYRAN, E.: Abend über der Alhambra. Historischer Roman, Heilbronn 1991
DE SILVA, C.: Alhambra. Roman, München 1993
FEATHER, J.: Unheil über der Alhambra. Roman, Berlin 1992
FEUCHTWANGER, L.: Die Jüdin von Toledo. Roman. Frankfurt/M 1999
(Original: Spanische Ballade, 1956)
GALA, A.: Die Handschrift von Granada. Roman, Frankfurt/M 1994
GORDON, N.: Der Medicus von Saragossa, München 1999
KINKEL, T.: Mondlaub. Roman, München 1995
KUNIK, W.: Der Katalane. Roman, München 2004
KÖSTER-LÖSCHE, K.: Die Hakima. Roman, München 1997
MAALOUF, A.: Leo Africanus. Roman, München 1988
MONTE, R.: Die Zauberin von Toledo. Roman, München 2000
OBERMAIER, S.: Torquemada. Roman, Reinbek b. Hamburg 1994
ROE, C.: Der blinde Heiler von Girona. Roman, Reinbek. b. Hamburg 2001
ROSS, C.: 1492. Aufbruch ins Abenteuer. Historischer Roman, München 1992
SOMMER, E.: Botschaft aus Granada. Roman, Wien 1987
ZIERER, O.: Córdoba. Geschichte des spanischen Maurenreiches. Roman, München 1976

Sekundärliteratur

BODENMÜLLER, Th.: Der Blick von außen. Spanien in europäischen Reiseberichten des 18. Jahrhunderts, in: Germanisch-Romanische Monatsschrift, Band 51, Heft 4 (2201) 397-418
BRIESEMEISTER, D.: Das Spanienbild im Wandel der Zeiten, in: Burmeister, Hans Peter (Hg): Spanien – Die Entdeckung einer europäischen Kultur, Loccum 1998, 208-229.
BRIESEMEISTER, D.: Spanische Kunst in europäischen Reiseberichten. Stationen aus vier Jahrhunderten, in: Noehles-Doerk a.a.O. 13-33
BRIESEMEISTER, D.: Die Iberische Halbinsel und Europa: ein kulturhistorischer Rückblick, in: Aus Politik und Zeitgeschichte 8 (1986), 13-27
ENGEL, U.: "A Magic ground". Engländer entdecken die maurische Architektur im 18. und 19. Jahrhundert, in: Noehles-Doerk a.a.O. 131-52
HEITSCH, F.: Antonio Gala und der Islam. Kritik eines Bestsellers, Kassel 1995
HOENERBACH, W.: Der deutsche Humanist Hieronymus Münzer im eroberten Granada, in: Die Welt des Islams XXVII (1987), 45-69
HOFFMEISTER, G.: Deutsche und europäische Romantik, 2. Aufl. Stuttgart 1990
HILGARD, P.: Granada. Leuchten in der Dämmerung, Bielefeld 1992
LA IMAGEN ROMANTICA del legado andalusí, Ausstellungskatalog, Granada 1995
LAUTERBACH, I.: Die Gärten Spaniens im Spiegel der europäischen Reiseliteratur, in: Nöhles-Doerk a.a.O. 109-130

NOEHLES-DOERK, G. (Hg): Spanische Kunst im Blick des Fremden. Reiserfahrungen vom Mittelalter bis in die Gegenwart, Frankfurt a.M. 1996 (Lit.)

REHRMANN, N.: Ein sagenhafter Ort der Begegnung. Lion Feuchtwangers Roman „Die Jüdin von Toledo" im Spiegel von Kulturgeschichte und Literaturwissenschaft, Berlin 1996

REHRMANN, N.: Geschichte, Literatur, Identität: Die Wiederentdeckung von Mauren und Sefarden in der spanischen Literatur des 19. und frühen 20. Jahrhunderts, in: Hispanorama No. 76 (Mai 1997), 67-74

SAGLIA, D.: The Moor's last sight: Spanish-moorish exotism and the gender of history in british romantic poetry, in: Journal of English Studies, volume 3 (2001-2)193-215

SCHÄTZE DER ALHAMBRA. Islamische Kunst aus Andalusien (Ausstellungskatalog) Berlin 1995

WENTZLAFF EGGEBERT, Ch. (Hg): Spanien in der Romantik, Köln 1994

ZIMMERMANN, Ch. v.: Reiseberichte und Romanzen. Kulturgeschichtliche Studien zur Perzeption und Rezeption Spaniens im deutschen Sprachraum des 18. Jahrhunderts, Tübingen 1997

Schwierige Nachbarschaft

Von seiner geographischen Lage her ist die Iberische Halbinsel jener Teil Europas, der Afrika am nächsten kommt. Lediglich die Meerenge von Gibraltar trennt die beiden Kontinente. Somit ist es naturgegeben, dass Spanien eine wichtige Rolle als Transitraum zwischen den Kulturen beider Kontinente in Vergangenheit und Gegenwart spielt. Von besonderer Bedeutung waren und sind dabei die Beziehungen zu den Ländern des Maghreb, und hier wiederum vor allem die zu Marokko. Der Historiker Walther Bernecker, bekannt durch zahlreiche Publikationen zur neueren Geschichte der Iberischen Halbinsel, konzentriert die folgenden Ausführungen auf das Verhältnis Spaniens zu seiner nordafrikanischen Nachbarregion in der zweiten Hälfte des 20. Jahrhunderts. Geprägt wurden die Beziehungen von Imperialismus und Kolonialismus: vom spanischen Protektorat in Nordafrika zur Verteidigung spanischer Militärpräsenz noch zur späten Francozeit, vom Zankapfel Ceuta und Melilla zum jüngeren Streit um den Perejil-Felsen. Überschattet ist das aktuelle spanische Verhältnis zum muslimischen Nachbarn zudem von islamistischem Terror: Zahlreiche Täter des Anschlags vom 11. März 2004 waren Marokkaner.

Walther L. Bernecker

Jg. 1947, Historiker, Dr.phil.; Inhaber des Lehrstuhls für Auslandswissenschaft an der Universität Erlangen-Nürnberg; Vorsitzender des Deutschen Spanischlehrer-Verbandes (DSV); Wissenschaftlicher Beirat der AFIB—Arbeitsgemeinschaft für interkulturelle Begegnung e.V.; Autor zahlreicher Publikationen zu Spanien und Lateinamerika, u.a.: *Spaniens Geschichte seit dem Bürgerkrieg*, 3. Aufl. München 1997; *Spanische Geschichte vom 15. Jahrhundert bis zur Gegenwart*, München 1999; mit H. Pietschmann: *Geschichte Spaniens. Von der frühen Neuzeit bis zur Gegenwart*, Stuttgart 1993; Mitherausgeber: *Spanien-Lexikon*, München 1990; *Handbuch der lateinamerikanischen Geschichte*, 3 Bde., Stuttgart 1992-96; *Die spanischen Könige. 18 historische Porträts vom Mittelalter bis zur Gegenwart*, München 1997; *Spanien heute*, 3. Aufl. Frankfurt/M 2004.

SCHWIERIGE NACHBARSCHAFT

Spanien und der Maghreb

Walther L. Bernecker

Die Beziehungen Spaniens zu den Ländern des Maghreb sind geprägt von Imperialismus und Kolonialismus in Nordafrika. Dort hatte das iberische Land zu Beginn des 20. Jahrhunderts ebenso wie Frankreich eine neokolonialistische Politik betrieben und den Nordteil Marokkos zu einem spanischen Protektorat gemacht. Der Kampf gegen die dortigen Rifkabylen in den ersten Jahrzehnten des Jahrhunderts war außerordentlich hart und grausam gewesen, seit 1927 konnte die Region als einigermaßen „befriedet" gelten. In der einen oder anderen Form aber belastete das Marokkoproblem auch weiterhin die spanische Politik.

Die missglückte Entkolonisierung

Marokko sollte zu Beginn und im Verlauf des Spanischen Bürgerkrieges (1936 bis 1939) abermals eine wichtige Rolle für das iberische Land spielen. In Marokko siegte der Aufstand Francos von Anfang an, von dort setzte der Putschgeneral auf das Festland über, das Afrikaheer mit seinen ca. 45.000 Mann schloss sich sofort dem Militärputsch an. Die ersten kriegerischen Erfolge im Süden Spaniens waren auf die Fremdenlegion *(Tercio)* und die marokkanischen Truppen *(Regulares)* zurückzuführen, die mit Hilfe deutscher Flugzeuge von Nordafrika auf die Halbinsel gebracht worden waren. Es war auch das Afrikaheer, das von Anfang an massiven Terror gegen die republikanischen Soldaten und vor allem gegen die Zivilbevölkerung anwandte und damit maßgeblich die Brutalität prägte, die den ganzen Krieg über anhalten sollte. Die „maurische Leibgarde"

(Guardia Mora), mit der sich Franco nach dem Krieg jahrzehntelang schmückte, erinnerte Spanien lange daran, dass der Sieg über die Demokratie mit maßgeblicher Hilfe der afrikanischen Truppen errungen worden war.

Eine eigentliche Kolonialpolitik betrieb das Franco-Regime nicht. Spanisch-Marokko wurde von einem Hochkommissar regiert, spanische Unternehmen beuteten die spärlichen Erzvorkommen und landwirtschaftlichen Erträge des Landes aus. Die Kolonialpolitik erschöpfte sich im wesentlichen in der geordneten Durchführung der Entkolonisierung der spanischen Besitzungen in Nordafrika. 1956 beschloß Spanien, Marokko die Unabhängigkeit zu gewähren, falls Frankreich für seinen Verantwortungsbereich dasselbe tat. Dabei galt es, nicht nur die hispano-französischen Kolonialverhältnisse zu berücksichtigen, sondern auch den marokkanischen Nationalismus. Die Kolonialkrise hatte 1953 mit den Handlungen der Nationalisten in Französisch-Marokko eingesetzt; diese provozierten den Sturz und die Gefangensetzung von Sultan Muhammad V. Das spanische Regime unterstützte den marokkanischen Nationalismus und verschaffte sich auf diese Weise die Anerkennung der arabischen Welt, die der Franquismus in jener ersten Phase der vorsichtigen außenpolitischen Öffnung dringend benötigte. Die Haltung der spanischen Regierung provozierte allerdings auch eine Reaktion gegenüber der spanischen Besetzung der marokkanischen Nordzone.

Nachdem der Entkolonisierungsprozess eingesetzt hatte, konnte er nicht mehr aufgehalten werden. Im März 1956 erkannte Frankreich die Unabhängigkeit seiner Besatzungszone an, Spanien musste einen Monat später nachziehen. Offen blieben allerdings zwei ungeklärte Fragen: die Zukunft von Ifni und die der Westsahara. Beide Gebiete wurden von Marokko reklamiert; Spanien wiederum führte seine Ansprüche auf historische Rechte zurück. Die Ifni-Frage wurde als erste gelöst: Zwischen November 1956 und Februar 1958 kam es zu einem Krieg, der mit dem Verlust des nördlichen Teils von Ifni endete. Die Saharafrage blieb vorerst offen und ein Streitpunkt zwischen Spanien und Marokko.

In den 60er Jahren wurde der Entkolonisierungsprozess fortgesetzt. Im Oktober 1968 sah sich das Franco-Regime nach einer Phase äußerster diplomatischer Anspannung genötigt, Spanisch-Guinea die Unabhängigkeit zu gewähren. Und im Dezember desselben Jahres handelte es mit Marokko einen Rückzugsplan aus ganz Ifni aus;

am 4. Januar 1969 wurde sodann in Fez der Vertrag unterschrieben, durch den Spanien Ifni an Marokko übergab. Der Vertrag sollte von beiden Seiten bis April 1969 ratifiziert sein. Als Spanien den Termin nicht einhielt, reichte Marokko eine förmliche Klage bei der UNO ein. Spanien führte damals als Begründung für die noch ausstehende Ratifizierung an, das Land erfülle alle Maßgaben einer westlichen Demokratie; daher müsse abgewartet werden, bis die Cortes die Ratifizierung vornähmen. Ende Mai 1969 war es schließlich so weit, der Vertrag wurde ratifiziert und die Entkolonisierung in Afrika damit weiter vorangetrieben.

Seit der Erlangung seiner Unabhängigkeit beanspruchte Marokko die Souveränität über Spanisch-Sahara (der Wüstenstreifen am Atlantik erstreckt sich über 270.000 km²), später machte auch Mauretanien auf den südlichen Teil Ansprüche geltend. Spanien war jedoch nicht bereit, auf seine Überseeprovinz zu verzichten, diente ihr diese doch als militärischer Flankenschutz für die Kanarischen Inseln. Durch dieses ungelöste Kolonialproblem litten die traditionell guten spanisch-arabischen Beziehungen nicht unerheblich.

Der Entkolonisierungsprozess der 50er und 60er Jahre konnte Spanien allerdings keine Vorteile verschaffen. Als Marokko in die Unabhängigkeit entlassen wurde, wollte Spanien sich der künftigen Zuneigung des Landes versichern. Das unabhängige Marokko wandte sich jedoch weit mehr Frankreich als Spanien zu, da Frankreich dem nordafrikanischen Land im industriellen, technischen und wirtschaftlichen Bereich mehr und anderes zu bieten hatte als Spanien. Außerdem arbeitete das französische Heer mit der marokkanischen Regierung zusammen, um zu verhindern, dass die Unabhängigkeit zu einer Revolution führte. Die Spanier wurden von den Zirkeln der Macht entfernt, Spanien konnte nicht mit Frankreich konkurrieren, weder im Unternehmens- noch im Arbeits- oder Erziehungsbereich. Die marokkanische Unabhängigkeit brachte Spanien somit nicht die Vorteile einer Zuneigung in Dankbarkeit.

Nach der Entkolonisierung Marokkos förderte Spanien die Stammesbewegung zugunsten der Sahraui. 1967 wurde in der Westsahara eine autonome Verwaltung unter einer „Generalversammlung der Sahara" eingesetzt. Die „Partei der Nationalen Union Saharas" (*Partido de Unión Nacional Saharahui, PUNS*) trat sogleich für eine Beibehaltung der engen Beziehungen mit Spanien ein. 1973 bildete sich jedoch der *Frente Polisario* als nationalistische politische Kraft, die für die Unabhängigkeit des Territoriums eintrat. Obwohl der marokkanische König kurzfristig die Sahara-Selbstverwaltung unterstützte, änderte er – bedrängt durch ein instabiles politisches Klima im Landesinneren – bald seine Meinung und forderte die Eingliederung der Sahara in sein Nationalgebiet. Marokko brachte den Fall sogar vor den Internationalen Gerichtshof in Den Haag; dabei schloß es in seine Forderung gleich die beiden spanischen Städte Ceuta und Melilla mit ein.

Die spanische Regierung unter dem damaligen Ministerpräsidenten Carlos Arias Navarro reagierte auf die massiven marokkanischen Druck- und Drohgebärden, indem sie ein Referendum für die Selbstbestimmung der Sahara ansetzte. Die Abstimmung sollte ursprünglich im Frühjahr 1975 stattfinden. Nachdem es im Herbst jenes Jahres jedoch immer noch nicht dazu gekommen war, fällten der Haager Gerichtshof und die UNO einen Beschluss zugunsten des Selbstbestimmungsrechts des Volks der Sahara, somit gegen die Interessen der Marokkaner.

In den letzten Jahren des Francoregimes spitzte sich das Saharaproblem gefährlich zu, vor allem, seit in den 60er Jahren gigantische Phosphat-Reserven und wertvolle Eisenerzvorkommen in dieser Region entdeckt worden waren. Ende 1973 verabschiedete die UN-Vollversammlung erneut eine Resolution, in der Spanien aufgefordert wurde, in Spanisch-Sahara eine Volksabstimmung über die Zukunft des Gebietes abzuhalten. Ab Juli 1974 startete der marokkanische König Hassan II. eine weltweite diplomatische Offensive, in der er sich zunächst noch für die Abstimmung gemäß der UN-Resolution aussprach, sehr bald aber erkennen ließ, dass er nur eine Volksabstimmung akzeptieren würde, die als Ergebnis den Anschluß des phosphatreichen Saharagebietes an Marokko vorsah. 1974/75 verstärkten Marokko, Algerien und Spanien ihre Truppen an den Grenzlinien der Sahara. Inzwischen nahm auch die Guerrillatätigkeit des Frente Polisario (Volksfront für die Befreiung der Sahara) und anderer Untergrundorganisationen in Spanisch-Sahara immer mehr zu. Im Sommer 1975 gab König Hassan bekannt, dass er noch im Laufe des Jahres „friedlich oder militärisch" Spanisch-Sahara zurückerobern werde, und im Oktober verkündete er, dass 350.000 freiwillige unbewaffnete Marokkaner unter seiner Führung einen „Grünen Marsch" in die Spanische Sahara bis zur Hauptstadt el-Ayoun unternehmen würden. Während Franco in der Agonie lag, flog Prinz Juan Carlos als amtierender Staatschef nach el-Ayoun, konnte jedoch nicht verhindern, dass wenige Tage später – parallel zu hektischen diplomatischen Aktivitäten der Vereinten Nationen – der „Grüne Marsch" durchgeführt wurde. In der zweiten Novemberwoche einigten sich sodann Marokko, Mauretanien und Spanien (gegen den Protest Algeriens) über die Entkolonisierung von Spanisch-Sahara.

Der völlig überstürzte Rückzug der Spanier aus der Sahara war, wenige Stunden vor dem Tode Francos, die erste außenpolitische Maßnahme von Juan Carlos. Es mag mehr als nur ein Zufall gewesen sein, dass das physische Ende des Diktators zugleich mit dem Ende der spanischen Präsenz in Nordafrika – sieht man von Ceuta und Melilla ab, die allerdings ebenfalls von Marokko reklamiert werden – zusammenfiel. Franco hatte in den 20er Jahren seine militärische Karriere in Nordafrika begonnen, auf die Soldaten der dort stationierten Fremdenlegion hatte er sich im Bürgerkrieg bedingungslos verlassen können. Die Symbolträchtigkeit, die der Gleichzeitigkeit dieser beiden Ereignisse – Tod Francos und politisch-diplomatische Niederlage in der Nordafrikafrage – innewohnte, war unübersehbar.

Im Februar 1976 musste Spanien endgültig die Sahara verlassen. Im „Abkommen von Madrid" (14. November 1975) hatte Spanien lediglich die Verwaltungshoheit, nicht aber die Souveränität über das bis dahin „Spanisch Sahara" und fortan „Westsahara" genannte Gebiet an Marokko und Mauretanien übertragen. Über ihre Zukunft sollten die Sahraui später selbst entscheiden. Diese Art der „Entkolonisierung" kann nur als missglückt bezeichnet werden. Das Sahara-Problem war nicht gelöst, sondern erst geschaffen worden.

Das Sahara-Problem

Das Sahara-Problem hatte die spanische Politik schon in den 60er Jahren beschäftigt, als Fernando María Castiella Außenminister war. Er machte das Saharagebiet zu einer spanischen „Überseeprovinz", um auf diese Weise dem Druck der UNO zu entgehen, die für das Selbstbestimmungsrecht des Sahara-Volkes eintrat. 1965 sprachen sich die Vereinten Nationen trotzdem für die Entkolonisierung des Territoriums aus; der Beschluss wurde von der spanischen Regierung jedoch nicht akzeptiert. Allerdings stimmte Madrid 1967 der Schaffung einer „Generalversammlung der Sahara" *(Yamaá)* zu, widersetzte sich jedoch kurze Zeit später der Abhaltung eines Referendums. Die Politik von Ministerpräsident Luis Carrero Blanco (1973) hatte sodann eine abermalige Intensivierung der Abhängigkeit Saharas von Spanien zum Ziel. In dieser kritischen Phase meldeten die Anrainerstaaten ihre Ansprüche auf Westsahara an: Marokko hatte schon seit längerem lebhaftes Interesse an den Phosphatvorkommen von Bu Craa gezeigt; Mauretanien folgte und wollte an allen hispano-marokkanischen Abkommen teilhaben. Algerien setzte sich für das Selbstbestimmungsrecht der Sahraui ein und widersetzte sich einer Aufteilung zwischen Marokko und Mauretanien. Spanien wiederum gab der UNO gegenüber zu erkennen, dass im Falle eines Referendums nur die „autochthone Bevölkerung" abstimmen dürfe. Der von Marokko angerufene Internationale Gerichtshof von Den Haag bestritt zugleich jeglichen Anspruch Marokkos und Mauretaniens auf die Westsahara.

In dieser überaus verworrenen Situation kündigte im November 1975 Hassan II. den „Grünen Marsch" von Marrakesch in das Saharagebiet an. Die UNO verkündete zugleich den nach ihrem Generalsekretär benannten „Waldheim-Plan", demzufolge die Vereinten Nationen den Entkolonisierungsprozess kontrollieren und eine Übergangsverwaltung einsetzen sollten. Da der marokkanische König sich von der UNO-Resolution unbeeindruckt zeigte und am 5. November trotzdem den „Grünen Marsch" beginnen ließ, blieb Spanien keine andere Wahl, als sich dem marokkanischen Druck zu beugen und am 14. November mit Marokko und Mauretanien ein Abkommen zu unterzeichnen, das die Verwaltungshoheit über die Westsahara Marokko und Mauretanien übertrug und damit sowohl den Spruch des Internationalen Gerichtshofs wie die UN-Resolution verletzte. Die Sahara wurde nicht entkolonisiert, sondern neuen Kolonialherren unterworfen. Spanien betonte zwar weiterhin das Selbstbestimmungsrecht der Sahraui, sah sich aber außerstande, aktiv für dieses Recht einzutreten. Das Abkommen war nicht nur ein politischer, sondern auch ein wirtschaftlicher Misserfolg der Spanier, da die ständigen Scharmützel zwischen Marokko und dem Frente Polisario den Phosphatabbau verhinderten und Spanien dadurch Millionenverluste erlitt.

Die anhaltenden Auseinandersetzungen um die Saharafrage bescherten Spanien ein weiteres Problem: Auf den Kanarischen Inseln bildete sich, unter aktiver Mithilfe Marokkos und Algeriens, eine „Befreiungsbewegung" *(Movimiento por la Autonomía e Independen-*

cia del Archipiélago Canario, MPAIAC). Eines der Hauptziele der spanischen Regierungen bestand deshalb in der zweiten Hälfte der 70er Jahre darin zu verhindern, dass die Organisation Afrikanischer Staaten und die UNO die „Afrikanität" der Kanarischen Inseln erklärten. 1978 verweigerten schließlich die afrikanischen Staatsoberhäupter auf einer Tagung in Khartum der kanarischen Befreiungsbewegung die Anerkennung.

Nach dem Abzug der Spanier im Februar 1976 besetzte die marokkanische Armee sofort den Nordteil der Westsahara. Marokkanische Soldaten und Polizisten gingen hart gegen die Sahraui vor, etwa die Hälfte der Westsahara-Bevölkerung floh in die Gegend von Tindouf in Algerien. Dort wurden sie mit Hilfe des algerischen Staates und vor allem spanischer Hilfsorganisationen in Zeltlagern untergebracht. Der Frente Polisario kämpfte militärisch mehrere Jahre lang gegen die marokkanische Besatzungsmacht. Das politisch und militärisch schwache Mauretanien zog sich 1979 aus dem Krieg in der Westsahara zurück und verzichtete zugleich auf den ihm zugeteilten Südteil der Sahara zugunsten des Frente Polisario. Ende der 80er Jahre stabilisierten sich die Stellungen beider kriegführender Parteien, nachdem Marokko einen 1.500 km langen, radarüberwachten „Verteidigungswall" um die „nützliche" Westsahara gezogen hatte. (Inzwischen wird der „Sandvorhang" von 160.000 Soldaten und zwei Millionen Minen geschützt.) Spätestens mit dieser Durchschneidung ihres angestammten Lebensraumes endete die traditionelle Lebensweise der Sahara-Nomaden. Um den Konflikt zu lösen, stimmten die Kontrahenten 1989 einem Referendum zu, das unter Aufsicht der Vereinten Nationen abgehalten werden sollte. Dazu kam es aber bis heute nicht.

Im September 1991 begann schließlich ein bis heute andauernder Waffenstillstand. Marokko und die vom Frente Polisario gebildete und von den meisten afrikanischen Staaten anerkannte Sahara-Regierung im Exil akzeptierten ein abermals von den Vereinten Nationen vorgeschlagenes Referendum über die politische Zukunft der Westsahara. Eine UN-Mission (Minurso) stellte in der Westsahara die Listen der beim Referendum stimmberechtigten Personen zusammen. Dabei wurden viele tausend von Marokko nach der Besetzung in die Westsahara geschickte Marokkaner als Teilnehmer abgelehnt. Als König Hassan II. fürchten musste, das Referendum zu verlieren, schob er den Abstimmungstermin immer wieder hinaus, schließlich lehnte Marokko ein Referendum ganz ab.

In den 90er Jahren kamen die Verhandlungen über die Westsahara nicht vom Fleck. Die Vereinten Nationen setzten mit James Baker, dem ehemaligen US-Außenminister, einen Sonderbeauftragten für die Saharafrage ein, der sich redlich um eine einvernehmliche Lösung bemühte, verschiedene Pläne vorlegte und unermüdlich mit den Konfliktparteien verhandelte – alles umsonst. Erst nach der Jahrtausendwende sollte wieder Bewegung in die Verhandlungen kommen.

Im April 2002 sprachen sich die USA für eine Autonomieregelung für die Sahara im Rahmen des marokkanischen Staatsverbandes und damit gegen die Abhaltung eines Selbstbestimmungsreferendums in der früheren spanischen Kolonie aus. Diese US-Haltung kam zum damaligen Zeitpunkt überraschend; erklärt wurde die Stellungnahme der USA, die auf eine Unterstützung der marokkanischen Position hinauslief, mit dem Wunsch der Vereinigten Staaten, sich im Vorfeld eines möglichen Angriffs gegen den Irak die Sympathien der gemäßigten arabischen Staaten zu verschaffen. Außerdem hatte Marokko an große US-amerikanische und französische Unternehmen Konzessionen für Erdöl-Probebohrungen an der Küste der Westsahara vergeben, was die Positionen der USA (und Frankreichs) sicherlich wesentlich zugunsten Marokkos beeinflusst hat. Spanien und der Frente Polisario (als Vertretung der Sahara-Bevölkerung) sprachen sich gegen den US-Vorschlag und für eine Volksabstimmung aus. Auch der Sicherheitsrat der Vereinten Nationen stimmte der Eingliederung der Westsahara (als autonome Provinz) in Marokko nicht zu, verlängerte vielmehr das Mandat der UN-Mission für die Vorbereitung eines Referendums.

Im Januar 2003 legte der UN-Sonderbeauftragte James Baker einen (weiteren) Plan für die Zukunft der Region vor: Der Plan sah die Abhaltung eines Referendums nach vier bis fünf Jahren vor; bis zur Durchführung der Volksabstimmung sollte die Westsahara als Gebiet mit Autonomiestatus in Marokko integriert sein und von einer provisorischen Exekutive sowie Legislativversammlung verwaltet werden.

Vorgesehen waren zwei Abstimmungen: Zur Autonomie-Abstimmung sollten all die Personen berechtigt sein, die im UN-Zensus aufgeführt waren (rund 86.000 Sahraui). Am Selbstbestimmungsreferendum sollten jedoch alle teilnehmen dürfen, die seit Dezember 1999 ununterbrochen in der Westsahara lebten (etwa 151.000 Personen). Zur Abstimmung würden drei Optionen gestellt: volle Integration in Marokko, Autonomie unter marokkanischer Souveränität oder Unabhängigkeit.

Als Baker diesen Vorschlag unterbreitete, konnte die UNO bereits auf elf Jahre Verhandlungen und Zahlungen über rund 500 Millionen Dollar zurückblicken, die vor allem für Behelfsunterkünfte, -schulen und -krankenhäuser zur notdürftigen Versorgung von rund 300.000 versprengten Sahraui eingesetzt worden waren. Allein Baker hatte die Streitparteien neunmal an den Verhandlungstisch gebracht – jedes mal ohne Ergebnis. Auch diesem Plan sollte es nicht besser gehen: Während ihn der Frente Polisario mit gewissen Einschränkungen annahm, lehnte ihn Marokko ab, da er ein Selbstbestimmungsreferendum vorsah, das (angeblich) „die Sicherheit des Landes und die Aufrechterhaltung der Ordnung" gefährdete. Ende Juli 2003 nahm der Sicherheitsrat der Vereinten Nationen den Plan einstimmig an, was Marokko allerdings unbeeindruckt ließ.

Krisen und Konflikte

Natürlich lassen sich die Beziehungen Spaniens zum Maghreb nicht auf die Saharafrage reduzieren, wenn auch dieses bis heute ungelöste Problem nahezu alle anderen Aspekte mit beeinflusst. Das lässt ein kursorischer Überblick über die konfliktive Beziehungsgeschichte der letzten Jahrzehnte deutlich werden:

Nach der „Entkolonisierung" der Sahara ging es Spanien in Nordafrika vor allem um eine Politik des Gleichgewichts. Die Beziehungen mit Marokko blieben allerdings angespannt. Außenminister José María de Areilza versuchte umsonst, die Gründung von Gemeinschaftsunternehmen voranzutreiben. Die angepeilte „Äquidistanz" zu Marokko und Algerien führte nur dazu, dass beide Staaten mit Unverständnis auf die spanische Nordafrikapolitik reagierten. 1979 erkannte Spanien den Frente Polisario an, 1981 akzeptierte Madrid die Haltung Algeriens zur Saharafrage. Zum damaligen Zeitpunkt war Spanien mehr denn je von den algerischen Gaslieferungen abhängig und konnte seinen wichtigsten Handelspartner in Afrika nicht verprellen. Hassan II. sprach offen davon, dass Spanien ein „doppeltes Spiel" zu Lasten Marokkos trieb, dementsprechend harsch waren auch die marokkanischen Reaktionen: 1977 ratifizierte Marokko das Fischfangabkommen mit Spanien nicht, zu Beginn der 80er Jahre engte Marokko die spanischen Fischfangrechte erheblich ein, wiederholt kam es zur Kaperung spanischer Schiffe durch Marokkaner. Zugleich verstärkte Rabat seine Ansprüche auf die spanischen Exklaven Ceuta und Melilla und betrieb einen regelrechten Handelskrieg gegen die beiden Städte. Außerdem drohte Marokko damit, dass es die Zugehörigkeit der Kanarischen Inseln zu Spanien in Frage stellen könnte.

Eine gewisse „Beruhigung" trat in den Beziehungen erst mit der Machtübernahme durch die Sozialisten (1982) ein. Hatte die Sozialistische Partei ursprünglich eine Haltung vertreten, die den Interessen des Frente Polisario und Algeriens entgegenkam, so näherte sie sich als Regierungspartei nunmehr Marokko an. Sie ersetzte die spanische Gleichgewichtspolitik zwischen Algerien und Marokko durch eine Politik der globalen politischen Zusammenarbeit mit allen Ländern des Maghreb, wobei die Beziehungen mit Marokko allerdings Vorrang behielten. 1988 etwa wurde zwischen Madrid und Rabat ein Rahmenvertrag zur wirtschaftlichen und finanziellen Zusammenarbeit unterzeichnet, der eine entschiedene Unterstützung Marokkos bedeutete, obwohl die Handelsbeziehungen zwischen beiden Ländern eher unbedeutend waren. Weitere Abkommen betrafen die militärische Zusammenarbeit, die Garantie für Investitionen und eine (bis heute nicht begonnene) Brückenverbindung zwischen Europa und Afrika. Mit diesen diplomatischen Aktivitäten dachte Spanien (irrtümlicherweise), die marokkanische Forderung nach Ceuta und Melilla auf Eis legen, die Differenzen über den Selbstbestimmungsprozess der Sahara beilegen und ein Abkommen zur Überlassung der marokkanischen Fischgründe an die Spanien erreichen zu können.

Der Beitritt Spaniens zur EG (1986) gab den spanisch-marokkanischen Wirtschaftsbeziehungen eine erneute Wendung. Der Streitfall über die Fischereirechte wurde nun, zugleich mit den Auseinandersetzungen um den Gemüse-Export, zu einem Problem der gemeinschaftlichen Wirtschaftspolitik gegenüber Marokko. Rabat nutzte das Thema geschickt aus und konnte bei Verhandlungen Zollsenkungen für seine Gemüse- und Obstexporte in die EG durchsetzen. Die Fischfangflotten von EG-Staaten wurden schließlich allerdings doch aus marokkanischen Gewässern ausgeschlossen, worunter vor allem die spanische Flotte litt. Außerdem sind bis heute die Grenzen der Hoheitsgewässer zwischen Spanien und Marokko nicht festgelegt.

Im Hinblick auf die Entkolonisierung der Sahara klafften die Haltungen Rabats und Madrids weiterhin auseinander. Für Marokko muss jede von den Vereinten Nationen organisierte Volksbefragung zu einem Anschluss der Sahara an das marokkanische Königreich führen – faktisch hält Marokko das Gebiet besetzt und verwaltet es bereits –, während Spanien das Recht der Sahraui auf freie Selbstbestimmung betonte.

Die spanische Politik gegenüber Algerien hing lange Zeit eng mit dem Saharaproblem (und vorübergehend mit der von Algerien behaupteten Zugehörigkeit der Kanarischen Inseln zu Afrika) zusammen. Algerien hat kontinuierlich Druck auf Spanien ausgeübt, um in Madrid in der Saharafrage eine antimarokkanische Haltung durchzusetzen. Seit Algerien aber intern mit Problemen des fundamentalistischen Islamismus zu kämpfen hat, konnten die Beziehungen zu Spanien weitgehend normalisiert und auf wirtschaftlichem Gebiet (spanische Investitionen, algerischer Gasexport) intensiviert werden.

Lange Zeit waren die Beziehungen Spaniens zu den arabischen Ländern nach dem Zweiten Weltkrieg auch durch das Verhalten Israels bedingt gewesen. Der neue jüdische Staat attackierte das (international vorerst weitgehend isolierte) Spanien in den internationalen Organisationen wegen der Zusammenarbeit des Franco-Regimes mit dem nationalsozialistischen Deutschland während des Zweiten Weltkriegs. Wie selbstverständlich wandte sich Franco nunmehr verstärkt den arabischen Staaten zu, schloss mit ihnen Freundschafts- und Kooperationsabkommen und vertrat die palästinensische Position im Nahostkonflikt. Diplomatische Beziehungen mit Israel nahm Spanien erst 1986 auf, lange nach Abschluss der demokratischen Transition im Innern und der politischen Öffnung nach außen. Immerhin konnte sich das zur Demokratie zurückgekehrte iberische Land sehr schnell soviel Vertrauen in beiden Lagern erwerben, dass die Nahost-Friedenskonferenz im Oktober 1991 unter spanischem Vorsitz in Madrid stattfand.

Die „Normalisierung" der spanischen Außenbeziehungen in den 80er Jahren ließ sich auch daran erkennen, dass die diplomatische Anerkennung Israels keine Verschlechterung der Beziehungen zu den arabischen Ländern zur Folge hatte. Gleichzeitig erhielt die palästinensische Vertretung in Madrid den Rang einer Botschaft; Spanien verpflichtete sich auch, die Sache der Palästinenser und die arabischen Interessen vor internationalen Foren zu vertreten.

Auch im Maghreb betrieb die sozialistische spanische Regierung eine weitgehend erfolgreiche Politik. Wegen der zunehmenden Instabilität in Algerien näherte sich Madrid in den 80er und 90er Jahren wieder Marokko an, obwohl mehrere bilaterale Differenzen ungelöst waren. 1989 besuchte Hassan II. Spanien; der Besuch förderte die gegenseitige Annäherung zwischen beiden Staaten. Vorläufiger Höhepunkt der Entspannungspolitik zwischen Spanien und Marokko war im Januar 1991 die Unterzeichnung des „Abkommens über gute Nachbarschaft, Freundschaft und Zusammenarbeit". In ihm wurde u.a. die gegenseitige Verpflichtung zur friedlichen Lösung der territorialen Probleme festgelegt. Trotz des „Tauwetters" zwischen beiden Staaten blieben weitere Krisen nicht aus, etwa als die Autonomiestatute von Ceuta und Melilla (1994) verabschiedet wurden. Eine Eskalation der Krise konnte allerdings (auch wegen des guten persönlichen Einvernehmens von König Hassan II. und König Juan Carlos I.) verhindert werden. Madrid unterstützte auch die „Union des Arabischen Maghreb", die im Februar 1989 von Algerien, Libyen, Marokko, Mauretanien und Tunesien mit dem Ziel der politischen Stabilisierung der Region gebildet wurde.

In den Regierungsjahren der konservativen Volkspartei (1996 bis 2004) konnte ein allgemeiner Rückgang des spanischen Einflusses im Mittelmeerraum festgestellt werden. Rhetorisch wurden zwar das Interesse an der Region und die Unterstützung der „euromediterranen" Strategie der Gemeinschaft aufrechterhalten; faktisch aber sank die Rolle Spaniens, was vor allem auf eine dramatische Verschlechterung der Beziehungen zu Marokko zurückzuführen war. Die Inthronisation des neuen Königs Mohammed VI. (1999) weckte zwar vorübergehend auf beiden Seiten Hoffnungen, schnell stellte sich jedoch heraus, dass die ohnehin angespannten bilateralen Beziehungen durch die anhaltende illegale Einwanderung von Marokkanern nach Spanien und die spanische Unterstützung einer Volksabstimmung in der westlichen Sahara weiter verschärft wurden. Schließlich weigerte sich Rabat im Jahr 2000, das Fischfangabkommen mit der EU zu erneuern, was zu einer undiplomatischen Reaktion Aznars führte, der öffentlich „Konsequenzen" androhte. Marokko erblickte in dieser Erklärung eine Drohung und zog – nachdem es zu verschiedenen unliebsamen Zwischenfällen gekommen war – im Oktober 2001 seinen Botschafter aus Spanien ab.

Als die diplomatische Krise mit Marokko andauerte, verstärkte Spanien wieder seine Beziehungen mit Algerien. Auf dem euromediterranen Gipfeltreffen im April 2002 in Valencia unterzeichnete Algerien einen Assoziationsvertrag mit der EU; zustande gekommen war dieser Vertrag wesentlich aufgrund spanischer Bemühungen. Der algerische Präsident Bouteflika sprach sogar von der Herstellung einer „mustergültigen strategischen Allianz" zwischen Spanien und Algerien. Auch auf wirtschaftlichem Gebiet wurde die Zusammenarbeit intensiviert. Zum bedeutendsten Projekt wurde der Bau einer zweiten Erdgas-Pipeline, die vom algerischen Beni Saf direkt ins spanische Almería (nicht über marokkanisches Gebiet) gehen und 2006 abgeschlossen sein soll. Spanien bezieht 60 Prozent seines Erdgases aus Algerien.

Die Verbesserung der Beziehungen Spaniens zu Algerien ging Hand in Hand mit einer Verschlechterung der Beziehungen zu Marokko. Diese Entwicklung zog sich mindestens über anderthalb Jahre hin und führte zwischenzeitlich immer wieder zu verbalen und diplomatischen Konfrontationen zwischen beiden Ländern: Im April 2001 war die Verlängerung des Fischereiabkommens gescheitert, im August schoben Spanien und Marokko sich gegenseitig die Schuld an der hohen Zahl „irregulärer Immigranten" zu, im Oktober wurde der marokkanische Botschafter aus Madrid abberufen, im Dezember der hispano-marokkanische Gipfel abgesagt; im Januar 2002 beklagte sich Marokko über die spanische Berichterstattung zum Saharakonflikt, im Februar protestierte Marokko gegen ein spanisches Dekret, das Lizenzen für Probe-Erdölbohrungen in kanarischen Gewässern zuließ; im Mai brachte das spanische Außenministerium seine ernste Besorgnis darüber zum Ausdruck, dass das Saharagebiet von immer mehr marokkanischen Kolonisten „besetzt" werde; Anfang Juli protestierte Rabat gegen ein spanisches Flottenmanöver vor der (spanischen) Alhucemas-Felseninsel (gegenüber der marokkanischen Küste). Als im ersten Halbjahr 2002 Spanien den EU-Vorsitz innehatte, schlug Ministerpräsident José María Aznar vor, all jenen Ländern die europäische Entwicklungshilfe zu streichen, die ihre Grenze nicht kontrollierten und (illegale) Migranten nach Europa passieren ließen. Diese Initiative war zweifellos gegen Marokko gerichtet.

Zur größten Spannung zwischen beiden Ländern kam es im Juli 2002, als die Marokkaner die vor ihrer Küste liegende (unbewohnte) Insel Perejil („Petersilie") militärisch besetzten, um auf diese Weise ihren Anspruch auf das Eiland, das sie Leila oder Tura nennen, geltend zu machen. Nach einer knappen Woche holten spanische Streitkräfte die Handvoll marokkanische Marinesoldaten von der Petersilieninsel und hissten die spanische Flagge. Die marokkanische Regierung rief daraufhin den UN-Sicherheitsrat an und forderte den sofortigen und bedingungslosen Abzug der spanischen Streitkräfte. Rabat bezeichnete die spanische Aktion als eine „Kriegserklärung". Ein offener Krieg zwischen beiden Ländern konnte nur dank der schnellen Vermittlung durch US-Außenminister Colin Powell verhindert werden. Obwohl das gewaltsame Vorgehen der spanischen Seite in der veröffentlichten Meinung Spaniens z.T. erhebliche Kritik erfuhr, begrüßten in einer Blitzumfrage Ende Juli über 75 Prozent der befragten Spanier die Politik ihrer Regierung.

Spanien hatte in den Krisentagen sofort einen Fünfpunkteplan für den Fall ausgearbeitet, dass die marokkanischen Soldaten die Insel nicht verließen. Demnach wollte Spanien den Vertrag für Freundschaft und Zusammenarbeit mit Marokko kündigen, die Entwicklungshilfe und die Handelsförderung einstellen, die Grenzkontrollen verschärfen und die diplomatischen Beziehungen abbrechen. Später sollte die militarisierte Polizeieinheit Guardia Civil unter dem Schutz der Marine die Besatzer von der Insel holen.

Während der Krise um die Petersilieninsel wies der EU-Kommissionspräsident Romano Prodi die Marokkaner darauf hin, dass die „bevorzugten Beziehungen" zwischen Marokko und der Europäischen Union durch die illegale Besetzung der Insel beschädigt würden. Wenige Wochen vor der Krise hatte Marokko 40 Millionen Euro aus dem europäischen MEDA-Budget erhalten, um bessere Programme zur Kontrolle der illegalen Auswanderung von Marokkanern entwickeln zu können. Zwischen 1996 und 1999 hatte die EU Marokko Entwicklungshilfe in Höhe von 630 Millionen Euro zukommen lassen, für den Zeitraum 2000 bis 2006 waren weitere 251 Millionen Euro an Hilfsleistungen und 323 Millionen an Darlehen von seiten der Europäischen Investitionsbank vorgesehen. Den größten wirtschaftlichen Vorteil zog Rabat jedoch aus dem im März 2000 unterzeichneten Assoziationsabkommen mit der EU, das eine graduelle Liberalisierung der Zolltarife im Lauf der folgenden zwölf Jahre vorsieht. Allein im Jahr 2001 exportierte Marokko in die EU Waren im Wert von 6,2 Milliarden Euro – rund 75 Prozent seiner Gesamtexporte – und importierte von dort Güter im Wert von 7,4 Milliarden Euro – ca. 50 Prozent all seiner Importe.

Ceuta und Melilla

Hintergrund der diplomatisch-militärischen Krise um die „Petersilieninsel" war die marokkanische Forderung nach Abtretung von Ceuta und Melilla sowie der Streit um die Abgrenzung der Hoheitsgewässer um die Kanarischen Inseln. Beide Streitpunkte werden von Marokko als Druckmittel gegen Spanien benutzt, um von Madrid in der Saharafrage eine marokkofreundliche Haltung zu ertrotzen: Spanien soll endlich der Annexion des Saharagebiets durch Marokko zustimmen und seine Unterstützung der Selbstbestimmungsansprüche der Sahraui aufgeben.

In seiner Thronrede betonte Muhammad VI. Ende Juli 2002 noch einmal das „legitime Recht" Marokkos, von Spanien eine „Beendigung der Besetzung von Ceuta, Melilla und der benachbarten Inseln" zu verlangen. Zugleich prangerte er mit deutlichen Worten die „bewaffnete Aggression der spanischen Regierung gegen die Insel Tura" an. Marokko, sagte der Monarch, verteidige nur „seine nationale Souveränität und seine territoriale Integrität". Die Forderung nach Rückgabe von Ceuta und Melilla taucht regelmäßig in marokkanischen Erklärungen auf. Zumeist ist die Rede von „besetzten Städten", womit die marokkanische Regierung sämtliche spanische Ansprüche auf die Orte, die in Afrika (und vor seinen Küsten) liegen, leugnet. Andererseits lässt Spanien im Konflikt mit Marokko keinen Zweifel daran, dass es an der „Hispanität" von Ceuta und Melilla nicht rütteln läßt. Politisch und verfassungsrechtlich seien die beiden Städte „integraler Bestandteil Spaniens", militärisch sind sie gut gesichert, wirtschaftlich sollen sie weiter konsolidiert werden.

Ceuta ist seit 1640 spanisch (zuvor war es portugiesisch), es umfasst 20 km² und zählt heute rund 75.000 Einwohner; Melilla wurde 1597 nach internen Auseinandersetzungen zwischen Arabern und Berbern von Spanien erobert, es umfasst zwölf km² und hat 68.000 Einwohner. Beide Städte waren schon in spanischem Besitz, als es noch keinen marokkanischen Staat gab. Das ist bis heute das wichtigste völkerrechtliche Argument der spanischen Regierung für die Zugehörigkeit der Städte zu Spanien. Inzwischen wohnen in beiden Städten zunehmend mehr Menschen arabisch-marokkanischer Herkunft (in beiden Fällen rund ein Drittel), allerdings haben die meisten von ihnen inzwischen die spanische Staatsbürgerschaft erhalten, nachdem es 1985/86 zu erheblichen Unruhen (mit Toten und Verletzten) im Kampf der ansässigen Marokkaner um das Recht auf die spanische Staatsangehörigkeit gekommen war.

Während der Regierungszeit der Sozialisten (1982 bis 1996) ging man davon aus, dass in einigen Jahrzehnten, wenn die Bevölkerung marokkanischer Herkunft in beiden Städten eine große Mehrheit bildet, eine friedliche Übergabe von Ceuta und Melilla an Marokko möglich sein könnte; in Spanien, so wurde argumentiert, würde es dann auch eine neue Generation führender Militärs geben, die keine emotionalen Bindungen an die nordafrikanischen Städte mehr haben und sich einer derartigen Lösung nicht entgegenstellen würde. Die marokkanische Seite schien in den 80er Jahren eine solche, in die Zukunft verlagerte Lösung des Konfliktfalls zu akzeptieren – auch weil sie bei einer schnellen (und eventuell sogar gewalttätigen) Übergabe der Städte einen wirtschaftlichen Niedergang der Region befürchtete.

Spanien lässt sich seine Besitzungen in Nordafrika durchaus etwas kosten, finanziell hängen beide Städte am Madrider Subventionstropf. Vom Jahresetat Ceutas in Höhe von 230 Millionen Euro etwa steuert der spanische Staat 120 Millionen bei, rund 52 Prozent. Industrie, Landwirtschaft und Bauwesen erwirtschaften zusammen rund acht Prozent des Bruttosozialprodukts, die übrigen 92 Prozent werden von „Dienstleistungen" aufgebracht. Die spanische Regierung verfolgt das Ziel, die „ökonomische Abhängigkeit" der Städte von Marokko zu verringern, aus eigener Kraft neue Arbeitskräfte zu schaffen und mehr private Investitionen anzulocken; für das Haushaltsjahr 2003 etwa erhielt Ceuta rund 90 Millionen Euro aus der Madrider Staatskasse zugesprochen, um damit vor allem den Bau eines Containerhafens zu finanzieren.

Beide Städte sind Freihäfen und Sondersteuergebiete; trotzdem hat sich nur wenig produzierendes Gewerbe dort angesiedelt. In beiden Städten ist der Handel mit Abstand der wichtigste Wirtschaftszweig. Nach Ceuta überqueren täglich 20.000 Personen die Grenze, nach Melilla sind es sogar 30.000. Sie versorgen sich dort mit zollfreien Waren aller Art, entweder zum Eigenkonsum oder um sie jenseits der Grenze wieder gewinnbringend zu verkaufen. Zehntausende (Schätzungen sprechen von 45.000 Personen) leben vom Schmuggel von Haschisch, Tabak, Getränken oder Lebensmitteln. Er soll sich – zwischen den zwei Exklaven und Marokko – jährlich auf 1,5 Milliarden Euro belaufen. Eine Studie des spanischen Landwirtschaftsministeriums spricht davon, dass der illegale Handel dreimal so hoch ist wie der legale.

Die Behörden von Ceuta und Melilla haben nicht nur gegen den Schmuggel anzukämpfen, sondern auch gegen die illegale Einwanderung. In Ceuta z.B. sind allein in den ersten sechs Monaten des Jahres 2004 von der Guardia Civil rund 5.000 Versuche vereitelt worden, illegal in die Stadt zu kommen. Beide Exklaven schützen sich mit Stacheldrahtzäunen: Der von Ceuta ist 8,2 km, der von Melilla 12 km lang. Momentan sind beide noch drei Meter hoch; sie sollen allerdings in die Höhe ausgebaut werden, um Überklettern weiter zu erschweren. Sowohl die hohen spanischen Investitionen als auch die politischen Erklärungen der letzten Jahre lassen deutlich werden, dass Spanien an seinen nordafrikanischen Vorposten auch in Zukunft festhalten will – unabhängig davon, dass der marokkanische Außenminister Mohammed Benaissa von „kolonialem Anachronismus" spricht und auch König Muhammad VI. nicht müde wird, die Städte für Marokko zurückzufordern. Dieser Konflikt zwischen beiden Ländern bleibt bestehen.

Ausblick: Alte Probleme und ein Neuanfang

Die Krise zwischen Spanien und Marokko, deren Höhepunkt die Auseinandersetzung um die „Petersilieninsel" war, machte sich in vielen Bereichen bemerkbar, auch im finanziellen. Im Jahr 2002 fiel die Finanzhilfe Spaniens für Marokko um ca. 40 Prozent niedriger aus als die ursprünglich geplante Summe von elf Millionen Euro. Davon betroffen waren mehrere Entwicklungsprojekte, u.a. eine ländliche Stromversorgung, ein Straßenteilstück, eine Schule sowie Wasserversorgungsanlagen für die Landwirtschaft. Beiden Seiten war klar, dass sie wieder aufeinander zugehen mussten.

Vorsichtige Wiederannäherungsschritte erfolgten bereits im Herbst 2002: Nach den marokkanischen Wahlen gratulierte Ministerpräsident Aznar dem neuen Regierungschef in Rabat, Dris Jettou, und drückte die Hoffnung auf einen Neuanfang aus. Im Dezember öffnete König Mohammed VI. die marokkanischen Fischfanggründe für die durch die *Prestige*-Umweltkatastrophe stark geschädigte galicische Fischfangflotte. Der drastische Handelsrückgang um Ceuta und Melilla tat ein übriges, um beide Seiten zur Vernunft zu bringen; im Jahr 2002 war gleichzeitig sehr zu marokkanischem Ärgernis der spanische Export nach Algerien um 29 Prozent gegenüber dem Vorjahr angestiegen.

Im Dezember 2003, auf dem ersten spanisch-marokkanischen Gipfeltreffen seit 1999, versprach Spanien Rabat Entwicklungshilfe in Höhe von 390 Millionen Euro (bis 2007). Auch in vielen anderen Punkten kamen sich beide Regierungen wieder näher: bei der Bekämpfung der illegalen Einwanderung etwa oder bei der Gewährung von Bohrrechten an die spanische Erdölfirma Repsol. Keine Fortschritte gab es allerdings in der Saharafrage. Anfang 2004 unterbreitete Marokko zwar den Vereinten Nationen einen Alternativplan zur Zukunft der Sahara, der eine (nur sehr beschränkte) Autonomie für die frühere spanische Kolonie vorsieht; dieser Vorschlag führte die Diskussion aber nicht weiter. Erschwert wurde die Situation außerdem durch den Rücktritt von James Baker von seinem Amt als UNO-Sonderbeauftragter für die Westsahara im Juni 2004. Von der starren Haltung Marokkos entnervt, die jede Kompromisslösung verhinderte, war Baker nach sieben Jahren Vermittlungstätigkeit nicht länger bereit, Vorschläge zu unterbreiten, die keine Aussicht auf Umsetzung hatten. Marokko reagierte erleichtert auf den Rücktritt. Nachfolger Bakers wurde der Peruaner Alvaro de Soto.

Ein Neubeginn in den bilateralen Beziehungen schien sich nach dem Regierungswechsel in Spanien im März/April 2004 anzukündigen. Der neue sozialistische Ministerpräsident José Luis Rodríguez Zapatero unternahm seine erste Auslandsreise demonstrativ nach Casablanca, sprach von einer „strategischen Beziehung" mit Marokko und definierte als wichtigste Gesprächsthemen den gemeinsamen Kampf gegen den Terrorismus sowie eine Entwicklungspolitik, die beiden Seiten nütze. Ähnlich drückte sich Mohammed VI. aus. Die Probleme zwischen beiden Ländern waren zwischenzeitlich nicht weniger, sondern durch das Attentat vom 11. März in Madrid mehr geworden.

Die gemeinsame Bekämpfung des Terrorismus bekam vor dem Hintergrund der Tatsache, dass die meisten Terroristen des Madrider Massakers vom März 2004 marokkanischer Herkunft waren, einen ganz anderen Stellenwert; der Islamismus hatte schon im Mai 2003 in Casablanca ein Blutbad angerichtet; mit seinen „Schläferzellen" aus maghrebinischen „Afghanistanveteranen" und ausgewanderten Extremisten strahlt er über Spanien nach Mittel- und Nordeuropa aus; der von den Haschischfeldern des Rif ausgehende Rauschgifthandel hat in den letzten Jahren weiter zugenommen, ebenso die irreguläre Völkerwanderung aus Schwarz- und Nordafrika über die Kanarischen Inseln und Spanien nach Europa. Verglichen mit diesen Hauptproblemen klingen die alten Reizthemen wie Fischerei, die Zukunft der Exklaven und die Reibereien wegen der kleinen vorgelagerten Felseninseln wie Nebensächlichkeiten.

Auch mit dem Saharaproblem sah sich der neue spanische Ministerpräsident schnell konfrontiert. Da seine ersten Erklärungen sich etwas unverbindlich anhörten, erfuhr er sofort heftige Angriffe seitens des Frente Polisario, der argwöhnte, der sozialistische Regierungschef habe die traditionelle spanische Unterstützung des Selbstbestimmungsrechts der Sahraui preisgegeben, um sich Rabat und Frankreich anzunähern. In der Tat setzte die neue Westsahara-Politik von Rodríguez Zapatero einige andere Schwerpunkte: Nach dem Scheitern der verschiedenen Baker-Pläne mahnte er eine „kreative Lösung" der UNO an, bestand aber nicht mehr auf einem Referendum der Sahraui; damit näherte er sich etwas der französischen Position an, die in den letzten Jahrzehnten stets die Politik Rabats unterstützt hatte. Eine enge Zusammenarbeit beschlossen Madrid und Rabat noch auf einem anderen Gebiet: Beide Staaten wollten unter dem Dach der UNO eine gemeinsame Friedenstruppe 2004 nach Haiti senden – ein Novum in der bilateralen Geschichte beider Länder.

So erfreulich diese Entspannung zwischen Spanien und Marokko ist, darf sie andererseits nicht darüber hinwegtäuschen, dass die Hauptprobleme fortbestehen: Es geht um die Kontrolle der (legalen und illegalen) Einwanderung, um die Zukunft der Westsahara mit ihrem großen ökonomischen Potential (Bodenschätze, Fischgründe, Erdölfunde), um die Bekämpfung des Drogenhandels. In Spanien leben heute rund 600.000 Moslems, von denen 90 Prozent Marokkaner sind. Deren Rimessen in ihr Heimatland sind die wichtigste Devisenquelle Marokkos. Die Situation dieser Einwanderer ist für beide Länder von größter Bedeutung.

Spanien muss vor allem daran interessiert sein, dass das Zusammenleben von Marokkanern und Spaniern auf der Iberischen Halbinsel ohne allzu große Reibereien rassistischer oder xenophobischer Art funktioniert. Vor einigen Jahren (Anfang 2000) schreckte die spanische Öffentlichkeit schon einmal auf, als es – scheinbar überraschend – in Andalusien (und anderswo) zu einem regelrechten Ausbruch von Xenophobie gegen die dort arbeitenden Maghrebiner kam, der pogromartigen Charakter annahm. Zum ersten Mal wurde einer größeren Öffentlichkeit bewusst, dass die (häufig illegal angestellten und finanziell ausgebeuteten) Nordafrikaner einen Fremdkörper in der spanischen Gesellschaft darstellten. Dabei ist die „Maurenphobie" (*morofobia*) alles andere als eine neue Erscheinung; ikonographische Untersuchungen haben vielmehr herausgestellt, dass der *moro* in Spanien seit Jahrhunderten pejorativ dargestellt wird. Marokkaner wurden (und werden) zumeist assoziiert mit Unrat, Lärm und Delinquenz. Seit der Reconquista werden den Moslems Falschheit, Verrat, Bosheit, Perversität, Grausamkeit, Feigheit und ein Übermaß an (Bi-)Sexualität unterstellt. Die grausamen Kriege in der Rif-Region ließen die Marokkaner zu „Kaffern" werden, die erbarmungslos umgebracht werden durften, ja: mussten.

Die Teilnahme maurischer Truppen am Spanischen Bürgerkrieg auf der franquistischen Seite ließ auf der Linken erneut die Stereotypen von Brutalität und Lüsternheit aufkommen. Während etwa die Kommunistenführerin Dolores Ibárruri die „wilden Mauren" anprangerte, „die – besoffen von ihrem Sexualtrieb – sich in grässlichen Vergewaltigungen unserer Frauen ausleben", musste die konservativ-katholische Rechte gewagte ideologische Klimmzüge (etwa den Verweis auf den gemeinsamen Monotheismus) vollbringen, um die Teilnahme der Mauren an Francos „Kreuzzug" zu legitimieren. Nicht weniger paradox erschien vielen die maurische Leibgarde Francos oder jene Szene, wo der (maurische) Generalkapitän von Galicien, Muhammad Ben Mizián, dem heiligen Jakobus, dem „Maurentöter" (*Santiago Matamoros*), die traditionelle Opfergabe entbot. Der Franquismus versuchte zwar, ein positives Bild des *moro* zu verbreiten, hatte damit aber nie Erfolg, wie sich anhand populärer „comics" aus der Zeit leicht nachweisen läßt. Die weitverbreiteten Vorurteile gegen die *moros* sind bei den anhaltenden Problemen mit Marokko und den eingewanderten Maghrebinern zu berücksichtigen.

Spanien ist inzwischen zum wichtigsten Einwanderungsland der EU geworden: 2003 registrierte das Land 600.000 Immigranten, die überwiegend aus (Nord-)Afrika (und Lateinamerika) kamen. Madrid weiß, dass die EU auf die Mitarbeit von Marokko angewiesen ist, um den Immigrantenstrom zu kontrollieren und zu kanalisieren. Vor allem aber: Spanien (und die EU insgesamt) muss ein Interesse an der Entwicklung Marokkos haben, um das Land politisch zu stabilisieren, die Reformkräfte zu unterstützen und den radikalen Kräften den Wind aus den Segeln zu nehmen. Eine europäische Politik, die in Marokko die demokratische Öffnung, den wirtschaftlichen Aufschwung und die soziale Entwicklung fördert, liegt daher in aller Interesse.

Literatur

AFERS INTERNACIONALS, Nr. 37, 1997 (Sondernummer: Estabilidad y conflictos en el Mediteráneo)

ALGORA WEBER, M.D. : Las relaciones hispano-árabes durante el aislamiento internacional del régimen de Franco (1946-1950), Madrid 1996

BECKER, J.: España y Marruecos. Sus relaciones diplomáticas durante el siglo XIX., Madrid 1903

DEL PINO, D.: La última guerra con Marruecos: Ceuta y Melilla. Barcelona 1983

DIAZ DE RIBERO, F. L.: El Sahara Occidental: pasado y presente, Madrid 1975

DIEGO DE AGUIRRE, J. R.: Historia del Sahara Español. La verdad de una traición, Madrid 1988

FERNANDEZ RODRIGUEZ, M.: España y Marruecos en los primeros años de la Restauración (1875-1894). Madrid 1985

GARCIA FIGUERAS, T.: La acción africana de España en torno al 98 (1860-1912). Madrid 1966

GARCIA FIGUERAS, T.: Santa Cruz de Mar Pequeña. Ifni. Sahara. Madrid 1941

HERNANDEZ SANDOICA, E.: Pensamiento burgués y problemas coloniales en la España de la Restauración, 1875-1887. Madrid 1982

LECUYER, M.-C./SERRANO, C.: La guerre d'Afrique et ses répercusions en Espagne: 1859-1904. Idéologies et colonialisme en Espagne. Paris 1976

MADARIAGA, M.R. de: España y el Rif, crónica de una historia casi olvidada. Barcelona 2000

MADARIAGA, M.R. de: Los moros que trajo Franco... La intervención de tropas coloniales en la Guerra Civil Española. Barcelona 2002

MARTIN CORRALES, E.: La imagen del magrebí en España. Una perspectiva histórica, siglos XVI-XX. Barcelona 2002

MARTINEZ MILAN, J.: El Protectorado español en el sur de Marruecos: Tarfaya, Ifni y Sahara Occidental. Madrid 2000

MORALES LEZCANO; V.: Canarias y África (Altibajos de una gravitación). Las Palmas 1985

MORILLAS, J.: Sahara occidental: desarrollo y subdesarrollo. Madrid 1995

OLIVER, P.: Sahara, drama de una descolonización (1960-1987). Palma de Mallorca 1987

PEDRAZ MARCOS, A.: Quimeras de África. La sociedad Española de Africanistas y Colonistas. El colonialismo español a finales del siglo XIX. Madrid 2000

PINIES, J.: La descolonización del Sahara: un tema sin concluir. Madrid 1990

RODRIGUEZ ESTEBAN, J. A.: Geografía y colonialismo. La Sociedad Geográfica de Madrid (1876-1936). Murcia 1996

VILAR, J. B./VILAR, M. J.: La emigración española al norte de Africa, 1830-1999. Madrid 1999

VILAR, J. B.: España en Argelia, Túnez, Ifni y Sahara, durante el siglo XIX. Madrid 1970

VILLAR, F.: El proceso de autodeterminación del Sahara. Valencia 1982

WOOLMAN, D. S.: Rebels in the Rif. Abd El Krim and the Rif Rebellion. Stanford 1968

YBARRA ENRIQUEZ DE LA ORDEN, M.C.: España y la descolonización del Magreb: rivalidad hispano-francesa en Marruecos (1951-1961). Madrid 1998

Die beiden Spanien

Der Gelehrtenstreit zwischen Américo Castro und Claudio Sánchez Albornoz, wie er ab den 50er Jahren des vergangenen Jahrhunderts vor allem außerhalb des Landes zum vielzitierten Referenzpunkt wurde, sollte in Spanien keine nachhaltige Auseinandersetzung mit der maurisch-islamischen Vergangenheit auslösen. Das intellektuelle Klima der Francodiktatur war einer historischen Aufarbeitung abhold. Die These von einer lediglich episodenhaften Anwesenheit des Islam, die das spanische Nationalprofil eher negativ geprägt habe, konnte sich auf weiten Strecken behaupten, während man andererseits das maurische Kulturerbe touristisch zu vermarkten wusste. Zwar nahm sich ein Schriftsteller wie Juan Goytisolo bereits in der 60er Jahren des Themas an und löste durch seine Revision des vorherrschenden Geschichtsbildes Diskussionen aus, doch das Verhältnis der Spanier zum Islam schien längst durch Pragmatismus bereinigt. Zu Beginn des Dritten Jahrtausends allerdings ertönt die Marschmusik einer Militärintervention im Irak, begleitet von muslimischen Flüchtlingsströmen und politischen Konflikten mit Marokko – gleichzeitig erlebt Spanien eine polemisch geführte Debatte über den Stellenwert der maurischen Vergangenheit. Im folgenden Beitrag, der zuerst in der Zeitschrift *Tranvía. Revue der Iberischen Halbinsel* Nr. 70/2003 erschien, skizziert Werner Altmann Hintergründe.

Werner Altmann

Jg. 1953; Studien der Germanistik, Hispanistik, Gschichte, Soziologie und Politologie an den Universitäten Augsburg und Madrid; Lehrer am Colegio Andino und Dozent an der Universidad Nacional in Bogotá (Kolumbien); derzeit Gymnasiallehrer und Lehrbeauftragter an der Universität Augsburg; stellvertretender Vorsitzender des Deutschen Spanischlehrer-Verbandes (DSV); Veröffentlichungen u.a.: *Bilingualer Unterricht in Spanien und Deutschland*, Berlin 2004; *Federico García Lorca*. Der Schmetterling, der nicht fliegen konnte, Hamburg 2002; *Kolumbien*. Perle der Karibik. Ein Reiseführer, (Reise Know How) Hohenthann 1997; Mitherausgeber: *Kolumbien heute*. Politik-Wirtschaft-Kultur, Frankfurt/M 1997; zahlreiche Aufsätze und Rezensionen zur spanischen und lateinamerikanischen Geschichte und Literatur.

DIE BEIDEN SPANIEN

Eine historische Debatte geht weiter

Werner Altmann

Ein Blick zurück

„Heute erscheinen die Leidenschaften, die der Streit zwischen Américo Castro und Claudio Sánchez Albornoz hervorgerufen hat, weitgehend unverständlich. Kaum jemand bestreitet mehr, dass die drei
Religionen und Kulturen vielerlei Spuren in Spanien hinterlassen
haben. Im Gegenteil: Das über lange Phasen hinweg relativ friedliche Miteinander von Muslimen, Christen und Juden – die vielgepriesene, manchmal auch idealisierte convivencia – wird als Vorbild
praktizierter religiöser Toleranz dargestellt; die kulturellen Zeugnisse des Mittelalters sind anerkannte Elemente der gemeinsamen
nationalspanischen Kultur; die Reconquista wird nicht mehr trium-
phalistisch als glorreiche Geburtsstunde eines national-katholischen
Spanien verherrlicht, sondern gesellschaftlich und kulturell als eine
Art Bürgerkrieg begriffen, in dem es den Christen um Machtausdeh-
nung und Missionierung ging" (Bernecker 1995: 53).

Als der Historiker Walther L. Bernecker diese Sätze im Jahr 1995
schrieb, schien die in den fünfziger Jahren leidenschaftliche geführte
Debatte um die Bewertung des spanischen Mittelalters, genauer um
die Bedeutung des maurisch-arabischen Elements, selbst Teil der Geschichte zu sein.

Die Thesen Américo Castros (1954) haben das Jahrhunderte lang
liebevoll gepflegte, traditionelle Geschichtsbild der spanischen His-
toriographie ins Wanken gebracht: Die Römer und Westgoten waren demnach plötzlich keine Spanier mehr, wo doch Ramón Menéndez Pidal Seneca und Martial für waschechte Andalusier bzw. Ara-

gonesen reklamiert und José Ortega y Gasset wie selbstverständlich vom *sevillanischen* Kaiser Trajan gesprochen hat. Das Jahr 711 sollte fortan als der eigentliche Beginn der spanischen Geschichte gesehen und nicht mehr als deren tragischer *Betriebsunfall* bewertet werden. Die Rück-eroberung des iberischen Territoriums galt ab sofort als rücksichtslose Zerstörung einer menschlichen Gemeinschaft, die als friedliches kulturelles Kräftedreieck aus islamischen, jüdischen und christlichen Einflüssen Jahrhunderte lang der Halbinsel Frieden und Eintracht garantiert hat. Schließlich – und vielleicht war das der spitzeste Stachel im konservativen Fleisch der historischen Gralshüter – sollte Spanien nicht mehr ausschließlich Teil des christlich-westlichen Europas sein, sondern ebenso sehr einen Teil der arabisch-islamischen Welt bilden.

Claudio Sánchez Albornoz antwortete darauf wortreich in langen historischen Exkursen (1956) und knapp in teilweise sarkastischer, teilweise offen rassistischer Weise (1983). Die *islamistischen* Eroberer hätten keine großen kulturellen Neuerungen mit sich gebracht. Im Gegenteil: Sie hätten die *spanische* Architektur, wie den Herkules-Tempel in Cádiz, aus Gier nach Beute mutwillig zerstört und mit dem *Blutbad von Toledo* im Jahr 807 eine auf Gewalt und Unfreiheit basierende Herrschaft über die spanische Bevölkerung gebracht. Die jetzigen demokratischen Politiker könnten froh sein, dass der Islam nach 1492 endgültig aus Spanien verbannt sei, sonst wären sie heute noch *Sklaven* oder zumindest geknechtete Diener arabischer Wesire oder bestenfalls Günstlinge des Kalifen. Vor allem die modernen andalusischen Frauen sollten dankbar sein, dass sie nicht mehr in Harems gefangen gehalten werden und *in nächtlichen Orgien den perversen Gelüsten* der arabischen Männer ausgesetzt sind.

In den Jahren eines langsam, aber unaufhaltsam verendenden Franquismus und einer allmählich erstarkenden Demokratie wurden solche Sätze nicht mehr gerne gehört. Der freie Geist, der – zumeist aus dem Exil zurückkehrend – sich nach und nach in der spanischen Öffentlichkeit einzunisten begann, verlangte nach einer Revision, die alte Bilder begraben sollte und nach einer neuen Sichtweise der spanischen Geschichte rief. Ein bis dahin im eigenen Lande verfemter, im französischen Exil erfolgreicher Schriftsteller griff in seinen schnell hintereinander erscheinenden Romanen, Essays und Zeitungsartikeln den Faden Américo Castros wieder auf und wurde zum Verkünder des neuen Spanienbildes.

Der Beitrag Goytisolos

Juan Goytisolo stellt in seinen zwei späten Exilromanen *Reivindicación del conde don Julián* (1970) und *Juan sin tierra* (1975) die traditionelle spanische Geschichtsschreibung auf den Kopf und behauptete, nicht die arabische Conquista von 711, sondern die christliche Reconquista sei das Grundübel, der Sündenfall, von dem aus die spanische Geschichte bis zu seiner Gegenwart hin einen verhängnisvollen Verlauf genommen habe. Er greift das Bild von der *madre patria* auf, in der er – wie seine katholischen und franquistischen Gegner – das „wahre" Wesen Spaniens verkörpert sah, das aber nicht – wie jene behaupteten – gerade durch die Vertreibung der Juden und Mauren aus Spanien geschaffen worden sei, sondern im Gegenteil: Die Mutter sei mit dem Ende des harmonischen Zusammenlebens der drei Kulturen am Ausgang des Mittelalters untergegangen und an ihre Stelle sei die *madrastra*, die Stiefmutter, getreten, die sich ihren Kindern gegenüber in den folgenden Jahrhunderten als grausam und intolerant gezeigt habe. Goytisolos Ziel war (und ist) es, die „Stiefmutter" wieder aus Spanien zu vertreiben, um die „Mutter" von neuem auferstehen zu lassen. Sein literarisches und essayistisches Werk der letzten dreißig Jahre kann als ein einziger Versuch interpretiert werden, die verloren gegangenen Elemente des spanischen Wesens aufzuspüren und sie als integralen Bestandteil der spanischen Geschichte wieder einzuverleiben.

Diese Suche hat mit seinem bereits legendären Buch über *Spanien und die Spanier* (1968) begonnen. Darin wird jene traditionelle Sicht des spanischen Mittelalters als *absurde Fiktion* abgetan, die Jahrhunderte lang von den Spaniern *einmütig* akzeptiert worden sei. Bei Sagunt und Numancia seien keine spanischen Heldentaten vollbracht worden und die Bewohner der Iberischen Halbinsel im 5. vorchristlichen Jahrhundert könnten nicht als unsere Landsleute gelten. Die religiöse Einheit sei durch die Ausweisung nicht konvertierter Juden und Mauren gerade nicht hergestellt und gefestigt worden, das spanische Volk wurde dadurch in Wirklichkeit *gespalten, in ein Trauma gestoßen, zerrissen.* Mit den im Land geblieben *conversos* sei ein dauerhaftes Problem entstanden, dass man durch absurde Blutreinheitsnachweise und brutale Inquisitionsprozesse glaubte bekämpfen zu müssen. Die *convivencia* habe nicht nur eine ökonomisch erfolgreiche Arbeitsteilung zwischen den verschiedenen ethnischen Gruppen erzeugt, sondern habe auch eine kulturelle Symbiose hervorgebracht, in der der Mallorquiner Raimundus Lullus einen großen Teil seines Werkes in arabischer Sprache schrieb und sogar der Epitaph auf dem Grabstein Ferdinands des Heiligen in lateinisch, kastilisch, arabisch und hebräisch eingemeißelt wurde.

Goytisolo erinnerte an den synkretistischen Mudéjarstil, in dem christliche Paläste und Kirchen von muslimischen Architekten erbaut worden sind und die bis heute als einzigartige Zeugnisse einer gelungenen *mestizaje* auf europäischem Boden gelten dürfen (vgl. Kapitel 7: *Mudéjar-Baustil*). Die gegenseitige Beeinflussung sei sogar soweit gekommen, dass die christlichen Kastilier mit der Zeit nicht nur die *muslimische Idee des Heiligen Krieges* übernommen, sondern sich auch begeistert eine *Abart des jüdischen Lebensgefühls* zu eigen gemacht hätten, die Überzeugung nämlich, ein *auserwähltes Volk* zu sein. Dieses friedliche Zusammenleben sei schließlich durch *Unzufriedenheit* und *Neid des gemeinen Volkes*, die sich seit dem späten Mittelalter in pogromartigen Ausschreitungen Luft verschafften, zu Ende gegangen.

Eine islamische Reconquista?

In den 90er Jahren kam es – zunächst vielfach unbemerkt – zu einer zweiten „Rückeroberung" der Iberischen Halbinsel, diesmal mit vertauschten Rollen von „Angreifern" und „Angegriffenen". Die Vorhut bildete eine im Ölgeschäft reich gewordene Oberschicht „arabischer" Scheichs. Sie fanden, wie die deutschen Touristen schon Jahrzehnte zuvor, die Costa del Sol nicht weniger schön, kauften ausgedehnte Grundstücke und betrieben luxuriöse Hotels und teure Restaurants. Sie gehörten zur Gruppe der willkommenen Ausländer, und es konnten gar nicht genug sein, die die Strandpromenade von Marbella oder Estepona mit ihren teuren Autos verstopften. Auch die zweite „Landung" war zumindest noch ganz im Sinne der einheimischen Obst- und Gemüseproduzenten. Marokkanische Saisonarbeiter wurden – meist illegal (denn nur so ließen sie sich leicht ausbeuten und unter Druck setzen) – über die Straße von Gibraltar gebracht, in Kleinlastwagen über die beschaulichen Dörfer zwischen Málaga und Almería verteilt, wo sie dann unter der – durch Plastikfolien verstärkten – Sonne Andalusiens billige Rohkost für den europäischen Endverbraucher produzierten. Die dritte „Angriffs"-Welle ging dann selbst einer angeblich so offenen und toleranten Gesellschaft zu weit. Die zu Hunderten täglich in kleinen Booten an die Küsten gespülten Flüchtlinge aus Nord- und Schwarzafrika brachten kein Geld, sie kosteten welches. Als diese dann auch vor den Städten im Landesinneren nicht halt und die Madrider Metro und die Puerta del Sol (siehe dazu *Frankfurter Allgemeine Zeitung* vom 8. Mai 2003, S. 9) unsicher machten, merkten die Spanier und Spanierinnen, dass sie ein „Problem" hatten, von dem sie glaubten, es vor fünfhundert Jahren endgültig gelöst zu haben: die Existenz ethnischer (und religiöser) Minoritäten auf heimatlichem Boden.

Es ist daher nicht verwunderlich, dass just zu diesem Zeitpunkt jene mausetot geglaubte Diskussion um ein „multikulturelles" und „pluriethnisches" Spanien ein erneutes Interesse findet. Bernecker kam nicht umhin, seinen eingangs zitierten Text von 1995 im Jahr 2002 zu ergänzen: „Allerdings geht die Debatte über den (tatsächlichen oder nur erwünschten) Einfluss des Islam auf die spanische Entwicklung der Neuzeit weiter", und musste einräumen, „dass das Thema auch nach Jahrhunderten in Spanien immer noch erhebliche Emotionen zu wecken vermag" (Bernecker 2002, S. 12f.). Was war geschehen?

Revision der Geschichte

Der Professor für arabische Literatur an der Universidad Autónoma in Madrid, Serafín Fanjul, bläst zum Generalangriff gegen den vermeintlich sicher etabliert geglaubten Konsens, wie ihn Castro und Goytisolo hergestellt zu haben schienen. Er möchte nicht mehr und nicht weniger, als den Mythos von Al-Andalus zerstören. In seinem Buch mit dem bezeichnenden Titel *Al Andalus contra España. La forja del mito* (1. Auflage 2000) und in einem zuvor erschienenen Aufsatz in der renommierten Zeitschrift *Revista de Occidente* bestreitet er so ziemlich alles, was gemeinhin als positiver Kulturtransfer von Süden nach Norden gilt: Weder die spanische Speisekarte, noch die populäre Volkskultur, ja nicht einmal die arabische Sprache (mit Ausnahme einiger Fluss- und Ortsnamen) sollten das christliche Spanien maßgeblich beeinflusst haben!

Wo Goytisolo behauptet, Spanien sei der erste moderne Staat gewesen, der sein Rassenproblem dadurch gelöst habe, die Mauren und Juden *massiv zu verfolg(en), aus(zu)plünder(n) und schließlich aus dem Land* zu werfen (Goytisolo 1978:120), argumentiert Fanjul, die ehemaligen Vertreibungsedikte hätten keine *rassische Säuberung* bewirken wollen, sondern sie seien notwendig gewesen, um die „politische Einheit" *(uniformización política)* eines im Entstehen begriffenen absolutistischen Staates nicht zu gefährden; denn es sei *unbestreitbar, dass die multikonfessionelle Heterogenität, mehr als die rassische, einem solchen Projekt diametral entgegen gestanden wäre* (Fanjul 2002: S. XXXV f.).

Wo *moriscos* und *conversos* seit dem 16. Jahrhundert als verfolgte Minderheiten bemitleidet werden, die dem kirchlichen und staatlichen Terror schonungslos preisgegeben waren und sich in die unwirtlichen Alpujarras flüchten mussten um zu überleben, aber auch dort noch gejagt und schließlich vernichtet wurden, sieht Fanjul in ihnen nur eine oft unterschätzte innenpolitische Gefahr. Spanien sei nach dem Fall Granadas alles andere als ein konsolidierter Staat gewesen. Im Gegenteil: Die außenpolitische Unsicherheit habe drastisch zugenommen. Der Vorstoß des Osmanischen Reichs nach Nordafrika, die wachsende politische und ökonomische Instabilität, in der sich der ganze Maghreb befand, und nicht zuletzt die vermehrten Angriffe muslimischer Piraten auf die ungeschützten spanischen Küsten habe die „Kreuzzugsmentalität" aus früherer Zeit nicht abgebaut, sondern eher verschärft. Die *monfíes*, muslimische Banditen, die sich in unwegsamen Berggegenden versteckt hielten, agierten als eine Art „fünfter Kolonne" und unterstützten ihre Glaubensbrüder ideell und materiell, wo sie nur konnten. Es war also ein Akt legitimer Selbstbehauptung, wenn Karl V. „aus Gründen der inneren Sicherheit" (ebd., S. 4) das Vertreibungsdekret von 1502 später (1525) auf das Gebiet von Valencia ausdehnte, um den dortigen Küstenschutz zu gewährleisten. Dazu kam der enorme wirtschaftliche Schaden, den die Entführungen von Christen nach Marokko und Algerien verursachten. Auch hier hätten die *moriscos*, als „konvertierte" Kryptomusulmane nun noch schwerer zu greifen, ihre subversiven Dienste angeboten. Die Stadt Algier habe daraus mit der Zeit einen florierenden Wirtschaftszweig gemacht, der dem spanischen Staat eine nicht unbeträchtliche Portion seiner Goldreserven entzogen habe, zumal viele christliche Gläubige auch noch in ihren Testamenten große Summen zur Auslösung von gekidnappten Freunden und Verwandten festsetzten.

Wo die seriöse Wissenschaft von Massenflucht und Entvölkerung spricht, die Vertreibung sozial integrierter und ökonomisch potenter Bevölkerungsgruppen als eine wesentliche Ursache für die später einsetzende *decadencia* des spanischen Staates ansieht, das Fehlen einer Kapital besitzenden jüdischen Oberschicht und den Verlust handwerklicher Kenntnisse und Fertigkeiten beklagt und sie für die geradezu sprichwörtliche Faulheit der Spanier sowie den landwirtschaftlichen Produktionsrückgang und die verspätete Industrialisierung des Landes verantwortlich macht, kontert Fanjul mit der demographischen Entwicklung, *die wie ein fortwährendes Damoklesschwert über den Altchristen hing, in den Gegenden, in denen sie in der Minderheit waren (in weiten Gegenden des Königreich Granadas z. B. oder selbst in Aragón)* (Fanjul 2002: 7f.). Es sei, so Fanjul weiter, nur eine Frage der Zeit gewesen, bis in etlichen Regionen Spaniens (von Andalusien bis in die Levante) die Kryptojuden und Kryptomuselmanen ein numerisches Übergewicht erreicht hätten. Fanjul findet aber so recht keine Gründe dafür: Weder die zölibatär lebenden Geistlichen, Mönche und Nonnen konnten schuld daran sein, dass im christlichen Bevölkerungsteil weniger Kinder geboren wurden (waren es doch gar nicht so viele wie angenommen und taten die meisten doch erst Profess als Witwer, nachdem sie ihrer Zeugungspflicht Genüge getan hatten), noch seien die den Arabern angedichtete „sensualidad" oder ihr sprichwörtlicher „erotismo" dafür verantwortlich, kenne man doch schließlich die „repressive Form, in der die arabischen Gesellschaften Sex praktizierten und noch praktizieren" (Fanjul 2002: S. 9). Als einzigen Grund fällt Fanjul ein, es könnte an dem früheren Heiratsalter muslimischer Töchter liegen, dass die Geburtenrate in diesem Teil der Bevölkerung höher ausgefallen sei.

Schließlich und endlich aber sei die *convivencia* als multiethnisches Konzept weder je verwirklicht worden noch sei auf Seiten der Muslime der Wunsch und Wille vorhanden gewesen, mit den beiden anderen ethnischen Gruppen eine gesellschaftliche und kulturelle Symbiose einzugehen. In der Zeit vor 1492 hätten alle drei Gruppen eine gleichermaßen starke Absonderungspolitik betrieben. Die christlichen Staaten hätten zwar seit dem 13. Jahrhundert eine verstärkte Ausgrenzungspolitik gegenüber Juden und Muslimen praktiziert: Zuweisung bestimmter Wohngebiete, Berufs- und Heiratsverbote, und anderes mehr. Die betroffenen Muslime hätten dies aber nicht nur – um die eigene Identität zu wahren – akzeptiert, sondern ihrerseits auf Trennung bestanden. Im Unterwerfungsvertrag von Zaragoza (1118) hätten die Muslime beispielsweise verlangt, dass „weder über sie noch über ihren Besitz ein Jude gestellt werde" (Fanjul 2003: 23); dieselbe Forderung sei wieder in der Kapitulation von Santa Fe (1491) aufgetaucht.

Als Kastilien im 16. Jahrhundert dann auf eine Assimilationspolitik umgeschwenkt sei, hätten sich die Morisken dem neuen Regime total verweigert. Jetzt, wo Mischehen staatlicherseits gefördert wurden, hätten muslimische Männer den ordnungsgemäßen Beischlaf verweigert und – wie der Ankläger in einem Inquisitionsverfahren einen von ihnen beschuldigte – *andere Formen und Praktiken bevorzugt, um mit seiner (christlichen) Frau keine Kinder zu zeugen* (Fanjul 2003: S. 24). Auch auf anderen Gebieten hätten sie Obstruktionsverhalten an den Tag gelegt: Die kastilische Sprache hätten sie nur *instrumentell* benutzt, ohne sie je richtig gelernt, vielmehr innerlich abgelehnt zu haben, weil sie die Sprache des Feindes war. Lope de Rueda, Quevedo, Góngora und Lope de Vega hätten in ihren Parodien und Satiren ihre komische Sprechweise und den falschen Sprachgebrauch *auf brillante Weise* bloßgestellt. Letztendlich sei es noch ihr fanatischer Religionsbegriff gewesen, der sie das Christentum hassen ließ und ihre Integration in den katholischen spanischen Staat verhinderte. Dabei seien die Altchristen des 16. Jahrhunderts bereitwillig gewesen, fremdes Blut aufzunehmen, wie das Beispiel von Inca Garcilaso und dem Schwarzen Juan Latino zeige.

Der Mythos lebt

Wer geglaubt hat, Fanjul werde mit alten Mythen und Stereotypen aufräumen und eine neue Sicht der spanischen Geschichte einläuten, dürfte sich nach diesem (bei weitem nicht vollständigen) Überblick über seine Gedankenwelt wohl eher in die alten Zeiten eines Menéndez Pidal und Sánchez Albornoz zurückversetzt fühlen. Dabei war (und ist) Goytisolo nicht ganz unschuldig daran, dass sich über kurz oder lang Widerspruch regte, bzw. regen musste. Schon Ende der 70er Jahre hatte er das sicher vermessene Feld der historischen Analyse verlassen und sich auf das glitschige Eis der politischen Analyse begeben. Seine Einschätzungen erwiesen sich dabei mitunter als wenig haltbar: „Die letzten Reste eines politischen Kolonialismus und einer direkten militärischen Intervention durch die alten europäischen Metropolen sowie des amerikanischen Imperialismus in Asien, Afrika und Lateinamerika sind praktisch beseitigt" (Goytisolo 1978: 109). Es bedarf nicht erst eines Hinweises auf den jüngsten Irak-Krieg, um derartige Schlussstriche grundsätzlich in Zweifel zu ziehen, es genügt, wie Fanjul dies zu Recht tut, an den Tschad, Grenada, die Malvinen, Nicaragua, Pánama, den Irak und Jugoslawien zu erinnern. (Fanjul 2000: XXXV). Angesichts einer sich seit Beginn des neuen Jahrtausends bedrohlich abzeichnenden neuen Konfrontation zwischen westlicher und islamischer Welt rät Goytisolo als erfolgversprechende Konfliktlösungsstrategie „einige Regeln des Zusammenlebens, innerhalb und außerhalb unsere Grenzen, festzulegen. Außerhalb, durch die Unterstützung der demokratischen Kräfte, die, unter oft schwierigen Bedingungen, in den arabisch-muslimischen Staaten für einen modernen Staat kämpfen (...). Innerhalb durch die Förderung freiwilligen Religionsunterrichtes und Respektierung der traditionellen Sitten und Gebräuche der Immigranten, immer dort und dann, wo sie nicht mit den gültigen Gesetzen und individuellen Rechten der Europäischen Union kollidieren" (Goytisolo 2003: 16).

Und was machen wir mit den arabischen Massen, die unter Umständen einen demokratischen Staat (gemeint kann ja nur einer westlicher Prägung sein) mit all seinen bekannten legitimen und illegitimen Kindern (Kapitalismus und Konsumpflicht, Umweltverschmutzung und Umverteilung von unten nach oben, Warenfetischismus und Werteverlust) nicht wollen, bzw. mit Fanatikern, die den Religionsunterricht zur Bildung von Kadergruppen missbrauchen und ihre Frauen und Töchter unter dicke Schleier zwingen? Goytisolos Welt scheint sich angesichts dringlicher werdender Fragen und zunehmender Probleme auf die Bewahrung multikultureller Inseln zurückziehen, wo „Muslime und Nicht-Muslime, die die Menschenrechte beachten, für das Zusammenleben in unserer globalisierten Gesellschaft eine Bereicherung darstellen können. Der Kontakt mit der Musik, der Küche und den diversen künstlerischen Ausdrucksformen des Maghreb, des Nahen Ostens und Nordafrikas begünstige eine breiter gefächerte Wahrnehmung der Welt und seine Verschiedenheit" (a.a.O. 17). Wer möchte dem schon widersprechen, wer dabei aber stehen bleiben?

Obwohl also die eine oder andere historische Einschätzung durchaus neu zu überdenken wäre und einzelne Details von der künftigen historischen Forschung mit Sicherheit neu bewertet werden müssen, nützt es jedoch wenig, Klischees und Vorurteile aus der reaktionären und rassistischen Mottenkiste hervorzuholen, an deren Wiedergeburt noch vor Jahren niemand ernsthaft geglaubt hätte. Es beschleicht den Leser von Fanjuls Buch das ungute Gefühl, dass hier an einem neokonservativen Programm gestrickt werden soll, das nur allzu gut in eine politisch reaktionäre Landschaft Spaniens passt. Der angedrohte Krieg gegen Marokko wegen einer Handvoll Petersilienfelsen und der mittlerweile für Spanien beendete Krieg gegen den Irak wegen – ja, wegen was wohl: billiges Öl? Internationales Prestige? Neid auf die Großen in Europa? Liebe zu Amerika? Oder neue christlich-abendländische Kreuzzugsmentalität? – bilden die praktische Militärmusik zu Fanjuls theoretischer Partitur.

Zankapfel maurische Sexualität

Wie schwierig eine ausgewogene Bewertung in der Sache Fanjul contra Goytisolo ist, soll ein letzter Punkt zeigen. Ein Beweis für die Minderwertigkeit der maurischen Kultur und damit auch ein wichtiger Grund für deren Bekämpfung hat für die meisten Interpreten in deren vermeintlich freizügigem und tabulosem homosexuellen Verhalten gelegen. Die Mauren sollen – so ein Jahrhunderte altes Stereotyp – allesamt der mann-männlichen Liebe gehuldigt, sie zumindest als eine akzeptierte Form neben einer (allerdings als minderwertiger empfundenen) Heterosexualität geduldet haben. Die biographischen Überlieferungen von Emiren und Kalifen, die oftmals Lustknaben ihren Gattinnen vorzogen, und die Existenz einer ganzen Literaturgattung, die in obszönen Trinkliedern die prallen Schenkel und vollen Hintern von Mundschenken pries, gelten dafür als unwiderlegbare Beweise. Schon Gregorio Marañón, der sexualpolitischen Fragen durchaus aufgeschlossen gegenüber stand, bemerkte in seinem *Ensayo biológico sobre Enrique IV y su tiempo* aus den 30er Jahren: „Es ist bekannt, dass in dieser Dekadenzphase der spanischen Araber die Homosexualität eine derart weite Verbreitung fand, das sie nahe daran war, zu einer gewöhnlichen Beziehung zu werden, die mit den normalen Beziehungen zwischen den verschiedenen Geschlechtern vereinbar ist. Schon Palencia [Alonso de] sagt, dass ‚die Mauren der königlichen Leibgarde auf schändlichste Art und Weise junge Knaben und Mädchen verführten'. Und Don Enrique habe sich nicht nur maurisch gekleidet, maurisch gegessen und sich wie ein Maure benommen, sondern auch die anderen verhängnisvollen und schamlosen Angewohnheiten dieser Leute angenommen" (Marañón 1964: 104).

Sánchez Albornoz griff dieses Thema begierig auf: „Und dann die weite Verbreitung der Homosexualität! Abdurrahman III. ließ den jungen Christen Pelayo, der als Geisel in Córdoba gehalten wurde, hinrichten, weil er sich einer Vergewaltigung seitens des Kalifen widersetzt hatte. Sein Sohn Al-Hakam II. besaß zwar einen gut gefüllten Harem, machte davon aber keinen Gebrauch, da er Jünglinge bevorzugte. Ich könnte fortfahren, immer weitere Beweise für die Verbreitung dieses Lasters anzuführen. Abd Allah aus Granada gestand in seinen Memoiren freimütig seine Vorliebe für junge Männer ein, und er war nicht der einzige mit einer solchen Schwäche. Die Schriftsteller widmeten ihnen feurige Liebesgedichte; einschlägige Anekdoten waren weit verbreitet. Ich wage es nicht, hier die erzschweinischen Verse eines Ibn Quzman zu zitieren" (Sánchez Albornoz 1983: S. 20).

Erst Goytisolo machte aus dem Laster eine Tugend! Der bekennende Homosexuelle verklärte die eigene Vorliebe für kernige Männer aus dem Maghreb und stilisierte sie zu einer grundsätzlichen kulturspezifischen „Sinnlichkeit" und „Erotik" der arabisch-islamischen Welt empor. Serafín Fanjul nun, der dem Thema immerhin zwei Seiten seines Buches widmete (a.a.O. 11-13), bestreitet einerseits die weite Verbreitung der „Sodomie" im maurischen Andalusien (wie auch in der heutigen arabischen Welt) mit dem Hinweis, dass Homosexualität dort immer und überall *(mit Ausnahme der Oase Siwa)* auch gesellschaftlichen und juristischen Sanktionen unterworfen gewesen sei *(wenn auch nicht in dem Grade wie in unserer Kultur)*. Andererseits habe es einen weit verbreiteten homophoben Diskurs gegeben, von Ibn Battuta bis Ibn Abdun, der sich ebenso gegen feminines Auftreten von Männern in der Öffentlichkeit wie auch gegen die Klostergemeinschaften der Sufi-Mönche richtete. Homosexuelles Verhalten sei eben auch im andalusischen Mittelalter kein tabuloses und freizügiges gewesen, sondern habe generell gegen religiöse und moralische Gebote verstoßen.

Hier zeigt sich deutlich die Begrenztheit beider Theorien. Sowohl

Goytisolo als auch Fanjul gehen von einem Homosexualitätsbegriff aus, wie er in der westlich-abendländischen Kultur im vorletzten Jahrhundert „erfunden" wurde. Das arabisch-islamische, unmittelbar an die mittelmeerische Tradition anknüpfende Konzept von „Homosexualität" geht aber bei der Bestimmung dessen, was als „homosexuelle" Handlung gelten soll, nicht wie jenes von einer dichotomischen Geschlechtertrennung in Mann und Frau aus, sondern von einer Aktiv-Passiv-Matrix, wie sie schon im griechisch-römischen Altertum gegolten hat. Nicht das biologische Geschlecht des Sexualpartners, sondern die Stellung beim Sexualakt entscheidet darüber, ob eine „homosexuelle" Handlung vorliegt oder nicht.

Insofern sind die weite Verbreitung gleichgeschlechtlicher Handlungen (die in der arabisch-islamischen Kultur nur zwischen „richtigen" Männern und Knaben – oder etwa auch mit „Ausländern" – stattfinden, in der erstere stets den „aktiven" Part zu spielen haben) und ein homophober Diskurs (gegen „Tunten", die sich penetrieren lassen) durchaus miteinander vereinbar. Insofern widersprechen auch ein körperbetonter Umgang und eine mann-männliche Erotik (Händchenhalten, Wangenküsse, Umarmungen, u.ä.) keineswegs den martialischen Scharia-Gesetzen, die gegen Homosexuelle in der arabisch-islamischen Kultur angewandt werden (Folter, Verstümmlungen, Steinigung, u.ä.). Im maurischen Andalusien spielte die Päderastie, die ja nicht mit Homosexualität verwechselt werden darf, sowie die sexuelle Stigmatisierung und Ausbeutung zwischen den ethnischen Gruppen einen wesentlich höheren Stellenwert, als bisher angenommen. Eine offen geführte Debatte hierüber würde auch die convivencia-Diskussion voranbringen!

Literatur

BERNECKER, W.L.: Religion in Spanien. Darstellung und Daten zu Geschichte und Gegenwart, Gütersloh 1995

BERNECKER, W.L.: Spanische Geschichte. Von der Reconquista bis heute, Darmstadt 2002

CASTRO, A.: España en su historia. Cristianos, moros y judios, Buenos Aires 1958

CASTRO, A. : La realidad histórica de España, Buenos Aires 1954; deutsche Fassung: Spanien. Vision und Wirklichkeit, Köln 1957

FANJUL, S.: Al-Andalus contra España. La forja del mito, 1. Aufl. Madrid 2000; 3. Aufl. Madrid 2002

FANJUL, S.: La fallida integración de los moriscos, in: Revista de Occidente 263, 19-38

GOYTISOLO, J.: Libertad, libertad, libertad, Barcelona 1978

GOYTISOLO, J.: Spanien und die Spanier, Frankfurt 1982

GOYTISOLO, J.: Die Häutung der Schlange. Ein Leben im Exil, München/Wien 1995

GOYTISOLO, J.: Convivencia con el Islam, in: Revista de Occidente 263, 7-17

MARANON, G.: Ensayo biológico sobre Enrique IV y su tiempo, 10. Aufl. Madrid 1964

SANCHEZ ALBORNOZ, C. : España. Un enigma histórico, 2 Bde, Buenos Aires 1956

SANCHEZ ALBORNOZ, C. : De la Andalucía islámica a la de hoy, Madrid 1983; 2. Aufl. Madrid 1998

Terror oder Toleranz?

Seit Samuel P. Huntingtons *Kampf der Kulturen* haben sich die Konturen eines islamischen Feindbildes im Westen verfestigt: Einer Umfrage zufolge sehen 62 Prozent der Deutschen im September 2004 einen gegenwärtigen Konflikt zwischen Christentum und Islam. Allerdings findet die damit ausgelöste Debatte über Demokratiefähigkeit und Modernisierungswillen der islamischen Welt selten im Dialog mit betroffenen Muslimen statt. Idriss al-Jay, marokkanischer Journalist mit Wohnsitz in Deutschland, schildert in einem farbigen Beitrag seine Sicht der Dinge. Im Mittelpunkt steht ein Modernisierungsschock, der seit Beginn der Kolonialzeit in der islamischen Welt greifbar ist und sich bis heute im Leben unzähliger Muslime ereignet – vor allem, wenn sie ihre Heimatregionen verlassen und in der Diaspora mit Lebensverhältnissen des Westens konfrontiert sind. Folgt man Jay, so ist islamische Mentalität keineswegs grundsätzlich antimodern, kennt aber eine fundamentalistische Verengung als Reaktion des Selbstschutzes, die im Terrorismus gipfeln kann. Eine Konfrontation mit der Moderne ist gleichwohl unausweichlich und hat sich in der islamischen Geschichte bereits mehrfach vollzogen: Auch die maurische Zivilisation von al-Andalus war zu ihrer Zeit eine moderne Gesellschaft, in der nordafrikanische Islamisten nicht lange bleiben konnten, was sie waren. Der vorliegende Beitrag wurde als Vortrag in der Thomas-Morus Akademie/Bensberg gehalten und vom Herausgeber redaktionell überarbeitet.

Idriss al-Jay

Im Jahre 1954 in der marokkanischen Königsstadt Fes geboren, lehnt er nach vier Jahren Grundschule regelmäßigen Unterricht ab, schlägt sich selbst durchs Leben und lernt verschiedene Handwerke; erst im Alter von sechzehn Jahren nimmt er wieder den Lese- und Schreibunterricht auf. Studium der Islamwissenschaft und Literatur in der Universität Fes/Marokko. Al-Jay lebt seit 1990 in Hannover und arbeitet als Theater- und Hörspielschauspieler, Regisseur, Dichter, Kurzfilmemacher sowie Journalist für verschiedene arabische Zeitungen. Als Märchen- und Geschichtenerzähler tritt er in Deutschland, der Schweiz und in Österreich auf; Vorträge über Toleranz, Islam und orientalische Kultur; diverse Publikationen in arabischer Sprache.

TERROR ODER TOLERANZ?

Der iberische Islam und die Moderne

Idriss al-Jay

Orient gegen Okzident

Das Attentat vom 11. September 2001 war nicht nur ein Schlag ins Gesicht aller Bemühungen um Frieden und Verständigung der Völker und Kulturen – vor allem des Dialogs zwischen Christentum und Islam –, es hat auch die kulturelle Kluft zwischen dem Westen und dem islamischen Osten vertieft und eine Annäherung der Standpunkte beinahe beendet. Neben dem Schock für die Verteidiger von Freiheit und Demokratie war es ein großer Verlust und eine Enttäuschung für moderne islamische Gläubige weltweit, die bestrebt sind, das Bild der islamischen Denkweise dem Westen näher zu bringen. Denn durch das Attentat wurden fast alle neueren Bemühungen und Versuche islamischer Denker und Theoretiker, aber auch traditionell aufgeschlossener Muslime, die durch neue Lesarten von Koran und Überlieferung andere Zugänge zur kulturellen Eigenheit islamischer Gesellschaften suchen, vom Fanatismus überschattet. Gleiches gilt für jahrelange Beschäftigung mit dem Islam seitens westlicher Islamforscher und Spezialisten, die sich für ein friedliches Image dieser Religion eingesetzt haben, wie auch für die Anstrengungen moderner europäischer Muslime auf dem Weg zu einem toleranten Islam – als europäisches Modell steht hier das spanische al-Andalus.

Einerseits hat man seit dem 11. September jede Aussage eines Muslims interpretiert und hart kritisiert, um einer etwaigen Nähe zum Jihad den Puls zu fühlen, die generell mit Terrorismus gleichgesetzt wird, ohne zwischen Islam und Fanatismus eine klare Trennlinie zu setzen; so fühlen sich *normale* Muslime, die mit dieser Art von

Jihad nicht das Geringste zu tun haben, zumeist eingeengt und sehen sich zu Stellungnahmen gezwungen, um jede ihrer Äußerungen oder Meinungen dem Westen gegenüber zu erklären, sie schmackhaft zu machen, zu rechtfertigen und sich immer wieder vom Fanatismus zu distanzieren. Auf der anderen Seite weckten die Ereignisse des 11. September ein sonderbares Interesse am Islam als Kultur und als Lebensweise vieler Millionen Menschen, die entweder im Westen leben – als Mitbürger, Gastarbeiter, Studenten oder Flüchtlinge – oder in Staaten, die von Südwesten bis Südosten um Europa eine Art Halbmond bilden. Dieses Interesse ist allerdings berechtigt – wenn man nämlich von seinem friedlichen Nachbarn hört, vom Mieter, Mitbewohner oder ehemaligen Schüler, dessen Name heute als mutmaßlicher Terrorist in großen Lettern auf dem Titelblatt einer Tageszeitung steht. Man will seinen Kollegen oder Mitbewohner und jene Kultur, die ihn bewegt, kennen lernen. Und wie man sich vom nahen Nachbarn ein klares Bild machen will, will man auch vom ferneren Nachbarn wissen. Die Erweiterung Europas ist nur eine Frage der Zeit: Kann dieser Nachbar als Sozial-, Gesprächs- und Geschäftspartner und nicht zuletzt politisch Verbündeter anderen Glaubens als Mitglied der EU überhaupt in Frage kommen?

Die Welt rückt zusammen, und trotz aller geografischen Entfernung wurde die Nachbarschaft des Ostens und des Westens als Notwendigkeit der Koexistenz zweier Welten schon vor langer Zeit besiegelt – und das nicht nur in der Gegenwart, sondern auch für die Zukunft. Bei dieser Verbindung kann man nicht übersehen, dass der europäische Kontinent im Westen von Marokko und im Osten von der Türkei jeweils nicht mehr als rund zehn Kilometer entfernt ist, was zu kulturellen Berührungen und Auseinandersetzungen führen musste, heute aber einen gleichberechtigten Dialog erfordert. Wenn auch ein kulturelles Interesse am Osten erst in den letzten Jahren zugenommen hat, so ist es in politischer, wirtschaftlicher und wissenschaftlicher Hinsicht nicht neu. Im Laufe der zurückliegenden 500 Jahre wurde der Halbmond vom Westen durchaus mit ernstem Interesse wahrgenommen, und in den 20er Jahren des vergangenen Jahrhunderts machten sich deutsche Architekten und Ingenieure sogar Gedanken, wie Europa und Afrika durch Brückenkonstruktionen zu verbinden seien, als eine Art geografische Annäherung, die durchaus symbolischen Stellenwert hat.

Das Bekenntnis des Islam

Niemals in der Geschichte war das Interesse am Islam, besonders im Westen, so intensiv wie in den ersten Jahren des Millenniums, und niemals wurden so viele Bücher und Medienberichte über diese Religion und ihre Anhänger veröffentlicht wie nach dem 11. September. Das Schreiben über den Islam zwischen Fanatismus und Toleranz ist unter Autoren und Religionsforschern fast eine Art Kult geworden, so dass man kaum einen Verlag findet, der nicht mittlerweile das eine oder andere Buch in dieser Richtung anbietet.

Aufgrund des monotheistischen Hintergrunds der Schriftreligionen versucht man die beiden großen Bekenntnisse als Geschwister zu verstehen, die sich gemeinsam mit dem Judentum auf denselben Vater, Abraham, berufen. Aber man stellt sie auch als Religionsgegner und Feinde vor, als ob es keinen Weg zur Versöhnung gäbe, auch wenn uns eine Jahrhunderte lange Erfahrung des Zusammenlebens auf der Iberischen Halbinsel das Gegenteil bewiesen hat. Was ist eigentlich dieser umstrittene Islam, der die Welt so beklemmend herausfordert? Die Antwort kann man in zwei Sätzen aus dem Koran finden: „Euer Gott ist ein einziger Gott. Darum ergebt euch Ihm."

Der Islam ist in diesem Sinne nichts Neues, und so wurde er auch zweifellos von dem Propheten Muhammad und der ersten muslimischen Generation empfunden: als Fortsetzung in einer entscheidenden Phase im langen Kampf des Monotheismus gegen den Polytheismus. Das Wort „Islam" wird in vielen Fällen als Frieden (Salam) übersetzt. Aber auch wenn es etwas von dieser Bedeutung enthält, verstehen es die Muslime in erster Linie als Hingabe des Gläubigen an Gott. Es bedeutet, der Muslim ist einer, der sich voll und ganz nur Gott allein und keinen anderen Göttern hingibt, wie die folgenden Verse aus dem Heiligen Buch des Koran sagen: „Sprich: Er ist der eine Gott, der ewige Gott; er zeugt nicht und ward nicht gezeugt, und keiner ist Ihm gleich!".

Das Wort Islam bezeichnet auch den wahren Glauben, den alle Gesandten von Gott mitgebracht haben. Daher gelten alle früheren monotheistischen Propheten so wie auch ihre Anhänger in der Sicht des Islam als Muslime. So gelten das Christentum und das Judentum zur Zeit ihrer Entstehung als wahre Religionen, frühere göttliche Offenbarungen. Historisch gesehen war der Islam Grundlage für den Anfang einer neuen Kultur, die sich außer dem Monotheismus als Grundlage kaum auf feste Regeln und Gesetze der Vergangenheit berufen konnte. Der Kampf zwischen Polytheismus und Monotheismus, der am Anfang des Islam steht, nahm später die Form eines existenziellen Konfliktes an zwischen traditionellen Werten aus vorislamischer Zeit und dem Islam als Modernität jener Zeit, sei es im religiösen, kulturellen, moralischen oder wirtschaftlichen Sinne.

Die Antwort des Terrors

Die Ereignisse des 11. September waren ein Versuch, die wichtigste Grundlage zu zerstören, die den Islam mit anderen Schriftreligionen vereint, den Monotheismus, und damit das freie Denken und den religiösen Ost-West-Dialog in eine Krise zu stürzen. Allerdings wurde der Anschlag für das fundamentalistische Denken selbst zum Verhängnis und bringt jetzt eine neue weltweite Herausforderung. Der Versuch, sich mit der Moderne anzulegen, ist gescheitert, und deshalb antwortet der Islamismus auf die Fragestellung der Moderne mit Gewalt und beweist damit gleichzeitig sein Versagen. Das Scheitern des afghanischen Machtmodells der Taliban (durch die mangelnde Unterstützung des Volkes und durch internationales Eingreifen) zeigt deutlich einen großen Mangel an politisch wie wirtschaftlich klar definierten Programmen für die Zukunft der islamistischen Bewegung. Es stellte sich die Frage: Reicht eigentlich der Sturz eines korrupten Regimes, um einen idealen islamischen Staat zu errichten nach dem Modell des Propheten vor 1400 Jahren, wie ihn sich die Taliban vorstellten? Kann so etwas zustande kommen ohne Zustimmung der Großmächte, der USA und ihrer Verbündeten, das heißt: der modernen Welt?

Neue Situationen, die seit der Entstehung des Islam vor 1400 Jahren in der Welt aufgetreten sind, werden von den Fundamentalisten ignoriert, als ob sie niemals existiert hätten. Man trägt eine gewaltige Dualität mit sich herum, denn auf der einen Seite ist man vom Westen auf vielen Ebenen abhängig und wird allmählich von den unterschiedlichen Strömungen der Moderne geprägt und beeinflusst, auf der anderen Seite ignoriert das fundamentalistische System die guten Seiten der Moderne wie die Erfahrungen des Westens im Kampf um Freiheit und Demokratie und lehnt dies alles ab; mit der Begründung, die neue Zivilisation sei eine korrupte Kultur, basiere auf verlogenen Freiheiten, und Demokratie passe nicht in die islamische Gesellschaft. Vor allem die Säkularisierung gilt als undenkbare Alternative für künftige politische und wirtschaftliche Lösungen.

Einer der Gründe für diese Dualität der islamischen Welt und vor allem der Fundamentalisten in ihrer Beziehung zum Westen, in moralischer, religiöser und kultureller Hinsicht, sind unterschiedliche geschichtliche Situationen. Theoretisch verwendet, mindestens seit der Kolonialzeit, die islamische Welt eine westliche Zeitrechnung und denselben Kalender. Aber in Wirklichkeit hat jede der beiden Welten ihren eigenen Zeitbegriff und lebt in einer jeweils völlig anderen Zeit. Leben wirklich beide Welten im selben Jahrhundert? Hat der Begriff *21. Jahrhundert* die gleiche Bedeutung im Westen wie im Osten? Bedeutet tatsächlich das Wort Millennium für die Menschen im fernen Atlasgebirge oder auch mitten in den alten Metropolen wie Kairo, Islamabad, Khartum oder Kabul dasselbe wie für die Menschen in Paris, New York oder Berlin? In vielen Gebieten der islamischen Welt gibt es nach wie vor jenes Leben einer archaischen Agrargesellschaft, das von europäischen Reisenden beschrieben wurde.

Ungleichzeitigkeit der Heutigen

„Die Zeit ist stehen geblieben, nichts hat sich hier geändert seit Jahrhunderten" oder „Man fühlt sich in mittelalterliche Zeiten versetzt!", solche Formulierungen enthalten manche Wahrheit. Orient und Okzident nennen dasselbe Jahrhundert, aber sie erleben und fühlen es völlig unterschiedlich, was dazu beiträgt, dass die gegenseitigen Vorstellungen der jeweils anderen Welt vor allem im kulturellen Bereich einer Täuschung unterliegen. Daher ist es von Bedeutung, dass ein Dialog zwischen den Kulturen und Religionen fortgesetzt wird, um diese Zeitkluft zu mindern und unterschiedliche Sichtweisen einander anzunähern.

Das Eintreten in die Modernität, für den Westen längst eine erledigte Sache, ist immer noch eine Herausforderung für einen großen Teil der islamischen Völker, Staaten und Individuen, denn der Schein der Gleichzeitigkeit trügt. Dennoch kann man in der islamischen Welt sehr vielen Zeichen der Moderne begegnen. Wie die nach der Kolonialzeit errichteten modernen Großstädte sind vor allem die Länder am Persischen Golf ein Modell für diese Modernisierung.

Trotz der Verwendung von Computern und luxuriösen Fahrzeugen hat sich aber im Verhältnis zur modernen Zeit meistens nur das Äußere geändert, in der Mentalität ist alles nach wie vor unverändert. In manchen Gegenden sind sogar Mentalität und Denkweise rückständiger geworden als dies noch vor Hunderten von Jahren der Fall war. Diese Art von Berührung mit der Moderne ist nur eine Form des Konsumzwangs im Unterbewusstsein, der nichts mit produktiver Auseinandersetzung zu tun hat, eine unfreiwillige Wahl auf dem Weg zu neuen Zeiten – ein Fall, der sich immer wiederholt seit jener ersten Berührung mit der Moderne, in Gestalt der Landung von Napoleons Truppen in Ägypten 1798.

Schock der Moderne

Dieses Ereignis spielte eine entscheidende Rolle in der neueren islamischen Geschichte, es war ein großer Schock für die gesamte muslimische Gemeinde. Die Invasion der Franzosen in Ägypten wurde von den meisten Historikern und Wissenschaftlern als Konfrontation des Islam und der arabischen Welt mit der Moderne betrachtet. Andere sehen, dass der Prozess schon dreihundert Jahre früher mit bedeutenden Ereignissen angefangen hatte, wie der Fall von Granada 1492, die Errichtung des Portugiesischen Kolonialreiches am Indischen Ozean, die Eroberung der Tartarenhauptstadt Kasan durch die Zaren 1552, die Niederlassung der Britischen Armee in Indien gegen 1612, die fast 150 Jahre später den Großmogul zwangen, ihnen die Steuerverwaltung im gesamten Nordost-Indien zu überlassen. Das Jahr 1798 bleibt aber als bedeutende Wende für den modernen Islam, und seine Auswirkungen in der islamischen Welt lassen sich bis in die heutige Zeit verfolgen.

Die Ereignisse des Jahres 1798 stellten wichtige Fragen über die Zukunft einer Religion, die sich als universal versteht und den Anspruch auf Vorherrschaft der Welt erhebt. Wie sollten ihre Anhänger mit dieser neuen Herausforderung umgehen, die sich kulturell, wirtschaftlich und insbesondere militärisch stellte? Historisch gesehen war der Islam von Anfang an erfolgreich bis zur französischen Invasion, die für die muslimische Welt ein gewaltiger „Militärschock" war, weil diese moderne, christliche Armee die Truppen der Mamluken ohne Schwierigkeiten zwang, das Feld zu räumen. Nach Jahrhunderten von Macht, Verbreitung des Islam vom Fernen Osten bis weit in den Westen und Fortschritt auf allen Ebenen der Wissenschaft mussten die Muslime sich nun nicht nur mit der militärischen Bedrohung ihrer Existenz und ihrer Entmachtung abfinden, sondern mit einer neuen Gefahr, nämlich dem „Kulturschock".

Mehr als das militärische Personal und dessen strategische Überlegenheit führten die Franzosen, die bis 1801 in Ägypten blieben, eine neue Weltanschauung ein, neue Erkenntnisse und Lebensweise, verschiedenste wissenschaftliche Einrichtungen, Methoden und Instrumente. Ein Laboratorium, eine moderne Bibliothek europäischer Literatur und eine Druckerei, mit deren Hilfe sie Flugblätter in arabischer Sprache herstellten, die die Ägypter mit den neuen Ideen der Französischen Revolution in Berührung bringen sollten. Dazu ein Stab von Wissenschaftlern unterschiedlichster Disziplinen, die auch interessiert waren an einem Kontakt mit Vertretern der traditionellen islamischen Gelehrsamkeit. Die Begegnung und Auseinandersetzung zwischen den islamischen Ländern und dem Westen war in verschiedenen Bereichen keine Seltenheit, aber diesmal stießen zwei Welten aufeinander mit dem Ungleichgewicht unterschiedlicher Weltbilder, dem europäischen von 1798 und demjenigen zurückliegender Jahrhunderte.

Die islamische Reaktion

Durch diese Ereignisse wurde die islamische Welt einerseits erschüttert, sie wurde aber auch dazu bewogen, ihre Haltung gegenüber der modernen Kultur in einer erneuerten Welt zu definieren und sich einer Herausforderung zu stellen, die bis in unser Jahrhundert weiter anhält und eine Auseinandersetzung, wenn auch eine eher widerwillige, einfordert. Neue Einrichtungen und Ideen beeindruckten die religiösen Gelehrten und rüttelten gleichzeitig an jenem traditionellen Weltbild, von dessen Bedeutung sie überzeugt waren. Seitdem begann der Marathon einer Suche nach Antwort und Erklärung für den Schock innerhalb des islamischen Selbstgefühls. Es waren wenige Gelehrte, die sich vorsichtig mit der Veränderung der Welt vertraut machten und sich bemühten, soviel wie möglich von diesen neuen Erkenntnissen zu profitieren und sie sogar nachzuahmen. Sie riefen zu einer Art Reformation und pochten auf der Notwendigkeit, dass alles im Land sich verändern müsse, und alle Wissenschaften und Erkenntnisse, die arabische Länder zu dieser Zeit noch nicht kannten, von den Europäern übernommen werden sollten.

Die neuen Erkenntnisse übten eine starke Wirkung auf die Gesellschaft wie auch auf die Rechtsgelehrten aus, was zu einer sozialen und politischen Wende führen sollte. Die französische Invasion ließ den islamischen Ländern keine Wahl, sich anders zu entscheiden und bedrängte sie, für Politik, Wirtschaft und Kultur Konsequenzen zu ziehen. Es gab für die islamische Gemeinde keinen anderen Weg als die Modernisierung ihrer Staaten oder aber deren Zerfall in der Hand der europäischen Kolonialmächte. Die sozialen Strukturen in den meisten islamischen Ländern waren weder reif noch bereit, den Schritt in die Erneuerung zu wagen. Da die Gesellschaft sich gezwungen fühlte, einen Weg zu wählen, den sie nicht mitbestimmen konnte und dem sie noch nicht gewachsen war, kam es in vielen Fällen zu heftigen Auseinandersetzungen zwischen Anhängern der Reformen und den Antimodernen, weil letztere sich in ihrer Autorität bedroht fühlten. Deshalb reagierten sie mit Ablehnung gegen jede Art der Erneuerung, erklärten sie als Gottlosigkeit und Abtrünnigkeit, was zum Scheitern der Modernisierung in verschiedenen Ländern der islamischen Welt beigetragen hat.

In Folge des Widerstands gegen eine Modernisierung von Staat und Gesellschaft erlebte die islamische Welt, insbesondere die arabische, eine Reihe politischer und militärischer Niederlagen. 1830 besetzte die französische Kolonialmacht Algerien, ein halbes Jahrhundert später Tunesien. Unterdessen nahmen die Briten Ägypten in Besitz, und 1907 teilten sie in einem Geheimvertrag mit den Russen den Iran in Einflusszonen auf. Die Italiener bemächtigten sich Libyens 1911, und ein Jahr später wurde Marokko zwischen Franzosen und Spaniern geteilt und zum Protektorat erklärt. Mit der Aufteilung der arabischen Provinzen des Osmanischen Reiches nach dem Ersten Weltkrieg unter den europäischen Mächten und mit der Stationierung der Briten in Palästina, Transjordanien und dem Irak als jeweilige Mandatsgebiete und der Franzosen im Libanon und in Syrien war der Höhepunkt des fremden Einflusses auf die islamische Welt erreicht – hinzu kam die Gründung des Staates Israel im Jahre 1948

Flucht in den Islamismus

Der Zustand, in dem sich ihre Länder seit dem 19. Jahrhundert unmittelbar nach der Konfrontation mit dem Kolonialismus befanden, führte von Indien bis Westafrika unter islamischen Reformern nicht nur zum Ruf nach Modernisierung in militärischen, naturwissenschaftlichen, medizinischen und wirtschaftlichen Bereichen, sondern auch nach einer Revision ideologischer Vorstellungen, denn neue Ideen hatten sich in Europa entwickelt und den Weg in die islamischen Länder gefunden. Während diese Perspektive bei einigen Begeisterung auslösten, warnten andere vor einem kulturellen Identitätsverlust. Die Aufgabe, gegen diese Überfremdung anzutreten, übernahm eine Reihe von „islamischen Modernisten" – Gelehrte und Agitatoren. Ihre Reihe beginnt mit dem aus dem Iran stammende Gelehrten Jamal Din al-Afghani (1838 bis 1897) und reicht bis in unsere Zeit.

Es entstand eine Anti-Kolonialismusbewegung, begleitet von neuen Ideen als Motivation für die Belebung und Behandlung des kulturellen Erbes, in erster Linie des heiligen Buchs, des Koran, der eine Interpretation erfuhr, die auf wissenschaftliche und medizinische Erklärung vertraute. Ähnlich wie in dem traditionellen Prozess islamischen Denkens, der Versöhnung zwischen Glauben und Philosophie anstrebte, wurde im Koran nach wissenschaftlichen, naturwissenschaftlichen und medizinischen Beweisen gesucht, mit dem Ziel, die Eignung des Islam für jeden Ort und jede Zeit zu erweisen. Die Bewegung erkannte die schwierige kulturelle Situation gegenüber den westlichen Herausforderern und rief nach einer neuen entscheidenden Rolle des Islam in der Gesellschaft. Wenige Gelehrte verstanden die Bedeutung der Moderne als neuen Horizont auf dem Weg zur Demokratie und Abrechnung mit den dunklen Zeiten des Mittelalters. Bei den meisten aber blieb die Aufforderung zur Reform nichts als eine Art Verteidigung gegen die Moderne und gegenüber ihren Herausforderungen; eine Rechtfertigung für das Scheitern des alten Systems der *Salafia* (Altvorderen), die gegen jede Form der Erneuerung angetreten waren und als Schutz für ihren Glauben jede Art der Entwicklung bekämpfen mussten.

Trotz aller Meinungsverschiedenheiten unter den Reformgruppierungen – gleich welchen Namens, „Reformationsbewegung" oder „Erneuerungsbewegung", und gleich ob sie Worte oder Waffen verwenden, ihr ideologisches Ziel zu erreichen – erklären alle die Unterlegenheit der islamischen Welt als Strafe oder Mahnung Gottes an die gesamte muslimische Gemeinde. Bis zur heutigen Zeit hat sich die Meinung dieser Reformrichtung nicht geändert, und alte und neue treffen sich an diesem Punkt: „Nichts kann der heutigen islamischen Gemeinde Reinheit wiederbringen als das, was, ihren Anfang reformiert hatte." Das heißt, die Rückkehr zum Vorbild des Propheten und seiner Anhänger als einzige Lösung, der westlichen Welt und ihrer Herausforderung ebenbürtig zu sein. Diese radikalen Gedanken fanden ihre Verstärkung und Ausweitung bei vielen Anhängern, der bekannteste unter ihnen war der bedeutende Theoretiker der Muslim-Brüdern, einer Reformbewegung zu Beginn des 20. Jahrhunderts, Sayyid Qutb. Er wurde sich bewusst, dass die islamische Welt, im Vergleich zur Ära des Propheten und seiner ersten vier Nachfolger, erneut ins *Jahilia* (Heidentum) der „Unwissenheit der vorislamischen Zeit" zurückgekehrt war. Deshalb spielt für diese Art von Enthusiasmus die Erinnerung an historische Ereignisse eine wichtige Rolle, nämlich die Siege der Muslime bei den frühen Schlachten und die Blütezeit der ersten vier Kalifen, als der Islam seine Größe und seinen Glanz ungebrochen erlebte und die Muslime in einer noch unverdorbenen Gesellschaft in Frieden und Sicherheit lebten.

Ein liberaler Islam

Die andere Strömung, die liberale oder gemäßigte, erkennt, dass die islamische Welt im Vergleich zur westlichen ins Hintertreffen geraten ist. Um dieses Ungleichgewicht aufzuheben und den Rückstand dem Westen gegenüber aufzuholen, sind alle islamischen Länder aufgefordert, nach einer wissenschaftlichen Vormachtstellung zu streben – wie sie die westliche Welt heute besitzt, aber ohne die Vermittlung der Muslime in früheren Zeiten, als diese an der Spitze waren, nicht hätte entwickeln können – und damit eine verlorene wirtschaftliche, kulturelle und militärische Führungsrolle wieder zu erwerben. Darum müssen sich die Muslime bemühen, die Wissenschaft auf dem Weg der alten muslimischen Denker weiter fortzuschreiben. Und deshalb erinnert diese Strömung stets daran, die Zeit sei gekommen, die eigene hochentwickelte, aber vernachlässigte Kultur aus der Zeit der Abbasidendynastie in Bagdad und der Omayaden in Damaskus und Andalusien erneut zu beleben. Die Reserve gegenüber der Moderne spiegelt die Angst der islamischen Gesellschaft, sich mit dem Forschritt anzulegen und dabei das kulturelle Gleichgewicht, nämlich die eigene kulturelle Identität, zu verlieren. Denn die Bedingungen für eine Wiederbelebung der Hochkultur und der Wissenschaft sind nicht gegeben, weil sich der größte Teil dieser Gesellschaft in einer abgeschlossenen Situation befindet, fern von aller Berührung mit den einfachsten Mechanismen der Moderne. Mehr als unter dem fehlenden Zugang zu Meinungsfreiheit und Demokratie leidet die große Masse der Gesellschaft nach wie vor unter Analphabetismus. Deshalb ist die islamische Gesellschaft immer noch nicht in der Lage, die Herausforderung der Moderne zumindest als eine Tatsache zu akzeptieren.

Auch eine reformerische Gesinnung verdankt ihre Entstehung der nackten Notwendigkeit, die Perspektiven einer Gesellschaft zu erneuern, die seit Beginn der Kolonialzeit unter einer Reihe moralischer, kultureller und religiöser Krisen leidet. Denn die neue Situation fordert ein Wagnis und den unvermeidlichen Sprung in eine Moderne, deren Zukunft nicht von den Muslimen allein bestimmt wird. In ihrer Dualität der Denkungsart dem Westen gegenüber, die Nähe und kritische Distanz gleichzeitig sucht, erlebt die islamische Gesellschaft ihre Krise bis zum heutigen Tag. Auch wenn sich die Gesellschaft zwangsläufig aus dem Mittelalter weiter bewegen musste, stützt sie sich immer noch auf das Fundament jener Kultur, als Schutz vor der Magie der Moderne, die für viele nur bedeutet: Macht des kolonialistischen Westens. Aufgrund einer noch frischen islamische Erfahrung mit dem Kolonialismus reagiert man gegen den gesamten Westen, der in den Augen nicht weniger Muslime die Schuld trägt für ihre politische, ökonomische und auch kulturelle Niederlage und ihr Scheitern; an erster Stelle die USA ist ein Symbol für Ausbeutung und die Unterstützung korrupter Systeme. Wegen der Zweifel über die Zukunft der islamischen Welt schwebt den religiösen Fundamentalisten die Rückkehr zu Lebensformen der Alt-Vorderen vor, wie die erste Generation der Prophetenanhänger den Islam verstanden und praktiziert hat. Wie das Fundament einer einfachen Grundlage bedarf, sehnen seine Anhänger sich nach der „Blütezeit", der Zeit der großen Kalifen, die als absolut fehlerfrei betrachtet wird.

Seit europäische Mächte den Fuß auf islamischen Boden setzten, haben sich Gelehrte und Theoretiker wie auch politische Bewegungen nur mit der Vertreibung der Kolonialherren beschäftigt, nicht aber mit der Zeit danach. Deswegen wurde die Rolle des politischen Islam nach dem zweiten Weltkrieg durch andere Weltideologien – wie Kommunismus, Liberalismus, panarabischer Nationalismus oder Nassers *Arabischen Sozialismus* – abgelöst und in den Schatten gestellt. Mit der politischen Unabhängigkeit versuchten die Reformer an den Fersen der weltideologischen Strömung zu bleiben, setzten den theoretischen Kampf gegen kapitalistische Ideologien im Westen und kommunistische im Osten fort, und wiederholten damit jenen Versuch, den die Reformer im 19. Jahrhundert begonnen hatten.

Durch neue Interpretation der Korantexte suchte man Erklärungen zu finden, die schon seit Hunderten von Jahren in Gottes Buch existierten, bisher aber von den Muslimen übersehen wurden, und die mit neuen naturwissenschaftlichen, medizinischen, physikalischen und astronomischen Entdeckungen übereinstimmen sollten. „Im Koran steht alles, was die Muslime im Leben brauchen, denn Allah hat im Koran nichts vernachlässigt, man braucht es nur zu suchen." So predigen viele Reformer und gehen davon aus, dass es kein Hindernis gibt, den Islam als parallele Theorie neben Sozialismus und Kommunismus zu setzen. Entsprechend interpretiert man viele Ereignisse der islamischen Geschichte und bezieht besonders vom Leben des zweiten Kalifen Omar und des Prophetenanhängers, Abu dar Algifahri, eine sozialistische Haltung. Die marxistische These über die Religion wird dabei als Reaktion gegen ein Christentum betrachtet, das vom europäischen Kontext geprägt ist und mit der östlichen Gesellschaft nichts zu tun habe.

Islam in der Diaspora

Es scheint, als wiederhole sich das Schicksal der Muslime. Schon am Anfang des Islam, als die ersten Muslime von ihren Leuten misshandelt wurden, mussten sie nach der Empfehlung ihres Propheten die Heimat verlassen und nach Abessinien auswandern. „Denn dort", so sprach er, „herrscht ein König, bei dem niemandem Unrecht geschieht. Es ist ein freundliches Land, bleibt dort, bis Gott eure Not zum Besseren wendet!"

Ende des 19. Jahrhunderts wanderten zwei große Gelehrte, Gamal

Did al-Afgahani und Muhamed Abdu, nach Paris, aus. Sie waren die ersten Reformer der modernen islamischen Geschichte, gründeten eine Art Geheimgesellschaft und setzten sich für die Reform und die Anliegen der islamischen Gemeinschaft ein. 1964 wanderte Ruhollah Musasawi (Khomeini) aus dem Iran aus, in Frankreich führte er die Bewegung gegen Schah Muhammad Reza Pahlawi an; 1979 kehrte er als Führer der iranischen Revolution nach Teheran zurück und rief im selben Jahr eine islamische Republik aus. Seit die islamische Welt in Berührung mit der modernen Welt geraten ist, wanderten viele islamische Denker in den Westen, liberale wie auch fundamentalistische, als ihre einzige Zufluchtsmöglichkeit. Ende der 70er und Anfang der 80er Jahre des 20. Jahrhunderts begann eine neue Welle der Auswanderung nach Europa und den westlichen Ländern im allgemeinen; eine Welle vor allem aus Studenten, Geschäftsleuten, Künstlern und Intellektuellen, bewegt von der Hoffnung, eine neue Heimat zu finden, in der man sich frei ausdrücken könne.

Diesmal sind die Motive dieser Menschen weder in erster Linie die Suche nach Reichtum noch die Flucht vor der Hungersnot, sondern das Streben danach, als freie Menschen mit Würde und mit Rechten und Pflichten leben zu können und mit Respekt behandelt zu werden. Denn die meisten neuen Auswanderer sehen keine Zukunft mehr in ihren Ursprungsländern. Wie die meisten im Westen Geborenen oder Aufgewachsenen, betrachten die neuen Auswanderer die Länder, in denen sie sich momentan aufhalten, als zweite Heimat und nicht als fremdes Land wie vorherige Generationen, nämlich die Gastarbeiter, die eine Rückkehr ins Vaterland vor Augen hatten. Auf Grund von politischer Lage, Verfolgung oder Unterentwicklung ihrer Länder entscheidet sich eine große Zahl der Studenten, nach der Beendigung des Studiums für immer zu bleiben. Die meisten neuen Auswanderer versuchen, im Gegensatz zur alten Generation, sich in die neue Gesellschaft zu integrieren und bemühen sich um eine Anerkennung als gleichberechtigte Bürger mit allen Rechten und Pflichten.

Viele Anpassungsversuche junger Leute scheitern jedoch, weil sie nicht genügend vorbereitet sind auf das Leben in der *fremden* Welt. Sie werden aus ihren Ländern in eine andere Welt geschickt ohne klare Vorstellung vom Westen und haben kaum Lebenserfahrung außer jener, die sie im Rahmen der Familie erworben haben. Der große Teil von ihnen stammt aus Mittelschichten, die in der Heimat ein Leben

mit wenig Sorgen führten und sich fast um nichts kümmern mussten. Und weil sie keine Perspektive für die Zukunft in ihren Ländern
sahen, hatten sie auch kein genaues Ziel vor Augen – Hauptsache, ins
Ausland auswandern, um zu studieren oder zu arbeiten; Hauptsache,
dort zu leben und aus dem eigenen Land heraus zu kommen. Die
wenigen Informationen, die diese Menschen über das Leben in den
westlichen Ländern haben, sind fast ausschließlich Quellen aus den
Medien, aus Filmen, Satellitensendern, die am wenigsten die Wirklichkeit und das wahre Bild des Westens treffen. In den Gehirnen
dieser Jungen sind seit der Kindheit von den Eltern, von den Leh-
rern, von den Freitagspredigern in den Moscheen oder im Fernsehen
Sätze eingraviert wie: Wir sind als Muslime die beste Gemeinde, die
es überhaupt gibt, und unsere Religion ist der einzige wahre Glauben
auf Erden. Darüber haben sich diese jungen Leute nie Gedanken gemacht, aber hier werden sie schon am Flughafen mit einem *Zivilisationsschock* und dem Unterschied der Zeitalter konfrontiert.

Es stellt sich wieder die Frage: Ist die muslimische Gemeinde
wirklich die beste? Alles ist völlig anders als das, was man erwartet
hat, als die Dinge, die man aus den Medien erfahren hat. Alles ist hier
mächtig, gewaltig, prächtig, sauber, gut organisiert und gleichzeitig
für alle zugänglich. Man erlebt noch mehr kulturelle Schocks, wenn
man in Berührung mit dem Alltagsleben kommt, fängt an, alles an-
zuzweifeln und in Frage zu stellen. Viele Emigranten versuchen, ihre
Gedanken vom moralischen Druck der Heimatgesellschaft zu befrei-
en und so oft wie möglich das Vergnügen, das ihnen in ihrem Vaterland verboten oder mindestens verweigert war, nachzuholen: Alko-
hol, Diskos, Kontakt mit Frauen ohne das Gefühl, gleich verhaftet
zu werden. Der Zivilisations- und Kulturschock wirkt in jedem Fall
und auf alle, sie verarbeiten ihn aber mit unterschiedlichen Reaktionen. Einerseits sind sie von vielen Möglichkeiten der modernen
Kultur begeistert und informieren sich jetzt sogar über die politische,
ökonomische und soziale Struktur ihrer eigenen Länder, wozu sie
in ihrer Heimat keine Zugangsmöglichkeit hatten. Auf der anderen
Seite können sie dies alles nicht akzeptieren, können nichts mit dieser Freiheit anfangen, weil sie auf diesen Sprung in eine andere Zeit
nicht vorbereitet waren. In ihren Gehirnen stoßen Bilder der Heimat
von Unterentwicklung, Armut, Analphabetismus zusammen mit Bil-
dern von Reichtum und hohem Entwicklungsstand dieses Landes,
Bilder von gestern mit jenen von heute und morgen.

Sind nicht wir Muslime die beste Gemeinde auf Erden? Und trotz der wahren Religion, der Blüte der Vergangenheit, des Öls und unseres weiten Landes sind wir in diesem Rennen die Verlierer, und sollen weiter verarmt und unterentwickelt sein? Sind wir etwa minderwertiger als diese Menschen? Sie beherrschten unsere Vergangenheit, sie beherrschen ihre Gegenwart, und sie haben die Zukunft. Woran liegt das, an uns oder am Islam? Ist ihr Glaube besser als unserer? Zehntausend Fragen drängen in den Kopf dieser Menschen, aber sie sehen keine Antworten. Man fühlt sich machtlos angesichts einer harten Prüfung, die mit dem Verlust der Identität droht. Zu Hause lebte man unbekümmert, brauchte weder zu kochen noch Wäsche zu waschen oder einkaufen zu gehen; mit solchen Fragen ist man nie konfrontiert worden und brauchte sich nicht mit ihnen auseinander zu setzen. Man ist Muslim von Geburt an und hat nie an Probleme gedacht, jetzt aber fühlt man sich mit diesen und anderen Fragen allein. Alleinsein mit diesen Gedanken in einem Land, das von nichtmuslimischer Umgebung geprägt ist, lässt die Sehnsucht nach der Muttersprache und der eigenen Kultur wachsen.

Rückzug auf islamische Tradition

Auch die Werte, die man zuvor nicht beachtet oder vielleicht sogar verachtet hat, werden jetzt als ein Stück Heimat, als ein Identitätsmerkmal empfunden. Viele junge Studenten, die fast nie gebetet oder gefastet haben, distanzieren sich vom Leben in einer nichtmuslimisch geprägten Umgebung und versuchen, durch die Hinwendung zur Religion als stärkste Verbindung zu etwa 1,2 Milliarden Muslimen in der Welt den Weg zur eigener Identität zu finden. Die meisten von ihnen wenden sich beladen mit Fragen den Cafés, Restaurants und Spielhallen der Moscheen zu, auf der Suche nach sich selbst, nach der verlorenen Heimat. Dort fühlt man sich nach und nach in deren Umgebung geborgen und nimmt durch praktische Vollzüge der religiösen Pflichten, wie dem täglichen Gebet oder dem Ramadanfasten, die Verbindung mit den Glaubensbrüdern auf. In der Fremde erst befassen sich die meisten mit dem Glauben und wollen soviel wie möglich über seine Einzelheiten wissen. Man bemüht sich und will über seine religiösen Pflichten mehr erfahren. Und durch die Gespräche mit einem „erfahrenen Bruder" werden die belastenden

Fragen abgenommen und radikal beantwortet: „Es stimmt, wir sind die beste Gemeinde auf Erden, wenn wir unsere Pflicht als Muslime bewusst ausüben, wenn wir für unseren Glauben etwas tun und für seine Verbreitung sorgen." Man fängt an, seine Bekannten, Freunde, Verwandten und Mitstudenten aus der islamischen Welt von der Wichtigkeit des Glaubens in einer nicht-islamischen Umgebung zu überzeugen. Der Kreis schließt sich, und in regelmäßigen Treffen werden Themen unter der Leitung von „erfahrenen Brüdern" diskutiert. Die Frage, die sie nicht beantworten können, schicken sie zu einem Mufti, einem Rechtsgutachter, den sie als glaubensstreng betrachten, um seine Meinung zu erfahren.

Die Moderne stellt für die Fatwa, das Glaubensgutachten, bis heute immer noch eine große Herausforderung dar, denn durch die auftretenden Veränderungen der Gesellschaft sind die Gutachter überfordert. Eines der großen Probleme, denen die Fatwa gegenübersteht, ist das Fehlen einer obersten religiösen Lehrautorität, die der Islam nicht kennt und auch nicht benötigt. Die einzige unumstrittene Autorität, die es im Islam gibt, ist die Autorität des Koran und der Prophetentradition. Davon sind alle Entscheidungen im Leben eines Muslims abhängig, und außer diesen beiden Lehrquellen sind alle Antworten über jede Frage umstritten. Bis zur heutigen Zeit stellt das moderne Leben immer noch Fragen an die islamische Gesellschaft und den Einzelnen: Vom Aufhängen von Fotos in Wohnräumen über das Musikhören und das Fernsehen bis zu Fragen von Organtransplantation und Schönheitsoperationen usw. Viele der Rechtsgutachter leben in islamischen Ländern und sind womöglich niemals in einem westlichen Land gewesen. Einige leben im Exil, meistens halten sie sich nur unter ihren Glaubensbrüdern auf und sprechen nur deren Sprache. Trotzdem beurteilen sie Situationen aus der Ferne und nach Ereignissen der Tradition, die für sie immer noch unverändert gilt wie zu Beginn des Islam, gültig für jedes Land und für jede Zeit: „Wie können wir unsere islamische Identität vor dem Westen und vor seinem *ungläubigen* Leben schützen? Indem wir uns von allem, was den Westen symbolisiert, distanzieren!" Um seinen Charakter und seine Identität deutlich auszudrücken, lässt man sich einen Bart wachsen, zieht sich traditionell an, lebt innerhalb der eigenen Gemeinde und meidet den Kontakt mit Muslimen, die anderer Meinung sind, oder mit solchen, die mit dieser irrationalen Denkungsart ihre Schwierigkeiten haben. Zu diesem zunehmenden

Radikalismus im Westen – besonders unter den Studenten aus islamischen Ländern, die als zukünftige Intellektuelle und Gelehrte betrachtet werden – trägt in erster Linie die Angst vor der Verwestlichung bei, vor dem Identitätsverlust und ein Mangel an kultureller wie auch moralischer Vorbereitung auf den Zivilisationsschock und den damit verbundenen Zeitsprung. Man lebt körperlich in der Gegenwart, seelisch aber sehnsüchtig in der Nostalgie der Vergangenheit. Das Gefühl kultureller Minderwertigkeit ergibt die Abweisung alles Modernen und die Ablehnung jedes Zusammenlebens oder Dialogs mit dem anders Denkenden oder Glaubenden. Deshalb wird dem Glauben ab jetzt die Schlüsselfunktion für jeden Kulturkonflikt anvertraut.

Der Zusammenprall mit der Moderne sollte eigentlich für die islamische Kultur und Gesellschaft ein Motiv sein, ihre eigene Geschichte neu zu bearbeiten. Denn selbst wenn der Islam nicht behauptet, einen neuen Glauben gebracht zu haben, war er zu jener Zeit eine neue Bewegung mit moderner Denkungsart. Ebenso brachte er durch seine Präsenz in vielen Teilen der Erde und nicht zuletzt im Mittelalter Südeuropas eine moderne Zivilisation. Obgleich aber auch viele streng religiöse Muslime Andalusien immer noch als verlorenes Paradies und großen Verlust des Islam betrachten, beschäftigen sich die Wenigsten mit der zivilisatorischen Seite des spanischen Islam: Toleranz, Koexistenz und religiöse wie kulturelle Vielfalt. Vor allem ziehen die fanatischen Muslime keine Lehren für die Zukunft einer islamischen Gesellschaft, die von der Entwicklung im Rest der Welt abhängig ist.

Al-Andalus und die Moderne

Es ist bemerkenswert, dass die maurische Geschichte Spaniens in der ganzen islamischen Welt einzig dasteht. Denn trotz vielfältiger historischer Verbindungen des maurische Spanien zum östlichen Islam ist al-Andalus durch einen vielschichtigen Reichtum an Kulturen gekennzeichnet und durch ein eigenes kulturelles Profil in allen Bereichen von Kunst und Wissenschaft differenziert. Somit wurde jede eindringende Kultur geprägt und schließlich mit der dortigen verschmolzen, wie im Fall der beiden religiös-fundamentalistischen Dynastien, die eine besondere historische Rolle im islamischen Spanien spielen sollten: zunächst Almoraviden (1091 bis 1145) unter dem Banner des *Jihad*, später Almohaden (1145 bis 1269) als Verfechter der *religiösen Einheit*.

Die Almoraviden waren als streng religiöse Berber aus der Sahara unter der Führung von Abd Allah ibn Yasin entschlossen, bei Ungläubigen und lauen Muslimen in al-Andalus mit Waffengewalt die Einhaltung der Gebote durchzusetzen. Im Rahmen ihrer militärischen Expedition begann das heutige Marokko maurisches Kulturerbe aus Südspanien zu übernehmen, und bald wurde der Begriff *moro* auf die arabische Bevölkerung des Maghreb ausgedehnt. Für diese Bewegung war die islamische spanische Zivilisation zweifellos eine Herausforderung, nämlich nichts anderes als die *damalige Moderne*. Die Almoraviden wurden zwar von den spanischen Muslimen zu Hilfe gerufen, um die Einheit des islamischen Spanien wiederherzustellen; als sie aber die Enge von Gibraltar überquerten, befanden sie sich in einer anderen Zeit als der ihnen vertrauten und in einer anderen Welt als der gewohnten. So begannen diese Strenggläubigen, auf der Halbinsel ein Territorium nach dem anderen zu annektieren. Aber wahrscheinlich ahnten sie nicht, dass dieser Schritt den Verlauf ihrer Geschichte ändern würde.

Nach einiger Zeit wandelten sich nämlich diese gefürchteten Gläubigen, die am Beginn ihrer Herrschaft alle Art der Anmut und Feinheit scheuten, zu Verteidigern der Moderne, der freien Kultur und des Denkens und zum Gegner jeder Art von Fanatismus. Córdoba behält weiterhin seine bedeutende Rolle als Kulturzentrum, weil sie bald begriffen hatten, dass islamische Zivilisation und Kultur in Spanien nur weiter existieren kann, wenn alle Kräfte der Gesellschaft an deren Entwicklung teilhaben. Unter den Herrschern der neuen Dynastie findet man am Hofe von Ali, dem Sohn des Yusuf Ibn Tashufin, islamische wie auch jüdische und christliche Ärzte, Dichter und Philosophen. Die Almoraviden, voller Eifer für das Studium, das überall stark befördert wird, bauten weiter die *madrazas* (Moscheeschulen), die in Granada in der Mitte des 11. Jahrhunderts begründet wurden, und deren guter Ruf sich bald in der ganzen Welt verbreitete. Sie förderten Literatur, Philosophie und Wissenschaft.

Schließlich wurden die Almoraviden durch ihre Todfeinde abgelöst, die Almohaden (*al-muouahidun*, Verfechter der Einheit), deren fanatische Dynastie (1145 bis 1269) von Al-Mahdi Ibn Tumert begründet wurde. Nach seinem Studium der Scharia, der orthodoxen scholastischen Doktrin im Osten, kehrt er in seine Heimat Marokko zurück und entrüstet sich dort über die lockeren Sitten der Almoraviden-Gesellschaft. Er scheut sich nicht, die Frauen der Würdenträger zu rügen, als er sie unverschleiert durch die Stadt Marrakesch reiten sieht. Er fasst den Beschluss, alle eindringenden Sitten und Gebräuche zu bekämpfen, um dem Islam seine Reinheit wiederzugeben. Grundlage seiner neuen Reformbewegung wird die von den Almoraviden verbotene Lehre des Al Ghazali. Während dieser große Meister den mystischen Weg wählte, um als Wanderprediger die Liebe Gottes zu verkünden, weil er vom Intellektualismus als Weg zur Wahrheit nicht mehr überzeugt war, griff Ibn Tumert zur Gewalt, um der Wahrheit zum Sieg zu verhelfen.

Obgleich die Almohaden in Andalusien am Anfang fast alle Arten des Luxus verwarfen und die Freiheit auf allen Ebenen beschränkten, blühten im Laufe ihrer Herrschaft Kunst und Architektur, Wissenschaft und Literatur. Sie bauten schließlich Burgen, Moscheen, öffentliche Bäder, Paläste und Madrazas; ein Teil dieser Bauwerke kündet bis heute von der Blütezeit dieser Dynastie, wie das prächtige Minarett des heutigen Glockenturms Giralda in Sevilla. Unter ihrer Dynastie entwickelten bedeutende Denker und Philosophen manche Theorie, die östliche wie auch westliche Denkart geprägt hat. So zum Beispiel der brillante Denker, Philosoph und Gelehrte Ibn Tufail (1100 bis 1185), der durch seine Theorien, wie man Zugang zur metaphysischen Welt erlangen könne – nicht etwa durch stoffliche Untersuchung oder rationale Überlegung, sondern durch die Betrachtung des eigenen Selbst – auf die mystische Entwicklung des Islam und den westlichen Intellekt einen erheblichen Einfluss ausgeübt hat. Sein Roman *Haiy Ibn Yaqdan* wirkte durch die Übersetzung in hebräischer Sprache auf die jüdische Mystik und beeinflusste Werke christliche Schriftsteller wie Daniel Defoes *Robinson Crusoe* oder den *Simplicissimus* des Grimmelshausen.

Ein anderer Denker aus dieser Dynastie ist der berühmteste mittelalterliche Kommentator des Aristoteles, Ibn Ruschd oder auch *Averroes* (1126 bis 1198), Naturwissenschaftler, Arzt, Philosoph, Theologe und Rechtsgelehrter. Ibn Ruschd setzte sich für die Verteidigung der Philosophie gegen die Kritik islamischer Rechtsgelehrter ein und kritisierte sogar den verehrten großen Lehrer von Ibn Tumart, Al Ghazali, wegen seiner feindlichen Haltung gegenüber der Philosophie, was ihm Verbannung einbrachte. Die kaum abschätzbare Bedeutung, die der lateinische Averroes für die Entwicklung der mittelalterlichen europäischen Scholastik hatte, bildet einen deutlichen Kontrast zum geringeren Einfluss des arabischen Ibn Ruschd auf die islamische Geisteswelt. Ebenfalls unter der Almohaden-Dynastie stammt aus Murcia der bedeutendste Mystiker der gesamten Sufigeschichte, Ibn Arabi Muhyi'ddin (1165 bis 1240), der die islamische Religion wiederbelebte und uns in einem Gedicht das Bild von Toleranz, Akzeptanz und Transparenz des spanischen Islam verkündet: „Mein Herz ist fähig, alle Formen anzunehmen: Weideland für die Gazellen und Kloster für die Mönche, Tempel für Idole und Kaaba für Pilger. Es ist die Tafeln der Thora und das Buch des Koran. Ich glaube an den Glauben der Liebe, wohin sich sein Weg auch wendet, denn die Liebe ist mein Gebot und mein Glaube."

Die einstmaligen Fanatiker, die andalusischen Almoraviden und Almohaden, haben begriffen, dass sie nicht durch Gewalt die Früchte der spanischen Zivilisation ernten und ihre eigenen Dynastien dort verewigen konnten, wenn sie sich nicht in vollem Bewusstsein auf die Moderne ihrer Zeit einließen. Heute wäre es wichtig, dass die Muslime aus dieser spanischen Epoche eine Lehre für die Zukunft der islamischen Welt ziehen – so wie die Kultur des Islam auf iberischem Boden die Reinheit der arabischen Sprache mit der Anmut Andalusiens und der Strenge der Berber vereinte und ein Ganzes bis heute unbestrittener Größe schuf.

ISLAM CONTRA ESPAÑA

Aus der iberischen Geschichte lernen?

Raimund Allebrand

Santiago Matamoros

Als europäisches Reiseziel macht die Stadt Santiago de Compostela im Verlauf des Jahres 2004 von sich reden. Da der Namenstag des Heiligen Jakobus am 25. Juli auf einen Sonntag fällt, wird ein *Heiliges Jahr* ausgerufen, und neben zahlreichen Pilgern begeben sich Millionen Schaulustige auf den Weg in den äußersten Nordwesten Spaniens. Rechtzeitig vor Eintreffen der großen Besucherströme verkündet das Domkapitel der Kathedrale eine folgenschwere Entscheidung: Eine Marmorskulptur des Santiago Matamoros, die geeignet ist, Gefühle Andersdenkender zu verletzen, soll aus einer Seitenkapelle der Basilika abgezogen werden; sie zeigt den Heiligen im Kampfe vom Pferde herab, während unter seinem blanken Schwert die Maurenköpfe rollen. Dieser Beschluss, beeilt man sich mitzuteilen, sei bereits vor den Terroranschlägen des 11. März 2004 gefällt worden.

Der neuerdings inkriminierten Skulptur sekundieren allerdings nach wie vor weitere Statuen und Gemälde an zahlreichen Orten der Halbinsel und über sie hinaus, deren politisch korrekte Entsorgung selbst in Zeiten terroristischer Bedrohung kaum zur Debatte steht. Weniger leicht als die Entfernung eines Standbildes dürfte zudem die Tilgung des Maurentöters in den Köpfen der spanischen Bevölkerung vonstatten gehen, wo er sich einzunisten Jahrhunderte Zeit hatte.

Eine weiträumige Auseinandersetzung mit der islamischen Vergangenheit und ihrer ideologischen Wirkungsgeschichte hat in Spanien bis zur Stunde nicht stattgefunden. Selbst der Mitte des 20. Jahrhunderts ausgefochtene, bereits legendäre Schlagabtausch zwischen

Américo Castro und Claudio Sánchez Albornoz um den Beitrag der maurischen Kulturepoche zur iberischen Geschichte (vgl. Kapitel 10: *Die beiden Spanien*) wurde als akademische Kontroverse vor allem außerhalb des Landes beachtet und von breiteren Bevölkerungsgruppen in Spanien niemals rezipiert: Die seinerzeit von beiden Gelehrten und ihren Epigonen vorgetragenen Argumente kennt man weitgehend vom Hörensagen. In Zeiten vermeintlicher und realer Bedrohung durch einen sich fundamentalistisch gebärdenden Islam muss dieser Umstand fatale Folgen haben, wenn sich ein aktuelles Feindbild ohne Weiteres auf historische Vorbilder berufen kann und im gegenwärtigen Islam der ewige Erbfeind Spaniens auszumachen ist – diesem Aspekt widmen wir uns weiter unten aus der Nähe.

Andalusien versus al-Andalus

In seinem Buch *Die islamische Herausforderung* konstatierte der Fernsehjournalist Gerhard Konzelmann bereits vor längerem (1980) die Renaissance eines historischen Bewusstseins im spanischen Süden. Habe die Reconquista der Iberischen Halbinsel wenig Glück gebracht, so gelte dies vor allem für die heutige Region Andalusien, die nach den Phasen der Eroberung einer Ausbeutung durch Kastilien unterlag. Diese Erkenntnis bilde auch die Grundlage einer separatistischen Bewegung, die sich gegen die Folgen einer Jahrhunderte langen Kolonisierung richte und das maurische al-Andalus als ideellen Bezugspunkt eines modernen Andalusien entdeckt habe, berichtete Konzelmann bereits vor einem Vierteljahrhundert. Entsprechende politische Strömungen kanalisierten sich zum damaligen Zeitpunkt in der neu entstandenen regionalistischen Partei PA (Partido Andalucista).

Der somit auf das parteipolitische Tableau der jungen spanischen Demokratie drängende *andaluzismo* kann sich auf historische Vorbilder berufen. Bereits in den 70er Jahren des 19. Jahrhunderts gründet sich in Sevilla eine anthropologische Gesellschaft, die sich die Erforschung konstitutiver Merkmale des andalusischen Volkscharakters auf ihre Fahnen schreibt und auf die maurische Epoche ausdrücklich Bezug nimmt. Mit dem Erwachen einer andaluzistischen Strömung im frühen 20. Jahrhundert wird al-Andalus erneut bemüht, diesmal allerdings als idealisierte Kontrastfolie einer autonomen politischen Entwicklung des spanischen Südens bis zur fortschreitenden Usurpation und wirtschaftlichen Abhängigkeit von der kastilischen Zentralmacht. Als Exponent andalusischen Regionalbewusstseins gilt der Sevillaner Rechtsanwalt Blas Infante, der während des Bürgerkriegs erschossen wird. Er hinterlässt der von ihm inspirierten Bewegung nicht allein einen programmatischen Text, der heute als offizielle Regionalhymne des Bundeslandes *Andalucía* in Übung ist – und mit den Worten: *¡Andaluces, levanta'os, pedid tierra y libertad!* (Andalusier, erhebt euch, fordert Land und Freiheit!) einen Schrei wiederholt, der durch die jüngere südspanische Geschichte gellt –, er verschreibt seinen Mitstreitern auch jene weißgrüne Flagge, die längst von jedem andalusischen Rathaus weht und an die Farben des Propheten erinnert.

Gleichwohl ist ein politisches Regionalbewusstsein, das an der Wahlurne spürbare Auswirkungen zeitigte, im spanischen Süden bis in die Gegenwart nur schwach ausgeprägt. Während nördliche Regionen, an erster Stelle Katalonien und das Baskenland, bereits in der Zweiten Republik der 30er Jahre des 20. Jahrhunderts eine formelle Autonomie gegenüber dem Zentralstaat erstreiten und somit durch zentrifugale Bestrebungen den Ausbruch des Bürgerkriegs beschleunigen, kann Andalusien zu diesem Zeitpunkt auf eine breite autonomistische Bewegung nicht zählen. Als die unter Franco flächendeckende Gleichschaltung aller politischen Belange sich mit Ausrufung einer demokratischen Verfassung im Jahre 1978 rapide dem Ende neigt, streben die industrialisierten Gegenden des Nordens erneut nach relativer Unabhängigkeit in Gestalt von Regionalparlamenten und -regierungen. Ergebnis ist schließlich ein föderatives System mit unterschiedlichen Graden regionaler Kompetenz, wie sie traditionellen Kulturnationen zugestanden wird, die durch eigene Sprache und historische Entwicklung ausgewiesen sind und daneben durch ein starkes Regionalbewusstsein, das sich in den zurückliegenden Jahren in einzelnen Landesteilen erheblich steigern sollte.

Im Rahmen eines demokratischen Prozesses, der schließlich Anfang der 80er zu einer regionalen Neuordnung mit insgesamt 17 *autonomías* führte (in etwa deutschen Bundesländern vergleichbar), wurden sich die Bewohner der acht andalusischen Provinzen allerdings mehrerer Umstände bewusst, die ihre Definition als *Kulturnation* erheblich erschwerten. Zum einen nennt der spanische Süden – anders als Galicien, Katalonien und das Baskenland – keine vom Kastilischen unabhängige Sprache sein eigen; waghalsige Versuche, den stark ausgeprägten andalusischen Dialekt des *castellano* (mit erheblichen Abschleifungen und regionalem Sondervokabular) zur eigenständigen Sprache umzudeuten, sollten bald im Sande verlaufen. Unter historischem Aspekt konnte man den Kulturnationen des Nordens lediglich das Arabische entgegensetzen, das allerdings in Folge eines zentralspanischen Kulturimperialismus bereits im Laufe des 16. Jahrhunderts ausgemerzt wurde (nicht ohne deutliche Spuren in der kastilischen Sprache hinterlassen zu haben). Daneben beklagte man eine kulturelle Enteignung zahlreicher Regionalsymbole, die ursprünglich im andalusischen Milieu angesiedelt waren, aber seit der romantischen Entdeckung des Südens (vgl. Kapitel 8: *Traumschloss der Mauren*) als gesamtspanisches Kulturerbe vermarktet werden (beispielsweise Flamenco, volksmusikalische Traditionen, religiöse wie profane Feste, die Gitano-Tradition, maurische Baudenkmäler etc.). Und schließlich wurde von andalusischen Intellektuellen eingeräumt, dass die Region zwar über reiches Kulturerbe und Sozialleben verfüge, aber wenig politische Ambitionen kenne, die in eine emanzipatorische Regionalpolitik münden könnten.

Der sozialpolitische Impetus der Andalusier speist sich weniger aus dem Bewusstsein historisch gewachsener Identität, sondern eher aus einem Vergleich mit entwickelteren Regionen Spaniens und Europas und der daraus resultierenden Forderung nach wirtschaftlicher Prosperität. Einer autonomistischen Bewegung, die nach Jahrhunderten der Verarmung und Abhängigkeit auf diesen zweifellos vorhandenen ökonomischen Minderwertigkeitskomplex der Andalusier spekulierte, waren aber enge Grenzen gesteckt. Die entsprechende Gruppierung (PA) erreichte denn auch bei den ersten demokratischen Wahlen gewisse Achtungserfolge, um bald in einer regionalpolitischen Mauerblümchenposition zu verharren, während die gesamtspanische Sozialistische Arbeiterpartei (PSOE) mit ihrer andalusischen Sektion seit Beginn der Regionalisierung die Präsidentschaft der *Junta de Andalucía* in Sevilla bestückt.

Das andalusische Revival

Die Beschwörung einer islamischen Vergangenheit, die jenseits späterer Kolonisierung und Ausbeutung von besseren Zeiten zu künden schien, brachte somit keine nennenswerten politischen Resultate

– wirkte womöglich auf kulturkonservative Mittelschichten auch in Andalusien eher abschreckend, kann doch in allen Gesellschaftskreisen bis heute von *Maurophilie* kaum die Rede sein. Die kulturelle Szene wurde jedoch seit dem Ende der Francoära durch ein Revival von al-Andalus entschieden bereichert. Bereits Anfang der 80er Jahre erlebten Bühnenstücke und Konzertprojekte ihre Uraufführung, die in der Kooperation andalusischer Flamencomusiker mit traditionellen marokkanischen Orchestern eine verlorene Einheit wiederaufleben ließen, wie sie in Rhythmik und Harmonik zu beiden Seiten der Straße von Gibraltar bis heute spürbar ist (J. Heredia Maya: *Macama Jonda*; El Lebrijano und Orquesta Andalusí Tanger: *Encuentros* u.a.m.). Auf der Bühne feierten dabei spanische und marokkanische Künstler eine symbolische Verbrüderung zweier Völker, die sich ansonsten fremd und eher ablehnend gegenüber stehen und eine historische Hypothek mit sich tragen, die man sich vor allem auf spanischer Seite nur ungern eingesteht.

Hinzu kam bald nach Francos Tod (1975) eine Welle regionalen und folkloristischen Interesses, das binnen kurzer Zeit eine enorme Publikationsflut auslöste. Entsprechende Studien widmen sich nicht selten auch dem jeweiligen lokaltypischen islamischen Erbe; vor allem die teilweise neu begründeten andalusischen Universitäten sollten sich hier auf dem Terrain regionalkundlicher Studien hervortun. Auch die Wiederbelebung regionalen Kunsthandwerks (nicht zuletzt Keramik) steht in diesem Zusammenhang einer erneuten Wertschätzung des Lokalkolorits. Und schließlich brachte die Nachfrage des Fremdenverkehrs eine klare Profilierung der andalusischen Tourismusbranche als Grossist für maurisches Kulturerbe: Ausbildung kompetenter Fremdenführer, Herausgabe praktischer Reiseinformationen, Restaurierung und Erschließung islamischer Bausubstanz etc. Im Umfeld der Weltausstellung *Expo 92* in Sevilla und mit Fördermitteln der Europäischen Gemeinschaft erzielte man eine wesentliche Verbesserung der verkehrstechnischen Infrastruktur bis in abgelegene Bergdörfer, die heute in zuweilen leicht zwanghaft wirkende kulturtouristische Routen *Auf den Spuren der Mauren* integriert sind.

Ebenfalls als Antwort auf die westandalusische Expo 92 gründete sich in Granada unter dem Motto *El legado andalusí* (Das Vermächtnis von al-Andalus) zunächst eine private Firma, später eine Stiftung, die mit aufwändigen Publikationen und Vermarktungskampagnen um die Förderung touristischer Routen und die Verbreitung historischer Hintergrundinformation bemüht ist. Im Mittelpunkt steht hier die Profilierung des maurischen Kulturerbes als Zeugnis einer faszinierenden europäischen Zivilisation, die es heute in Städten und Dörfern Andalusiens zu entdecken gilt. Flankiert wurden diese Maßnahmen durch eine Reihe vielbeachteter Ausstellungen zur spanisch-islamischen Kunst in Granada und Córdoba. Ein seltsames Paradox tritt dabei offen zutage: Unter dem Aspekt touristischer Promotion gilt es gerade jene Momente der spanischen Geschichte zu unterstreichen, die Jahrhunderte lang nach Kräften verdrängt wurden: maurische Epoche und islamisches Erbe.

Alhambra als Modell?

„Sicherlich kann jedoch die Alhambra ein sinnbildliches Vorbild sein für ein neues, vereinigtes Europa, in dem wie nie zuvor verschiedene Religionen und Kulturen zusammenfinden können und müssen" (F. A. Lubisch in FAZ v. 12.08.2004). Warum aber ausgerechnet die Alhambra – architektonisches Symbol einer europäisch-islamischen Enklave, die in der Spätphase von al-Andalus nur mehr wenige Christen und Juden zu ihren Bürgern zählte – als Vorbild zur Lösung heutiger interkultureller Problemstellung dienen sollte, bleibt dem Leser dieses Artikels ein Geheimnis. Sind nicht die Große Moschee von Córdoba oder das architektonische Erbe Toledos weitaus besser geeignet, jenes Spanien der drei Kulturen zu symbolisieren, dem man heute gerne und etwas vorschnell eine Botschaft zur Lösung gegenwärtiger Kulturkonflikte attestiert?

Hier schlägt zu Buche, was romantische Sehnsucht seit dem 19. Jahrhundert in Wort und Bild als jenen *Alhambraismus* hervorbrachte, der geeignet ist, reale geschichtliche Bezüge vergessen zu machen. Verständliche Begeisterung für bewundernswerte Leistungen spätmaurischer Baukunst und das bis heute in Granada greifbare Ambiente einer orientalischen Märchenwelt kann schnell dazu verleiten, den historisch-politischen Kontext falsch zu lokalisieren. Dieser Versuchung konnte auch der Politologe Klaus Leggewie nicht widerstehen, als er mit seinem Titel *Alhambra. Der Islam im Westen* (1993) das Land der drei Kulturen im maurischen Granada ortete.

Während Arabien in der Wahrnehmung des Westens bis heute

hauptsächlich als Arabeske vorkommt, entdeckt Leggewie in der Ko-existenz von Weltanschauungen und Ethnien des mittelalterlichen Spanien die Bauprinzipien eines *Alhambra-Modells*; folgt man dem Autor, so suchen die Europäer gegenwärtig dringend die Pläne für einen *Neubau der Alhambra*. Allerdings müsse man sich dabei hüten, *das maurische Spanien zum neoromantischen Glanzbildchen des heu-tigen Multikulturalismus aufzupolieren* (Leggewie 94). Die Freihei-ten von Christen und Juden in ihrer Rolle als politische Untertanen maurischer Herren sind für Leggewie keinesfalls mehr als ein *mo-dus vivendi* in Abhängigkeit vom Pragmatismus des jeweiligen Herr-schers. *Einen dauernden und tief ausgeprägten Religionskonflikt gab es hingegen weder im täglichen Leben noch im Sinne eines ideologischen Krieges* (a.a.O. 107). Dennoch endet einerseits unter dem Einfluss is-lamischen Fundamentalismus-Imports aus Nordafrika und daneben im Zeichen christlicher Kreuzzugsidee und einer kastilischen Recon-quista-Ideologie auch die *convivencia* und damit eine Phase relativer Toleranz.

Dass sich jedoch dieses Ende der religiösen Verträglichkeit auf maurischer Seite bereits im späten 11. Jahrhundert abzeichnet und mit einiger Verspätung bald auch im christlichen Spanien greifbar ist, kann offenbar die Rede vom Alhambra-Modell nicht erschüttern. Unverdrossen wird das tolerante al-Andalus auch von Leggewie über einen terminologischen Kamm geschoren und dort lokalisiert, wo es historisch am wenigsten hingehört: im Traumpalast der nasridi-schen Herrscher. Wie, wo und für wen das somit proklamierte *Mo-dell* in der Gegenwart funktionieren könnte, ist seinen Ausführun-gen allerdings nicht zu entnehmen.

Kampf der Kulturen

In seinem viel beachteten gleichnamigen Werk prognostizierte Sa-muel P. Huntington eine künftige Verschiebung geopolitischer Kon-fliktfelder. Weder eine das 20. Jahrhundert bestimmende West-Ost-Konfrontation noch der seit der Dekolonisierung virulente Nord-Süd-Konflikt sind demnach die weltpolitische Herausforderung der Zukunft, sondern eine wachsende und schließlich eskalierende Spannung zwischen großen Kulturkreisen. Dabei weist Huntington einer im Laufe von Jahrzehnten ideologisch vorbereiteten islamischen Welt die Rolle des Hauptkontrahenten zu, mit dem der Westen zu rechnen habe.

Die mit enormer Materialfülle und analytischem Scharfsinn vorgetragene These vom Zusammenprall der Kulturen wirkt in vieler Hinsicht überzeugend, zumal sich einige Prognosen im Verhältnis des Westens zum Islam seit Erscheinen des Buches (1996) zu erfüllen scheinen. Dennoch ist Huntington unter anderem die Verwendung eines monolithischen Kulturbegriffs anzukreiden, der zivilisatorische und ethnische Unterschiede zugunsten einer politologisch schlüssigen Zuspitzung kultureller Blöcke einebnet. Vor allem eine synonyme Verwendung des Begriffs *Islam* für unterschiedliche religiöse und kulturelle Phänomene, die somit untrennbar verbunden scheinen, ist in hohem Maße problematisch, wird doch ein unüberbrückbarer Gegensatz vermeintlicher Kulturkreise suggeriert, die sich als Folge der bisherigen historischen Entwicklung notwendig feindlich gegenüberstünden. Diese griffige Verwechslung von Kultur und Religion verfehlt nicht ihre Wirkung: Auf die Frage, ob es einen ernsten Konflikt zwischen Christentum und Islam als *Kampf der Kulturen* gebe, antworteten im September 2004 rund zwei Drittel (62 Prozent) der Teilnehmer einer Allensbach-Erhebung positiv (Frankfurter Allgemeine Zeitung v. 15.9.2004).

Wird heute von einer antiislamischen Propaganda suggeriert, sämtliche Muslime gehörten nicht allein demselben Kulturkreis an, sie verfolgten zudem allenthalben und zu jeder Zeit gleiche Interessen, so zeigt bereits der oberflächliche Blick auf zahlreiche Staaten mit mehrheitlich islamischer Bevölkerung und ihr aktuelles Konfliktpotential die Absurdität dieser Betrachtungsweise; nicht zu reden vom Millionen Muslimen in der Diaspora, die erhebliche Anpassungsleistungen an ihre jeweilige Umgebung erbringen und, mit entsprechenden Konflikten, westlich geprägt sind: „Es gibt keine klar definierte, muslimische Welt. Der Versuch, sie zu definieren, führt zu vagen Allgemeinheiten, vernachlässigt die Unterschiede, Widersprüche und internen Konflikte" (Die muslimische Welt und der Westen, S. 7). Die pauschale Rede von islamischer Kultur und dem daraus abgeleiteten *Schwert des Islam* wird obsolet, wollte man sie in einer fiktiven Übertragung auf die westliche Welt anwenden, die europäische Zivilisation somit in den Topf der sogenannten *christlichen Kultur* stecken und zwischen einem irischen Protestanten, einem katholischen Monsignore im Vatikan und einem fundamentalistischen Sektenprediger in den USA nicht kulturelle Unterschiede, sondern lediglich gemeinsame Interessen ausmachen. Als Weltreligion mit historischem Ursprung auf der Arabischen Halbinsel ist der Islam nicht in erster Linie eine monolithische Kultur, hat sich vielmehr in zahlreichen Kulturräumen als dominantes religiöses Interpretationsschema etablieren können, und analog gilt selbiges auch für ein Christentum, das sich bekanntlich nicht allein im Abendland durchgesetzt hat.

An einer weitgehenden Gleichsetzung von Religion und Kultur krankt neben der gegenwärtigen Islam-Debatte auch die gängige Interpretation des iberischen Mittelalters. Bemühen wir ein Beispiel, so entgleist der Rechtsstreit zweier Nachbarn um ein Grundstück nicht unmittelbar zum Kulturkampf, selbst wenn die Kontrahenten unterschiedlichen Konfessionen angehören, sich der eine zum Katholizismus bekennt, der andere hingegen als Protestant gemeldet ist. Die Möglichkeit zum Streiten setzt vielmehr einen gemeinsamen zivilisatorischen Standard voraus, nämlich unter anderem Klageschrift und gerichtliche Instanzen, und damit, wenn man so will, eine gemeinsame kulturelle Basis. Womöglich gehen aber in die jeweilige Streit-Argumentation konfessionelle Vorurteile ein; letztere beziehen sich gemeinhin weniger auf das religiöse Glaubenssystem, sondern auf daraus resultierende Lebensformen (weshalb es Protestanten im Rheinland und Katholiken in der norddeutschen Diaspora zuweilen schwer haben können). Wenn allerdings einer der beiden Nachbarn Muslim ist, so kann der Streit um das Grundstück von vorneherein nur im Kulturkampf enden – eine gegenwärtige Propaganda auf beiden Seiten will uns dies weismachen und predigt einen unausweichlichen Konflikt der Kulturen, obwohl das Junktim von materiellen Ansprüchen, Konfession und Kultur weder in diesem noch in anderen Fällen zwingend ist.

Ein Jahrhunderte während, mit militärischen Mitteln ausgetragener Streit um das *Grundstück* Iberische Halbinsel war auf weiten Strecken kein Kulturkampf und – wenn überhaupt – dann nur für kurze Zeit ein Religionskrieg. Der herausragende Nationalheld des christlichen Spanien, der Cid, dessen historische Erscheinung für das Zeitalter der sogenannten Rückeroberungen steht (vgl. Kapitel 2: *Reconquista*), ist gut geeignet, dies zu belegen: Zu seiner Zeit spielt konfessionelles Bekenntnis für kriegerische Auseinandersetzungen auf der Halbinsel kaum eine Rolle. Wenn der gleichzeitig nach al-Andalus gerufene almoravidische Glaubenskämpfer Ibn Tafushin laut arabischen Quellen alle Mühe hatte, einheimische maurische Soldaten von christlichen zu unterscheiden, so deutet dies eher auf ein flächendeckendes Kulturkonglomerat, das sich bei weitgehender zivilisatorischer Gemeinsamkeit lediglich in konfessionellen Schichten abgelagert hatte. Offenbar unterschieden sich die eindringenden afrikanischen Wüstensöhne des 11. Jahrhunderts weit mehr von muslimischen Andalusiern der Taifa-Zeit als diese wiederum von Christen des Nordens. Religiöse Motive werden zwar nach dem Fall Toledos zunehmend von außen importiert, aus Afrika und Nordeuropa. Doch bringt dieser Umstand für sich noch keinen kulturellen Konflikt, sondern die Möglichkeit, jeweilige Glaubensüberzeugung als metaphysisches Argument im Kampf um das Grundstück Iberische Halbinsel zu instrumentalisieren.

Nicht im Krieg gegen die Muslime, der hüben wie drüben auf gleichen Voraussetzungen beruhte, liegt deren kulturelle Verneinung, sondern in ihrer späteren Vertreibung. Dass diese fundamentalistische Zuspitzung jedoch an großen Teilen der maurisch-christlichen Bevölkerung lange Zeit vorüberzog, beweist der an zahlreichen Orten Spaniens anzutreffende christliche Mudéjar-Stil: Ein Jahrhunderte lang über Religionsgrenzen hinweg geprägtes kulturelles Amalgam hatte sich bereits in ästhetischen Symbolen niedergeschlagen, die den Streit der Konfessionen überdauern sollten (vgl. Kapitel 7: *Mudéjar-Baukunst*).

Al-Andalus und die Moderne

Freilich ist die islamische Invasion von 711 keine Einladung zum interkulturellen Diskurs, sondern eine militärische Erpressung – offenbar unter zumutbaren Bedingungen, was ihren schnellen Erfolg erklären kann. Und der spätere theokratische Staat der Omayaden ist im heutigen Sinne weder tolerant noch pluralistisch. Die rechtlich verankerte Achtung vor der Freiheit der Anderen beruht hier auf pragmatischer Einsicht in die Notwendigkeit einer *convivencia* – unter diesem Motto wurde die andalusische Erfahrung später bekanntlich zum Modell stilisiert. Grundlage des Zusammenlebens ist aber keineswegs eine demokratische Überzeugung von der grundsätzlichen Gleichberechtigung aller Lebensformen, wie sie modernen Pluralismus kennzeichnet, sondern eine realpolitische Anpassung an die Spielräume der Macht. Unter dieser Voraussetzung ist das Modell der Convivencia erfolgreich, solange der islamische Faktor seine Dominanz unangefochten von äußerer wie innerer Bedrohung behauptet und deshalb Toleranz beweisen kann.

Relativer Wohlstand und Friede sind Voraussetzungen der Convivencia. Diese Situation findet sich in al-Andalus nur zeitweise als Ergebnis günstiger Umstände und wiederholt sich später unter anderem im christlichen Kastilien eines Alfons des Weisen. Dass die Lebensbedingungen der unterworfenen Gruppen (mozarabische Christen hier, mudejarische Muslime dort) jeweils ähnlich sind, trägt allerdings Züge eines Modells, wie es vom militärisch erfolgreichen christlichen Norden übernommen wurde. Demgegenüber zeigt sich die Alternative *Bekehrung oder Vertreibung* als der eigentliche Konkurs jeder Convivencia und führte auf der Iberischen Halbinsel schließlich zum Staatsbankrott.

Das Verhältnis der heutigen islamischen Welt zur Moderne wird aus westlicher Sicht gerne unter dem Akzent eines Aufklärungsvorbehaltes umschrieben. Dem zufolge hätte sich der Westen von Jahrhunderte lang geübten Denkformen des christlichen Mittelalters im Rahmen neuzeitlicher Entwicklung weitestgehend emanzipiert. Reformation und Entfeudalisierung, Aufklärung und Säkularisierung brachten eine *sakrale Ermächtigung des Individuums*, das sich im Rahmen einer demokratischen Gesellschaft gegen theokratische Bevormundung behaupten kann. Höhepunkt dieser Entwicklung wäre demnach die Allgemeine Erklärung der Menschenrechte und ihre faktische Durchsetzung an zahlreichen Orten der modernen Welt. Der islamische Kulturkreis, so die gängige Auffassung, habe diese Entwicklung nicht mitvollzogen, an einer im Koran begründeten Identität von Religion und Politik festgehalten und sich einer Säkularisierung religiöser Ansprüche weitgehend widersetzt. Eine vormals unter vielen Aspekten überlegene Zivilisation, der Europa zahlreiche Impulse verdankt, sei in modernen Zeiten diskursiv nicht mehr satisfaktionsfähig (vgl. Kapitel 11: *Terror oder Toleranz?*).

Der Moderne begegnete die vom Koran geprägte Welt jedoch in Gestalt spätkolonialer Bevormundung durch Europa, dessen führende Mächte, England und Frankreich, für sich selbst einen Status von Bürgerrechten reklamierten, die in den okkupierten Gebieten Asiens und Afrikas nicht gelten sollten. Folge ist im 20. Jahrhundert einerseits das Experiment eines laizistischen Islam, der teils westlichen Vorgaben nacheifert, und daneben eine Flucht in fundamentalistische Positionen. Das verwirrende Spektrum islamistischer Gruppen, die den Westen heute als Feindbild deklarieren, erklärt sich demnach teilweise aus der Revolte gegen eine Moderne, deren ethnozentrische Spielregeln vom Westen und zu seinem Vorteil gemacht wurden: *Instrumentalisierung der Politik durch den Islam und Instrumentalisierung des Islam durch die Politik gehen miteinander einher und bedingen sich wechselseitig* (Meier 15).

Unter dem Aspekt des hier skizzierten Vorbehaltes einer versäumten Säkularisierung – der nicht zuletzt die Verführbarkeit großer muslimischer Volksgruppen gegenüber religiös-politischen Heilslehren der Mullahs und Ayatollahs erklären kann – trägt die islamisch-christliche Welt des iberischen Mittelalters durchaus moderne Züge. Lange vor einer Emanzipation des Individuums von theokratischer und feudalistischer Lenkung begegnen sich die Religionen der Halbinsel auf dem Hintergrund ihres gemeinsamen Weltbildes und damit auf gleicher intellektueller Augenhöhe. Die Legitimation islamischer Staatsmacht in der Herrschaft über Christen und Juden bezieht sich auf den gemeinsamen Ursprung als Völker des Buches, setzt eine gegenseitige kulturelle Akzeptanz voraus und kann unter vordemokratischen Verhältnissen Spielräume der Toleranz öffnen – die gleichwohl gegenüber der dominanten theokratischen Macht nicht einklagbar sind und deshalb mit moderner Rechtsstaatlichkeit wenig gemein haben.

Entscheidend sind aber zivilisatorischer Gleichrang und diskursive Gleichzeitigkeit, die dem seinerzeit überlegenen orientalischen Einfluss eine Führungsrolle ermöglichen, die schließlich – unter Aufrechterhaltung konfessioneller Grenzen – in einer weitgehenden Homogenisierung des kulturellen Horizontes mündet. Der historische Weg zu diesem Ergebnis kann als *Transkulturation* umschrieben werden. Nach dem Zusammenbruch der maurischen Zentralmacht stoßen wir in der Taifa-Zeit des 11. Jahrhunderts im Norden wie im Süden der Halbinsel auf eine religiös permissive Gesellschaft, die eine weitgehende Entflechtung politischer und religiöser Motive vollzogen hat, und deshalb mit einigem Recht als *modern* gelten dürfte. Die aus der nordafrikanischen Wüste vordringenden Almoraviden und späteren Almohaden erleben hier, unbeschadet ihres glaubenskämp-ferischen Radikalismus, eine Akkulturation und werden zu Trägern einer typisch andalusischen Zivilisation.

Was verdankt Spanien dem Islam?

Der katalanische Romancier Juan Goytisolo hat in der Nachfolge Américo Castros das gängige Geschichtsbild der Francozeit einer Revison unterzogen und mit seinem Roman *Die Rückforderung des Conde Don Julián* (1971) jenen westgotischen Grafen rehabilitiert, der die maurische Invasion des Jahres 711 erleichtert haben soll. Bereits in seinem früheren Essay *Spanien und die Spanier* spricht Goytisolo – dem man zweifellos Maurophilie bescheinigen kann – von einer *absurden Fiktion*, die gleichwohl über Jahrhunderte von der spanischen Bevölkerung einmütig akzeptiert wurde: „Spanien hätte also wie ein Flussbett den Zulauf verschienener Menschenströme erhalten, die Jahrhundert um Jahrhundert von den Phönikern bis zu den Westgoten das anfängliche Gewässer anschwellen ließen und bereicherten. Als diese den afrikanischen Eroberern unterliegen, bedeutet die Zerstörung ihres Reiches bereits die Zerstörung ‚Spaniens'. [...] Als das westgotische Heer Don Rodrigos am Guadalete von den Scharen Tariks und Musas geschlagen wird, sind die arabischen Invasoren keine Spanier, und sie sind es niemals geworden, obwohl sie neun Jahrhunderte lang ständig auf der Halbinsel geblieben sind" (Goytisolo 1982, 24f.).

Wenn Goytisolo, dessen Text gegen Ende der Francoära (1968) entstand, eine unter seinen Landsleuten verbreitete eigentümliche Bewusstseinsspaltung diagnostiziert, die historische Sachverhalte auszublenden in der Lage ist und den Geschichtsverlauf dergestalt umdeutet, dass er schließlich in ein abendländisches Nationalkonzept hineinzupassen scheint, so erfuhr die solcherart vorherrschende Perspektive bis heute wenig Erschütterungen. Mit Einsetzen der demokratischen Ära fanden zwar Forschungsergebnisse historischer und orientalistischer Disziplinen Einzug in pädagogische Lehrpläne, doch die einseitige Konzeption einer christlichen Reconquista, die den direkten Brückenschlag von den Westgoten zur Epoche der Katholischen Könige sucht und den islamischen Jahrhunderten den Stellenwert eines ärgerlichen Intermezzos, bestenfalls aber episodenhafte Bedeutung beimisst, ist in der zeitgenössischen spanischen Selbstinterpretation nach wie vor virulent.

Das Streitthema der französischen Aufklärung im Blick auf den iberischen Nachbarn – was verdanken wir Spanien? – wird im Rahmen einer gegenwärtigen Diskussion innerhalb des Landes neu formuliert: *Was schuldet Spanien dem Islam?* Eine Beantwortung dieser berechtigten Frage versuchte zu einem relativ späten historischen Zeitpunkt die viel beachtete convivencia-Debatte der 50er Jahre. Mit Beginn des dritten Jahrtausends nimmt die erneute Diskussion des Themas jedoch eine polemische Wendung, die sich Castro und sein literarischer Widersacher Sánchez Albornoz kaum hätten träumen lassen – und die aktuelle Antwort auf eine komplexe Fragestellung fällt eher einsilbig aus: *Nichts,* oder doch: *so gut wie nichts!*

Al-Andalus contra España

Unter diesem Titel publizierte der an der Madrider Universidad Autónoma lehrende Professor für arabische Sprache, Serafín Fanjul, ein Sachbuch, das nach seinem Erscheinen (2000) innerhalb kurzer Zeit drei Auflagen mit beachtlicher Verbreitung erzielte (Vgl. Kapitel 10: *Die beiden Spanien*). Mit wissenschaftlichem Aufwand und Anstrich wendet sich der Autor gegen die Erfindung einer Vergangenheit, die in der spanischen Geschichte keine Spuren hinterlassen konnte, weil sie nie stattgefunden habe. Gemeint ist nichts Geringeres als das historische al-Andalus oder doch das maurische Spanien jener Provinzenz, die von den Vertretern einer wie auch immer definierten convivencia-These verteidigt wird. Ohne kontinuierlichen Bezug auf eine Gegen-These gehorchen die in Buchform publizierten gesammelten Aufsätze Fanjuls einer einzigen Absicht: die Präsenz des maurischen Faktors in Kultur und Geschichte der Iberischen Halbinsel nach Kräften zu minimalisieren, bis schließlich so gut wie nichts übrigbleibt.

Dieser kruden Melange aus pseudowissenschaftlicher Detailverliebtheit und überheblicher Süffisanz entnimmt der erstaunte Leser, dass nichts so ist, wie es noch vor kurzem scheinen wollte. Weder verdankt die spanische Sprache einen erheblichen Teil ihres Wortschatzes arabischen Wurzeln noch ist die Regionalküche Andalusiens von maurischen Vorbildern beeinflusst oder die traditionelle Volksmusik von arabischen Harmonien, auch zahlreiche topographische Bezeichnungen werden fälschlich statt dem Lateinischen oder Westgotischen dem Arabischen zugeschrieben etc. Fanjul reduziert die iberische Geschichte auf jenen monotonen Verlauf, den bereits die *Plaza de España* in Sevilla mit ihren fünfzig Keramikbildern der spanischen Provinzen glauben machen will, wenn sie deren jeweilige Geschichte stets mit der christlichen Eroberung beginnen lässt: Was zuvor geschah, hat demnach mit Spanien nichts zu tun und kann getrost vernachlässigt werden. Die von Fanjul präsentierten Argumente gehen inhaltlich wenig hinaus über das, was der hoch betagte Claudio Sánchez Albornoz in einem polemischen Spätwerk von 1983 (*De la Andalucía islámica a la de hoy*) als erneuten Beitrag zur Entmystifizierung des maurischen al-Andalus nachgetragen hat.

Dem Madrider Arabisten zufolge, der seinem Fach offenbar wenig Sympathie entgegenbringt, wurde das islamische Element der mittelalterlichen Geschichte im öffentlichen Diskurs jüngerer Zeit dergestalt überbetont und nahezu verherrlicht, dass man *maurophilen Intellektuellen* und *multikulturellen Spinnern* schon aus Gründen wissenschaftlicher Redlichkeit etwas entgegen setzen müsse; zumal hier letztlich ein schlechtes Gewissen angesichts kolonialer Vergangenheit am Werke sei, das durch ein pro-islamisches Vorurteil sublimiert werde; ferner finde eine Geschichtsklitterung statt, die Juden und Mauren die Rolle unschuldig Verfolgter zuweise und damit einer Schwarzen Legende gegen Spanien weiterhin Vorschub leiste. Überrascht vom Erfolg seiner semiwissenschaftlichen Publikation lieferte Serafín Fanjul im Frühjahr 2004 eine populär gehaltene Version seiner Thesen nach, die eine sogenannte „Chimäre von al-Andalus" entlarven soll. Der Text versteht sich nicht als Reaktion auf die Attentate des 11. März und wurde anscheinend vor diesem Datum abgeschlossen, ist aber gleichwohl von tagespolitischer Brisanz. Laut Fanjul kann das magische Bild des vermeintlich toleranten und kulturell überlegenen al-Andalus auf drei mythologischen Vorstellungen bauen, die ihre Wirkung in der Neuzeit nicht verfehlt hätten: Der „Gute Wilde", das „Verlorene Paradies" und die „Sünde der Vertreibung". Während das reale Gewicht des maurischen Beitrags zur iberischen Geschichte minimal sei und spanische Kultur nicht mit den Mauren, sondern gerade gegen sie entstand, könne sich eine maurophile Propaganda der erwähnten Mythen bedienen, die zudem von einem unberechtigten neuzeitlichen Schuldgefühl sekundiert würden.

Kein Wunder, dass der streitbare Autor derart spektakulärer Thesen, die auf seltsam querulantenhafte Art daher kommen, in den Kolumnen der Tagepresse (ABC, El Pais etc.) ein Sprachrohr findet, sich zu aktuellen kulturpolitischen Fragen wie etwa den Inhalten islamischen Religionsunterrichtes zu Wort meldet, in öffentlichen Vorträgen Hunderte Hörer mobilisiert und im Fernsehen seine Standhaftigkeit gegenüber dem islamistischen Terrorismus unterstreicht. Die scheinbar rückwärtsgewandte Perspektive eines Arabisten, der sich als Mediävist betätigt, zeigt hier ihre Brisanz: Wenn nämlich Spanien dem Islam nichts zu verdanken hat, ist ein übernächster Schritt die Teilnahme am Irak-Krieg, den Fanjul ausdrücklich befürwortete.

Erbfeind Islam?

Einen vorläufigen Höhepunkt dieser mit populistischen Argumenten geführten Debatte markiert die Publikation des Bandes *España frente al Islam* von César Vidal Manzanares. Der Verfasser, von drei Fakultäten promoviert und Autor einer Hundertschaft von Buchtiteln zu historischen und zeitgeschichtlichen Themen, ist auf dem feuilletonistischen Tableau kein Unbekannter. Der fünfundvierzigjährige Spanier mit protestantischem Bekenntnis, zudem Historiker, Theologe und Philosoph sowie Träger diverser literarischer Auszeichnungen, wurde einem breiteren Publikum als Fernsehmoderator bekannt und leitet seit der Jahresmitte 2004 ein Informationsprogramm des katholischen Fernsehsenders COPE. Wenige Monate zuvor publizierte er seine Version der historischen Erfahrungen Spaniens mit der islamischen Welt in einem 400-seitigen Band, der bereits nach wenigen Tagen weit oben auf der Bestsellerliste rangierte und dessen Untertitel *Von Muhammad zu Bin Ladin* ein politisches Programm bereits andeutet. Auf dem Waschzettel des Buches liest sich dieses Anliegen wie folgt: „Im Gegensatz zu verbreiteten Mythen vom friedlichen Zusammenleben dreier Religionen ist die historische Beziehung Spaniens zum Islam durch enorme Spannungen charakterisiert und von Krieg und Gewalt gezeichnet. Die muslimische Invasion des 8. Jahrhunderts hat die blühendste westliche Kultur ausgelöscht und den größten Teil der spanischen Bevölkerung einem Bürgerrecht zweiter Klasse unterworfen, der Sklaverei oder dem Exil. In den folgenden Jahrhunderten wurde die Iberische Halbinsel Schauplatz eines fortgesetzten Befreiungskampfes. Ein Norden, der nach Wiederherstellung der verlorenen Einheit strebte, stemmte sich gegen muslimische Eindringlinge, die trotz fortwährender Unterstützung durch nordafrikanische Invasoren keine politische Ordnung herstellen konnten. Das Ende der Reconquista im Jahre 1492 brachte keinen Frieden, sondern eine Fortsetzung des Kampfes zwischen dem Islam und einem Spanien, das auf diesem Weg als Schutzschild des Westens gegen Angriffe des türkischen Imperiums und der berberischen Piraten in Erscheinung trat. Nicht einmal die in den 50er Jahren des 20. Jahrhunderts stattfindende Dekolonisierung hat die islamische Aggression aufhalten können, denn alle bewaffneten Konflikte der zurückliegenden Jahrzehnte hatten als Gegner islamische Nationen." (Üb. d. A.)

Vidals Buch bietet neben wenig Neuem eine beeindruckende Revue beinahe sämtlicher zivilisatorischer Konflikte Spaniens mit der islamischen Welt, von der Invasion des Jahres 711 bis zur unmittelbaren Gegenwart des 11. März 2004, wobei naturgemäß in erster Linie Marokko als militärischer Kontrapart in Frage kommt: „Zum gegenwärtigen Zeitpunkt stellt der Islam für Spanien eine enorme Herausforderung dar, die sich mit Themen wie Immigration, Terrorismus und marokkanische Beanspruchung spanischer Städte umschreiben lässt. Es empfiehlt sich eine Lektüre dieses Buches, das ohne Kotau vor dem politisch korrekten Sprachgebrauch das Wesen des Islam herausstellt, seinen realen historischen Bezug zu unserem Land und die derzeit von ihm ausgehende Bedrohung" (Üb. d.A.). Ferner drängt sich als Hintergrundmotiv die von Samuel P. Huntington übernommene These des Welt-Kulturkampfes ebenso auf wie eine bei George W. Bush entlehnte Trennung der Staatenwelt in Gute und Böse, wobei die Zuordnung der islamischen Länder nicht weiter fraglich ist und Spanien wissen muss, an wessen Seite es zu stehen hat.

Bereits kurz nach Erscheinen erfuhr Vidals Publikation zahlreiche Rezensionen, die, gleich den Besprechungen der Werke Fanjuls, in ihrer jeweiligen Wertung erheblich divergieren. Der generelle Tenor ist jedoch, ähnlich wie gegenüber Fanjul, durchaus nicht ablehnend. Auf der Nachrichtenseite www.libertaddigital.com vom 16. Abril 2004 etwa erklärt Rezensent Pio Moa folgendes: „Dass wir heutzutage erst entdecken müssen, was offensichtlich ist, nämlich die Schmiede Spaniens im Mittelalter und lange danach im Kampf gegen Invasionen und Übergriffe der Muslime, zeigt das Ausmaß im Verlust unserer eigenen Identität nach langen Jahren der Gehirnwäsche, mit der man uns einredete, alle seien berechtigt, ihre Identität zu verteidigen, mit Ausnahme der Spanier; jede nationale Selbstbehauptung sei berechtigt, außer der spanischen; alle Religionen verdienten Respekt mit Ausnahme des Christentums, und eines der schlimmsten Traumata unserer Geschichte sei die Herrschaft dieser Religion über aufgeklärte Juden und Araber" (Üb. d. A.). Deutlicher lässt sich ein nationalkonservativer Revisionismus kaum formulieren.

Demgegenüber bringt das Internet-Sprachrohr des spanischen Sufismus (www.webislam.com) eine längere Würdigung des Buches aus der Feder eines zum Islam konvertierten Spaniers, der vor allem eine hinter revisionistischen Thesen verborgene militaristische Tendenz Vidals einer herben Kritik unterzieht: Wenn der Autor des Buches eine Linie von Tarik über Almanzur zu Bin Ladin und Sadam Hussein ziehe, sei die Absicht einer pseudohistorischen Rechtfertigung des Irak-Krieges nur zu offensichtlich. Allerdings nimmt dieser Text bald eine verblüffende Wendung, denn der muslimische Rezensent nutzt den zweiten Teil seiner umfangreichen Ausführungen zum Nachweis einer jüdischen Weltverschwörung gegen das spanische Volk, setzt dieses Szenario dem von Vidal an die Wand gemalten islamischen Komplott entgegen und zitiert zahlreiche spanische Geistesgrößen des vergangenen Jahrhunderts, die er in die Nähe eines manifesten Antisemitismus rückt. Nicht eine späte Rache des Islam, sondern revanchistische Ambitionen der aus Spanien vertriebenen Sefarden sind demnach die eigentliche Herausforderung des modernen Spanien.

Nutzen und Nachteil der Historie

Gibt es eine Moral aus dem spannungsvollen Schicksal der Iberischen Halbinsel zwischen Orient und Okzident, so bietet diese Raum für unterschiedlichste Lesarten, die sich zuweilen unversöhnlich gegenüberstehen. Entsprechend ambivalent muss sie ausfallen. Ob man aber aus der historischen Erfahrung des spanischen Mittelalters für moderne Zeiten überhaupt etwas lernen will, ist zuerst und zuletzt eine Frage der erkenntnistheoretischen Perspektive. Spätestens seit Nietzsches zweiter *Unzeitgemäßer Betrachtung* wissen wir um die Standortgebundenheit historischer Urteile, die stets auf den eigenen

Horizont und damit auf die Biografie des Betrachters zurückgebogen sind – oder, wie es der Dichter Antonio Machado in genialer Einfachheit formuliert: *Caminante, son tus huellas el camino y nada más* – Wanderer, deine Spuren sind der Weg, sonst nichts.

Zudem müsste man im konkreten Fall zunächst Bedingungen der Möglichkeit eines historischen Lernprozesses erheben, und recht bald würde man nicht allein über eine Ungleichzeitigkeit der Situationen stolpern, sondern zudem über die Unvergleichbarkeit der historischen Kontexte. Generell spricht manches dafür, dass aus der Geschichte grundsätzlich keine Belehrung zu erwarten ist. Zum einen ist sie keine pädagogische Veranstaltung, sondern bringt sich, wie Heidegger sagt, durch das Existieren selbst ins Reine. Weit davon entfernt, Lektionen zu erteilen, überlässt es die Geschichte dem Betrachter, wie er mit ihr umzugehen wünscht. Zum anderen und im konkreten Fall gilt die plurikulturelle Erfahrung Spaniens in erster Linie jenen, die sie erlebt haben. Nachgeborene sind naturgemäß nicht dabei gewesen, was einen verspäteten Umgang mit der Situation nicht nur erschwert, sondern geeignet ist, die Sinnhaftigkeit historischer Werturteile generell in Frage zu stellen: *Y al volver la vista atrás se ve la senda que nunca se ha de volver a pisar* – Und schaust du zurück, dann siehst du einen Weg, den du nie mehr betreten kannst (A. Machado).

Das hermeneutische Schicksal des iberischen Mittelalters – zwischen *Land der drei Kulturen* und *Verteidiger des Abendlandes*, *Orient* und *Okzident*, *Matamoros* und *Maurophilie* – ist gleichwohl ein bemerkenswertes Exempel und vermag zu zeigen, was sich aus einer Geschichte machen lässt, die qua Vergangenheit nicht mehr imstande ist, sich zu wehren. Will man aber aus diesem Gestern zwischen den Kulturen tatsächlich Lehren ziehen für die ideologische Konfrontation der Gegenwart, so sollte dies – vor allem auf spanischem Terrain – unverzüglich geschehen.

Vor Drucklegung dieses Bandes erreichen uns Nachrichten aus Santiago: Aufgrund lebhafter Proteste gegen ihre Entfernung soll die eingangs erwähnte Statue des Santiago Matamoros bis auf Weiteres ihren angestammten Platz behalten.

Wie ist dieser Rückzieher zu werten? Besser gar nicht, möchte man sagen. Gibt es einen Weltenlenker, so bewahre er uns vor der Vielzahl jener historischen Kniefälle, die heute allenthalben in politischer Korrektheit über uns hereinbrechen! Wenn Statuen eines Tages ungestört ihr Dasein fristen, weil die Magie ihrer Symbolkraft gebrochen ist, wenn Denkmäler der Vergangenheit einer Zensur im Dienste des Heute nicht länger unterliegen, erst dann ist die Geschichte wirklich ein Gestern. Von dieser Situation allerdings ist das Verhältnis Spaniens zum Islam noch weit entfernt.

Literatur

ALI, T.: Fundamentalismus im Kampf um die Weltordnung. Die Krisenherde unserer Zeit und ihre historischen Wurzeln, München 2002

ASENSIO, E.: La España imaginada de Américo Castro, Barcelona 1976 (El Albir)

CAZORLA PEREZ, J.: Sobre los Andaluces, Málaga 1990 (Librería Agora)

DIE MUSLIMISCHE WELT UND DER WESTEN, div. muslimische Autoren, in: Aus Politik und Zeitgeschichte. Beilage zur Wochenzeitung Das Parlament v. 8.9.2003, 6-14

DIE ROUTEN DURCH AL-ANDALUS, Reiseführer, Madrid 1996 (El Pais-Aguilar)

EL LEGADO ANDALUSI, Granada 1995 (Sierra Nevada S.A.)

FANJUL, S.: El mito de las tres culturas, in: Revista de Occidente No. 224/Januar 2000

FANJUL, S.: Al-Andalus contra España. La forja de un mito, 1. Auflage Madrid 2000 (Siglo XXI.)

FANJUL, S.: La quimera de al-Andalus, Madrid 2004 (Siglo XXI)

GOYTISOLO, J.: Rückforderung des Conde Julián. Vorwort von Carlos Fuentes, Frankfurt/M 1986

GOYTISOLO, J.: Spanien und die Spanier, München 1982

GOYTISOLO, J.: Convivencia con el islam, in: Revista de Occidente No. 263/Abril 2003, 7-17

HIPPLER, J./LUEG. A.: Feindbild Islam oder Dialog der Kulturen, Hamburg 2002

HUNTINGTON, S. P.: Kampf der Kulturen. Die Neugestaltung der Weltpolitik im 21. Jahrhundert, München-Wien 1996

KONZELMANN, G.: Andalusia [sic] libre. Südspanien besinnt sich auf seine islamische Vergangenheit, in: Ders.: Die islamische Herausforderung, Hamburg 1980, 310-31

LEGGEWIE, K.: Alhambra. Der Islam im Westen, Reinbek b. Hamburg 1993

LEWIS, B.: Der Untergang des Morgenlandes, Bergisch Gladbach 2002

LUBISCH, F.A.: Ein siebter Himmel. Es war einmal eine Kultursymbiose: Granadas Alhambra heute, in: Frankfurter Allgemeine Zeitung v. 12.08.2004, S.38

MEIER, A.: Politische Strömungen im modernen Islam, Wuppertal 1995

SANCHEZ ALBORNOZ, C.: De la Andalucía islámica a la de hoy, Madrid 1998 (RIALP)

SANCHEZ RUANO, F.: Islam y guerra civil española. Moros con Franco y con la república, Madrid 2004 (La Esfera de los Libros)

SPULER-STEGEMANN, U.: Feindbild Christentum im Islam. Eine Bestandsauf-
   nahme, Freiburg i. Br. 2004
VARIOS AUTORES: Américo Castro y la revisión de la memoria. El islam en España.
   Coordinador: E. Subirats, Madrid 2003 (Ediciones Libertarias)
VIDAL MANZANARES, C.: España frente al Islam. De Mahoma a Bin Ladin, Mad-
   rid 2004 (La Esfera de los Libros)

HISTORISCHE DATEN

8. bis 11. Jahrhundert
Eroberung und Herrschaft der Omayaden

622	Hidschra – Auswanderung Muhammads von Mekka nach Medina (Beginn islamischer Zeitrechung)
ab 640	Islam erobert Nordafrika
ab 661	Omayaden-Dynastie in Damaskus
710	Expedition muslimischer Berber unter Tarif
711	Berber und Araber erobern die Iberische Halbinsel Schlacht am Guadalete-Fluß
714	Muslime überschreiten die Pyrenäen
718 (?) od. 721/22	Schlacht von Covadonga – christlicher Widerstand unter Pelayo
732	Karl Martell verhindert maurisches Vordringen bei Poitiers
755	Machtübernahme der Abbasiden in Damaskus
756	Abdurrahman I. kommt nach Spanien Omayaden-Emirat mit Hauptstadt Córdoba
ab 762	Abbasiden-Kalifat in Bagdad
ab 790	Königreich Asturien (später León)
844	Schlacht von Clavijo Zunehmende Verehrung des Hl. Jakobus im Norden
912-61	Abdurrahman III. – Machtentfaltung der Omayaden
ab 929	Kalifat von Córdoba Schlacht von Simancas
ab 976	Diktatur unter Almanzur
997	Almanzur dringt bis Santiago vor
ab 1000	Königreich Navarra unter Sancho I.
ab 1002	Machtkämpfe in al-Andalus

11. Jahrhundert
Taifas

1031	Zusammenbruch des Kalifats Taifa-Königreiche
ab 1035	Königreiche Kastilien und Aragón

1085	Alfons VI. erobert Toledo
1086	Ibn Tashufin kommt erstmals aus Nordafrika
	Schlacht von Sagrajas

12. bis 13. Jahrhundert
Almoraviden und Almohaden

1091-1145	Herrschaft der Almoraviden
1094	Rodrigo Diaz de Vivar (El Cid) erobert Valencia
1096	Beginn des ersten Kreuzzuges
1237-1237	Herrschaft der Almohaden
1195	Schlacht von Alarcos
1212	Schlacht von Las Navas de Tolosa
1236	Ferdinand III. v. Kastilien erobert Córdoba
1238	Christliche Eroberung Valencias
1248	Einnahme Sevillas durch Ferdinand III.

13. bis 17. Jahrhundert
Nasriden – Ende des iberischen Islams

1237-1492	Nasridenherrschaft in Granada
1252-84	Alfons X. (der Weise) v. Kastilien
69-69	Pedro I. (der Grausame) v. Kastilien
1292	Tarifa wird von Kastilien okkupiert
1391	Judenpogrome in Kastilien
1469	Vermählung Isabella v. Kastilien mit Fernando v. Aragón
1478	Einrichtung der spanischen Inquisition
1482	Beginn des Krieges um Granada
1492	Granada fällt an Kastilien (2. Januar)
	Vertreibung der sefardischen Juden (Juli)
	Kastilische Grammatik von Antonio de Nebrija
	Kolumbus landet auf der Insel Guanahaní (12. Oktober)
1499	Verbrennung arabischer Schriften in Granada
1502	Vertreibung der Muslime aus Kastilien
ab 1518	Vertreibungen in Aragón
72-72	Moriskenkriege in Granada/Alpujarra-Aufstand
1571	Seeschlacht von Lepanto
1597	Melilla wird von Kastilien erobert
1608/9-14	Vertreibung der letzten Morisken
1640	Ceuta wird spanisch (zuvor portugiesisch)

19. bis 21. Jahrhundert
Spanien und der Maghreb

1832	Endgültige Aufhebung der Inquisition
1838	Washington Irving:Tales of the Alhambra
1859/60	Krieg in Marokko
1898	Spanisch-Amerikanischer Krieg
1912	Spanisches Protektorat Marokko
25-25	Marokkokrieg
1932	General Franco setzt marokkanische Truppen in Spanien ein
39-39	Marokkanische Einheiten nehmen am Bürgerkrieg teil
1956	Spanien erkennt Unabhängigkeit Marokkos an
1975	Grüner Marsch Marokkos in die Sahara-Gebiete Tod General Francos (20. Nov.)
1978	Demokratische Verfassung, religiöse Neutralität des Staates
1986	EG-Vollmitgliedschaft (mit Portugal)
1991	Freundschaftsabkommen mit Marokko
1992	Fünfhundertjahrfeier des Symboljahres 1492 Expo 92 – Weltausstellung in Sevilla
1996	Europäisch-Islamische Universität in Granada
2000	Übergriffe auf Nordafrikaner in Andalusien
2001	Neues Ausländergesetz
2002	Spanische Beteiligung am Irakkrieg
2003	Attentate gegen spanische Einrichtungen in Casablana Eröffnung der neuen Moschee in Granada Zwischenfall um die Perejil-Insel
2004	Islamistisches Attentat in Madrid (11. März) Abzug spanischer Truppen aus dem Irak (Mai)

Vom selben Autor

Tango – das kurze Lied zum langen Abschied

„Kurz & gut ... alles zum Thema" Die Woche
„...ein lebendiges und glaubhaftes Bild des Tango" Hispanorama
3. überarbeitete und erweiterte Auflage!
254 S., zahlr. Abbildungen, br, ISBN 3-89502-172-2

Die Erben der Maya

Indianischer Aufbruch in Guatemala
„Wer sich Allebrands Buch in den Rucksack steckt ...
wird mehr wissen." Die Zeit
192 S., br., ISBN 3-89502-063-x

Alles unter der Sonne

Irrtümer und Wahrheiten über Spanien
2. überarbeitete Auflage Sommer 2005
ca. 172 S., zahlr. Abb., Fotos und Karten, br., ISBN 3-89502-21-0

Bitte fordern Sie unser aktuelles Gesamtverzeichnis an:

Horlemann Verlag • Postfach 1307 • 53583 Bad Honnef
Telefax 0 22 24 / 54 29 • E-Mail: info@horlemann-verlag.de
www.horlemann-verlag.de

WIR ORGANISIEREN SEMINARE UND GRUPPENREISEN
IBERISCHE HALBINSEL UND LATEINAMERIKA

Iberische Metropolen: Madrid – Barcelona – Sevilla – Lissabon.
Das andere Spanien: Andalusien – Kastilien – Katalonien – Jakobsweg – Mudéjar-Routen. **Kultur/Küche/Keller:** Kastilien –Andalusien – Nordspanien. **Lateinamerika:** Mexiko – Guatemala – Kuba
– Argentinien/Cono Sur. Und weitere Ziele.

AFIB–Arbeitsgemeinschaft für interkulturelle Begegnung e.V.
Sebastianstraße 20 • 53115 Bonn • Tel. 0228-285311
Fax 0228-281600 • E-Mail: info@afib.info • www.afib.info

Erzählung aus Teneriffa
Rafael Arozarena

Der Reiher und das Veilchen

„Mehrere Stunden schon wanderte Victor über den
Gebirgskamm, der aus einem unendlich weiten Wolkenmeer
hoch über der Insel aufsteig. Vor ihm lag, gigantischer als
je zuvor, der gläserne Berg und sandte Strahlen aus, die sich
wie blanke Schwerter am Himmel kreuzten."

„Ein Schlüsselbuch für Teneriffa." Rheinische Post

140 S., Englische Broschur, ISBN 3-89502-186-5

Sevilla / Gigax / Jané Lligé (Hg.)

Katalonien
Tradition und Moderne

Ländermonographie über die Region Katalonien.
Geschichte, Politik, Wirtschaft, Kunst und Kultur,
Wissenschaft und Forschung sind die Themenbereiche
der hier versammelten Beiträge von herausragenden
Persönlichkeiten aus Deutschland und Katalonien.

312 S., br., ISBN 3-89502194-6

Bitte fordern Sie unser aktuelles Gesamtverzeichnis an:

Horlemann Verlag • Postfach 1307 • 53583 Bad Honnef
Telefax 0 22 24 / 54 29 • E-Mail: info@horlemann-verlag.de
www.horlemann-verlag.de